人工智能法律分析

王润华　张武军／著

LAW

知识产权出版社
全国百佳图书出版单位
—北京—

图书在版编目（CIP）数据

人工智能法律分析/王润华，张武军著．—北京：知识产权出版社，2023.2

ISBN 978-7-5130-8464-2

Ⅰ.①人…　Ⅱ.①王…②张…　Ⅲ.①人工智能—科学技术管理法规—研究—中国
Ⅳ.①D922.174

中国版本图书馆 CIP 数据核字（2022）第 218056 号

内容提要

人工智能赋能具有强大能力，实施多样行为，正在全面介入社会生活，从而改变和影响社会生态。人工智能的信息性、机器学习能力、自洽性、黑箱性、内部自主性、外部依赖性、文化性、机器理性使之披上了神秘的面纱。认知是成功之父，本书从人工智能法律属性入手，在技术、哲学、伦理、法律、经济、治理、贸易多层面、全角度、全时态对人工智能进行了剖析，并以此为基础对人工智能安全、可控、自主的发展与使用给出了治理的路径方向。相信这样的认知分析能够回应读者对人工智能带来的社会生态变化的关切。

责任编辑：王瑞璞　　**责任校对：**王　岩
封面设计：杨杨工作室·张冀　　**责任印制：**刘译文

人工智能法律分析

王润华　张武军　著

出版发行：知识产权出版社有限责任公司　　**网　　址：**http：//www.ipph.cn
社　　址：北京市海淀区气象路 50 号院　　**邮　　编：**100081
责编电话：010-82000860 转 8116　　**责编邮箱：**wangruipu@cnipr.com
发行电话：010-82000860 转 8101/8102　　**发行传真：**010-82000893/82005070/82000270
印　　刷：三河市国英印务有限公司　　**经　　销：**新华书店、各大网上书店及相关专业书店
开　　本：720mm×1000mm　1/16　　**印　　张：**13.25
版　　次：2023 年 2 月第 1 版　　**印　　次：**2023 年 2 月第 1 次印刷
字　　数：230 千字　　**定　　价：**88.00 元

ISBN 978-7-5130-8464-2

作者简介

王润华　法学博士，北京科技大学副教授、硕士研究生导师，美国纽约州注册律师，世界知识产权组织多元纠纷解决机制青年成员，主要研究方向为知识产权、创新政策与行为、公司金融，擅长法经济学、实证研究方法与比较法。

2011 年毕业于北京航天航空大学，获管理科学与工程（工业工程）与法学双学士学位。2016 年毕业于美国伊利诺伊大学香槟分校法学院，获法学硕士（LL. M. ）、法学博士（J. S. D. ）学位，从事知识产权、税务与金融政策对中小企业创新行为影响的有关法经济学理论与实证研究。曾任美国伊利诺伊大学香槟分校法学院博士后助理研究员、美国乔治梅森大学法学院汤姆·爱迪生创新研究员、日本知识产权研究所（IIP）研究学者，其间承担多个国际研究项目，对中国、美国、日本专利及司法制度就专利价值、创新激励、政策效果等问题进行实证研究。

2018 ~ 2020 年，任美国伊利诺伊理工大学芝加哥肯特法学院实证知识产权研究员，教授知识产权导论、公司金融、法学学术写作等课程，同时，研究美国商业秘密法及著作权法、中国指导案例制度对激励创新动机的影响。

曾在 *Minnesota Law Review*、*Buffalo Law Review*、*UMKC Law Review*、*Technological Forecasting and Social Change*、*Journal of Small Business Management* 等法学与管理学领域国际重要期刊发表研究成果，著有专著《第四知识产权——美国商业秘密保护》《知识产权法律保护学说概论》等，创办、运营公众号“IP 罗盘”，联合创办“大国知识产权论坛”。

张武军　教授、博士生导师、专利代理师、知识产权司法鉴定人，高科技与知识产权仲裁员、粤港澳大湾区知识产权调解中心调解员、北京知识产权法院人民陪审员、北京科技大学知识产权研究中心执行主任，兼任中国知识产权研究会高校知识产权专业委员会秘书长、北京科技法研究会常务理事。2006 年 7 月至 2007 年 9 月，德国九所精英大学之一德国亚琛工业大学访问学者。主要从事知识产权、专利代理和科技创新工作，近年来出版学术译著 2 部，在《科技进步与对策》《科技管理研究》《科研管理》《北京科技大学学报》等期刊发表论文 50 余篇，其中 CSSCI 收录发表 17 篇，EI 收录 6 篇。

序

人工智能一词虽然在人类社会中已经存在许久，然而，在过去数十年间，常以一种近似科幻小说的方式为人传颂。许多以人工智能为主题的电影承载了人类对人工智能的各种想象，其中有浪漫，有憧憬，但也有担忧和恐惧。如史蒂芬·斯皮尔伯格（Steven Spielberg）在2001年推出的《人工智能AI》（*A. I. Artificial Intelligence*）描绘用人工智能满足人类情感所造成的心理纠葛，《超能查派》（*Chappie*）凸显了人工智能受到恶势力操弄的风险，《超验黑客》（*Transcendence*）则提出了人工智能的终极目标是将人脑与计算机链接的想象。

虽然这些精彩的电影情节大部分没有在现实生活中实现，但是近年来人工智能的确已经海啸式地改变了企业运营模式和人类生活方式。随着算法、数据科学和运算力的快速发展，人工智能开始在公私部门各领域被广泛运用，包括机器人、大数据、物联网、元宇宙、医疗制药、先进制程及量子运算等在内的所有尖端科技都可以和人工智能结合。许多国家开始把人工智能定位为维持或取得国家竞争优势的战略性产业，越来越多的企业利用人工智能提升产品及服务质量，而个人也充分享受人工智能所带来的便利。人工智能终于不再是一个关于科技的传说或冥想。

究竟人工智能对人类社会的冲击会有多大，目前下定论似乎过早。享誉全球的人工智能科学家吴恩达（Andrew Ng）博士将人工智能比喻为人类社会中新电力；谷歌首席执行官桑达尔·皮查伊（Sundar Pichai）则认为人工智能对人类社会所造成的影响，将更胜于电力；科技首富埃隆·马斯克（Elon Musk）对人工智能的立场则更耐人寻味，他一方面声称人工智能对人类社会的潜在危险甚于核弹，并警告人工智能竞赛将会摧毁人类，但一方面却又义无反顾地投入这场竞赛之中。

无论是否喜欢各种人工智能的应用方式，无论对人工智能带来的影响感到悲观或乐观，我们都无法对这个新科技的发展置身事外，因为它不再是科幻小说的情节，而是如影随形地存在于我们的生活中。人工智能对人类文明投下的

“震撼弹”不只表现在技术层面，也在法律、伦理和社会治理层面。近年来，法律文献对于人工智能的讨论如雨后春笋、百家争鸣，有些针对已发生或未发生的个别法律问题，有些则以产业或个别法律领域（如宪法、行政法、民法或劳动法等）为分析范畴。

作为一个长期从事科技法律教学与研究的学者，我一方面对于各法律领域关于人工智能的论述感到兴趣盎然，却又目不暇接，另一方面也体认到我们需要一般性的知识框架来认识、分析人工智能相关的法律与政策问题。王润华教授和张武军教授这本书适时地满足了这个迫切的需求。本书从人工智能的发展历程与技术特征出发，深入剖析包括人工智能作为法律主体的可能性、相关知识产权问题及运用人工智能技术所涉及的法律责任等在内的根本性问题，同时也检视了近年来各国司法实践对人工智能相关法律问题的处理方式。这本书提供完整的视角，供读者了解人工智能给法治社会带来的治理挑战，兼顾理论与实务，至少具备以下特色：

（1）论述基于对人工智能技术的正确认识：本书正确地描述人工智能技术的现状，并以其作为论述基础，对科技与制度均进行精准的分析。以技术特性作为规范基础已成为人工智能立法的重要潮流，如欧盟执委会在 2021 年 4 月 21 日提出的“人工智能法”草案即以技术带来的风险高低来决定法律规制的强度。就此而言，本书以人工智能的技术本质作规范分析基础，实属正确。

（2）以宏观的视角观察人工智能所引发的政策问题：除了技术和法律层面外，本书亦涵盖哲学、经济、社会治理及贸易层面，避免相关讨论“见树不见林”，也点出了人工智能牵一发动全身的强大影响力。

（3）法律分析着重制度精神与脉络：虽然新兴科技带来了新的制度挑战，但是任何制度的创建和改革都应该建立于对制度发展的正确认识上。本书就人工智能相关法律人格、知识产权及法律责任的讨论均建立在对既有制度精神的深刻了解上。这种分析方式不仅善用过去的政策经验与智慧，而且可以避免法律改革所造成的制度内部干扰。

（4）具可操作性的理论创新：本书除了介绍人工智能对当今法律制度所带来的挑战外，还勇于提出兼顾实务需求与理论统一的解决之道，特别是以保证人模式处理侵权责任的分配，相当值得作为未来政策制定的参考依据。

当然，读者也需注意，本书的目的在于提供一个思考的方向与架构，而非巨细靡遗地处理所有与相关人工智能的细节法律问题。人类社会生活多样，科技发展一日千里，基于本书提供的框架，处理许多个别领域的法律问题仍需考虑不同的因素，举例如下：

（1）本书触及的侵权责任分配，近年来在著作权领域的立法实践及理论发展已经有更细致的进展，欧盟和日本都已经就符合特定条件的文本和数据挖掘（text and data mining）行为排除著作权侵权责任。

（2）本书中数次提到的自动驾驶汽车领域也有新的规范出台。重庆、武汉都公布了自动驾驶车相关的政策，深圳也推出《深圳经济特区智能网联汽车管理条例》；欧盟则计划在《车辆通用安全法规》（*Vehicle General Safety Regulation*）中纳入自动驾驶汽车的法律框架。这些规范重点不尽相同，也反映了各地不同的管制思维。

本书两位作者王润华教授与张武军教授长期耕耘于科技法学领域，卓然有成、学贯中西、厚积薄发，以生动浅显的笔触分析当代最重要且最复杂的法律难题，对未来人工智能法律问题的讨论、理论分析和政策制定提供具有前瞻性的指引。对人工智能规范有兴趣的朋友们会发现，这是一本兼具阅读趣味与知识深度的好书，对人与机器、理论与实务、制度与科技等问题的拿捏恰到好处。

李治安

香港中文大学法律学院教授

法律创新与数码社会研究中心主任

前　言

从广义上讲，人类伊始就使用各类工具，帮助人类克服自身不及与不足。寻求工具代理，解脱物理世界对人的自由束缚，以满足不同层次的需求，实现人的全面发展，这一直是人类孜孜以求的动机和目的。随着科学理论的成熟和工程技术的发展，先进代理工具不断出现，功能不断强大。人工智能的出现是这一追求和梦想最富有成效的事情。

从艾达·拉芙蕾丝（Ada Lovelace）的算法机器到阿兰·图灵（Alan Turing）的图灵机，再从约翰·麦卡锡（John McCarthy）的人工智能概念到今天人工智能技术的工程实现与实际应用，时间历程已有200余年。自人工智能概念提出以来，经过几代不同学科科学家的不懈努力，人工智能技术发展沿着符号主义、联结主义、行为主义三种发展范式有条不紊地快速进行着，其速度令人眼花缭乱，已经构成新时代社会发展源基础。

人工智能技术与产品的每一步发展都会为人类社会带来巨大的财富，以至于超乎想象。人工智能如今已进入高级开发与实际应用的双螺旋驱动阶段，成为人类进入新时代社会发展的工作母机。21世纪，世界主要发达国家已把发展人工智能作为提升国家竞争力、维护国家安全的重大战略来实施。我国《新一代人工智能发展规划》明确提出牢牢把握人工智能发展的重大历史机遇，引领世界人工智能发展新潮流，服务经济社会发展和支撑国家安全，带动国家竞争力整体跃升和跨越式发展。

现代社会的一个根本特征就是由现代法律体系调整运行的规范体系，不论是成文法体系的社会还是普通法体系的社会，均是如此。没有秩序的社会是一个处于自然状态的社会。自然状态中的任何事物都有其两面性，现代社会的秩序就是人对自然状态选择趋利避害的稳定状态。人工智能的出现与其他任何技术出现一样，具有两面性。在没有完全揭示出人工智能法律本质属性之前，如何规范人工智能的发展秩序尚未拟制和落实，人类不仅为人工智能带来的红利一面自喜，而且对其危害性一面有一丝担忧和焦虑，产生了道德、伦理、法律的思考。正如史蒂芬·霍金（Stephem Hawking）曾表示的那样，人工智能的创造将是“人类有史以来最好或最坏的事情”。这反映了人们对未知未来的担忧，这种未知未来总体上被先进技术所控制，特别是被人工智能所控制。

我国2017年发布的《新一代人工智能发展规划》要求加强人工智能相关法律、伦理和社会问题的研究，建立保障人工智能健康发展的法律法规和伦理道德框架。开展与人工智能应用相关的民事与刑事责任确认、隐私和产权保护、信息安全利用等法律问题研究，建立追溯和问责制度，明确人工智能法律主体以及相关权利、义务和责任等。2021年发布的《新一代人工智能伦理规范》也提出了增进人类福祉、促进公平公正、保护隐私安全、确保可控可信、强化责任担当、提升伦理素养等基本伦理要求。同时，提出人工智能管理、研发、供应、使用等特定活动的具体伦理要求。这些都是人们对人工智能人文反思的现实反映。

基于社会发展的需要与政策要求，一个基础、重要又严肃的问题摆在了我们面前。人工智能的法律本质属性究竟是什么？更简单地说，在现代主体、客体二元法律体系中，人工智能的自身坐标落在了哪里？如果不能揭开人工智能法律属性的本体面纱，就不能明确人工智能法律主体以及相关权利、义务和责任等。如果不能从法理上确定主观和客观对象，对人工智能管理、研发、供应、使用等提出的伦理规范要求就不能落到实处。如果任其自然发展，摆脱现代法律的规范约束，人们忧虑的事情就有可能成为现实。这使得这一问题又变得紧迫。

在人工智能技术实现工程伊始，对人工智能技术的人文研究就开始了。对人工智能技术与人文认识研究总体上有两个类别的学派，即一类是对人工智能技术及技术工程可实现程度的工程主义学派，另一类是集中于人工智能实体的社会影响与文化反思的人文主义学派。人文主义学派主要集中于人工智能法律地位和侵权责任两个方面。人工智能之所以引起人们对伦理与治理反思，究其根源在于两个方面：一方面，人们对人工智能所表现出的“智能性”与“黑箱性”缺乏法律哲学的本质认识；另一方面，现代法律还没有成熟的治理模式应对人工智能的出现。

关于人文主义学派就人工智能的法律地位问题研究而言，主要有主体说和客体说。主体说有电子人格、有限人格、拟制人格说。电子人格说在国内外学者早期研究中均有主张，一方面获得实用主义者的拥护，另一方面被认为具有极强的主观性而招致严重批判；有限人格说缺乏法律哲学基础，其实只是一种政策安排，没有影响力；拟制人格说以“位格加等”办法来赋予人工智能法律地位或类比自然人的法律位格。客体说，否认了人工智能的法律主体资格，具体有代理说、工具说。

总体说来，法律主体说一般从人工智能的外在特征、功利主义、行为理论等角度论述，如从法律人格归属、法人的历史背景、法律哲学人格、财产自由支配、法律人格比较、侵权责任等多角度对此问题开展研究并得到了同一结论，人工智能实体不能赋予法律主体地位。法律本身与法律实践都没有对主体说进行实际回应。法律客体说缺乏对人工智能法律属性的本质研究或对此研究不足，有一种伞状包装的感觉。

侵权责任问题主要有主体责任与代理责任之说。关于刑事责任分配，以色列法学教授加布里埃尔·哈列威（Gabriel Hallev）教授提出了“代理人刑事责任”模式、“自然—可能—结果责任”模式、“智能机器人直接承担犯罪刑事责任”模式，对国内学者有一定的影响。国内学者也有主张主体责任模式、共同犯罪责任模式等，这些说法其本质没有法理支撑而主观地赋予了人工智能的法律主体地位。关于民事责任分配具体情境是知识产权领域和机器人及自动无人驾驶汽车发生交通事故的责任归责，落脚点依然是主体说与客体说法律地位之争。法律主体资格论在面临伦理、道德、情感时显得苍白无力，立法与实践尚欠缺应有的回应；而“非法律主体资格”论既没有说清楚究竟由谁来承担责任，也没有说清楚为什么承担者要承担，更没有讲清楚具体的责任分配；既缺乏清晰的逻辑，又缺乏透彻的法理说服力。

人工智能快速发展的替代性和广泛的渗透性使得对其治理更加紧迫。已开展的人文研究由于缺乏对人工智能内在的特征、法律哲学属性的法理支持而形成了法律主体与法律客体之争，使得人工智能发展与治理中的伦理与法律规范不能得以完全建立，而这又是国家发展人工智能战略的核心价值基础。

本书全面、系统地凝练了人工智能的八大特征：信息性、内部自主性、机器学习能力、自洽性、黑箱性、外部依赖性、文化性、机器理性。信息性使得人工智能具有知识产权属性特征，人工智能类属于人类智慧劳动成果范畴；机器学习能力使得人工智能相比于其他工具或机器具有最强势的技术优势特征；外部依赖性、文化性使人工智能具有价值观属性；机器理性是人工智能的哲学与法律属性，是决定人工智能法律关系的根本所在。

机器理性、外部依赖性、文化性是本书作者在前人研究之外对人工智能人文反思的本体抽象。这三项特征决定了人工智能发展治理的人文本质，即伦理原则与价值规范是人工智能赋能社会发展的首要原则。其中，机器理性是人工智能的法律本质属性，本书作者对人工智能法律分析的出发点和学理立足点正是人工智能的机器理性。

机器理性区分了人与人工智能的智能与理性，区分了人工智能与高自动化机器，也决定了人工智能在现代法律体系中的法律地位。对机器理性的本体分析回答了学术界关于人工智能法律主体地位、法律客体地位的争执，对机器理性的本体分析从哲学、法律、伦理、经济、社会治理层面回答了人工智能法律责任最终归属于人的责任，终止了人工智能侵权与犯罪法律责任的归属纷争，使人工智能发展在法律治理上转向对伦理、价值观的规范和人工智能支撑的数据治理以及与人工智能侵权、犯罪法律责任的内部责任分配，为人工智能健康发展和全球治理提供了可实施的方向和路径。本书提出的人工智能身份明示与保证人模式解决了人工智能治理的法律责任分配机制，对人工智能发展伦理规范的本质是对与人工智能有交互关联的人的伦理规范要求，对人工智能法律治理的重点是人工智能所涉数据。

全书共有八章，分为五部分。第一章、第二章为第一部分内容。第一章主要通过对人工智能工作过程与工作原理的概括性解构，提炼出人工智能的八个特征，即信息性、内部自主性、机器学习能力、自洽性、黑箱性、外部依赖性、文化性、机器理性。其中外部依赖性、文化性、机器理性是本书作者的独创观点，抽象出的机器理性是人工智能的哲学与法律本体属性。第二章通过规范分析，揭示出机器理性是人工智能的法律本质属性，对机器理性展开了多元多层面的分析，便于读者对人工智能人文本体的了解和认识。这一部分，通过对人工智能发展历程与工作原理的梳理，解读学者对人工智能的认识，给出本书作者对人工智能的定义。

第三章为本书的第二部分内容。这部分分别从人工智能的赋能表现——智能、替代与创新、社会效应，以及人工智能的赋能反思——技术、哲学、伦理、法律、经济、社会治理两个方面进行了方向性描述并开展了综合阐述分析。这些问题既是哲学、科学、法律、伦理、经济、社会治理层面学术界对人工智能反思研究的重点，也是本书法律分析的重点和给予回答的问题。

第四章、第五章、第六章为本书的第三部分内容。这部分从法律人格、法律人格拟制、人工智能与知识产权法、人工智能刑事犯罪、民事侵权责任归属的法律治理核心问题方面开展了全面的法律分析，以机器理性为人工智能本体，从认识论、方法论方面进行了全面的分析与回答。第四章从法律人格概念的历史演变过程及其在现代法律体系中价值解析机器理性，得出机器理性在法理上决定了人工智能的法律客体地位。第五章对人工智能自身及其生成物如何适用知识产权的主体、客体、主题内容展开了综合分析。第六章对具有机器理性的人工智能侵权责任主体与责任分配问题提出身份明示与保证人的责任分配模式，其应用价值在于以环路方式寻找保证人。

第七章为本书的第四部分内容。在这一部分通过涉人工智能的诉讼判例，读者可以观察到在实际的司法实践中，虽然还没有关于人工智能的法律，但无论是专利法、著作权法、民事侵权判定原则对人工智能是否取得法律主体资格的态度是一致的，佐证了本书前三部分的内容和观点。

第八章为本书的第五部分内容。结合前四部分的分析，可以清晰地看到，人工智能治理重点已不再是纠缠如何给人工智能法律关系确属，而是由于人工智能的机器理性、外部依赖性、文化性的表现特征，应在伦理规则与价值观、法律责任人的责任分配上下功夫。

认知是成功之父，本书以人工智能法律为基础，对人工智能展开了全方位、全时态的认知分析，特色主要体现在四个方面。第一，本书对人工智能人文反思开展了全面系统研究，涵盖了对人工智能特征的凝练、对人工智能法律哲学本质属性的解释与解析、人工智能赋能的社会效应、人工智能侵权责任的分配模式、人工智能发展伦理反思及法律治理的目标对象与重点。这转变了已有文献对人工智能研究的工程主义学派与人文主义学派相互分离的倾向。第二，本书梳理并研究了人工智能的发展历程，综合前人的认识，解读了人工智能的含义，给出了本书作者关于人工智能的定义："人工智能可以被视为由人在计算机内内置编码化的算法基础上形成的，围绕任务导向，具有或试图具有知识驱动决策与数据驱动决策自主结合的决策能力，以仿人行为方式输出结果的任务完成系统。"依据人工智能这一定义，凝练出人工智能的八大特征，即信息性、内部自主性、机器学习能力、自洽性、黑箱性、外部依赖性、文化性、机器理性，其中外部依赖性、文化性、机器理性是本书作者在国际层面上首次凝练出的特征。这一定义抽象出了人工智能的法律与哲学属性，即机器理性。机器理性决定了人工智能的法律客体地位，既区分了人的智能与人工智能的智能，也区分了人工智能与高自动化机器。同时，机器理性成为弱人工智能与强人工智能的分界线。机器理性不具有价值判断能力，在这个意义上，强人工智能不会出现。这一学术思想在对人工智能开展人文研究中提供了法理支撑，结束了人工智能法律地位的主体说和客体说之争，为人工智能发展的法律治理在现代法律体系中提供安身立命之地。第三，在机器理性决定人工智能法律客体地位的条件下，本书围绕机器理性产生的侵权责任复杂性，提出了身份明示的保证人模式，并采用环路分析法明确保证人之间的责任归属分配。同样，这是学术界首次使人工智能侵权责任的归属原则清晰化，为人工智能服务进入社会生活确定了法律规则，使得在人工智能服务贸易发生纠纷时有了遵循的规则。第四，基于人工智能需与人交互的特点和人工智能数据、模型、计算力的支撑，本书提出人工智能的伦理规范的实质就是对与人工智能交互的人的伦理规范要求，人工智能的法律治理基础应围绕以数据为中心的治理。

技术的替代性和创新性正使人工智能能够赋能应用于社会各个领域，并与网络技术、生物技术、数字技术结合成为新时代社会发展源基础。人工智能已成为主要经济发达国家的优先发展战略，必将成为国际竞争的主要领域，同时如何实施国际治理也成为其快速发展中不可回避的问题。本书希望为政策制定、法律研究、创新与管理、人工智能治理等方面提供参考与借鉴。

目　录

第一章　人工智能发展历程与特征

自 20 世纪 50 年代人工智能概念提出至今已近 70 年，特别是进入 21 世纪，人工智能技术发展日新月异，已渐进影响且渗透到人类社会的方方面面。人工智能所表现出的特征已从哲学、伦理、法律、经济、安全等多元、多层面、多角度对社会生态产生或将产生重大的影响。简要了解人工智能发展历程有助于展开对人工智能的法律分析和法律治理研究，更有利于人类手握人工智能的“牧羊鞭”。

人工智能发展到今天可以说是经历了从算法代理的程序计算机器到人工智能的概念和框架形成、从人工智能概念与框架的基础理论到人工智能的工程应用、从人工智能工程应用到开发渐进成熟的过程。现在又进入从弱人工智能到强人工智能的黎明期。

自人工智能概念与技术出现之后，对其认识研究总体上有两个类别的学派，一类是工程主义学派，另一类是人文主义学派，两者存在明显分野。工程主义学派往往立足于严谨的科学基础，主要集中于对人工智能技术现象与技术规律探究及技术工程可实现程度方面来认识与研究人工智能，例如从计算机科学、数学、工程学、仿生学、神经学等角度。人文主义学派主要集中于人工智能实体的社会影响与文化反思及人工智能治理方面来认识人工智能，人文主义的人工智能观可以被视为对将非技术物质置于优先地位这一基本思想的明确辩护（唐庆鹏，2021），例如从哲学、伦理、法律、经济、安全等角度都可以展开辩护。人文主义的初衷是人工智能应作为启蒙和人类进步的工具，防止发展至异化的噩梦。然而，即使是每一学派内部对人工智能认识所产生的观点也不尽一致。乐观的学术观点认为人工智能可以获得突破，所谓的强人工智能可以出现。大多数人文学派和谨慎的工程主义学派观点认为，具有与人一样理性的人工智能不可能出现（Hilty 等人，2021）。

本章将从人工智能的发展历程、工作原理、技术等层面的定义、属性特征方面分别加以介绍（见图 1.1）。

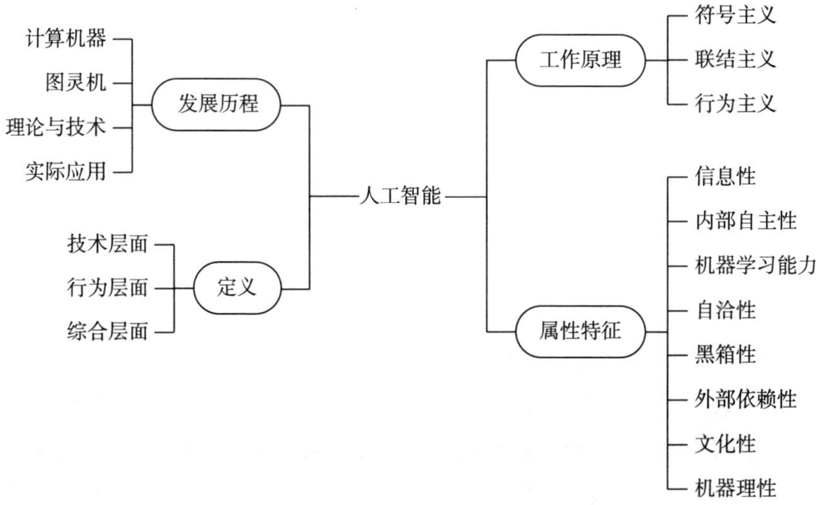

图 1.1　人工智能发展历程与特征内容概要

第一节　人工智能发展历程

人类自古以来就有寻求代理的想法与做法，如驯养动物、创造和发明，以实现对自己的赋能和解放。人工智能是人类寻求代理实施这些行为、实现相同目的的一个方面，也是最有成效的。如果把使用代理的思维作为考虑问题的出发点，人工智能的起始点应该是计算程序与计算机器的使用。

一、从计算机器到图灵机

1815 年出生的艾达·拉芙蕾丝（Ada Lovelace）是世界历史上第一位程序员，她发表了第一个算法，并设想到机器可以开展比计算更多的活动。“计算机”这个词就是用来形容操作机械加法器的女性行政人员的（Fuegi et al., 2003）。拉芙蕾丝最大的贡献是建立了使用编码来处理字符、符号和数字的程序。她是第一个使用编码和编辑程序的人。

历史研究文献通常将人工智能归功于比拉芙蕾丝晚出生近一个世纪的阿兰·图灵（Zeldes，2018）。图灵在 1936 年发表的论文《可计算的数字与可判定性的应用》（*On Computable Numbers, with an Application to the Entscheidungsproblem*）为计算机科学奠定了基础，该论文使用了现在被称为图灵机的理论构造（Turing，1936）。图灵机是一种简单的设备，可以计算任何可计算的东西，并且可以通过阅读程序代码进行修改。1948 年，图灵提出“机器智能”的概念。1950 年，图灵在 *Mind* 上发表论文《计算机器与智能》（*Computing Science and Intelligence*），提出了著名的“图灵测试”（Turing Test）。这是被公认的关于机器智能最早的系统化、科学化论述。

图灵测试可以被用于测试任何机器的智能。在这个测试中，人通过电脑屏幕问问题。如果回答的是机器，这样的机器就会被认为是具有智能的（Turing，1950）；如果计算机能够欺骗人类，让人类相信它是人而非机器，它就会被认为是人工智能。“图灵测试”不是对人工智能的定义，而是一种语言信息“模仿游戏”意义上的成功“测试”技术。

图灵还在理论上为人工智能奠定了基础。他阐述了数字计算机如何实现如同人类计算员操作（工作）达到的效果，指出数字计算机由“存储器、运算器和控制器”构成，并阐述了这三个构成要件的运作原理和功能。

二、从图灵机到人工智能

“图灵机”引起了美国科学家约翰·冯·诺依曼（John von Neumann）的兴趣。20 世纪 40 年代末，冯·诺依曼开始研究自动机理论，研究一般逻辑理论以及自复制系统。他深入地比较了天然自动机与人工自动机。他逝世后，其未完成的手稿在 1958 年以《计算机与人脑》（*The Computer and The Brain*）为名出版。现代计算机发展所遵循的基本结构形式始终是“冯·诺依曼机”结构。这种结构特点是“程序存储、共享数据、顺序执行”，为研制电子数字计算机提供了基础性的方案。冯·诺依曼在其著作中表示：人脑的语言不是数学的语言。他在这本书中写道：“神经系统的基础有两类通信方式：一种为不包括算术形式的体系，另一种为算术形式体系。换言之：一种为指令的通信（逻辑的通信），一种为数字的通信（算术的通信）。前者用语言进行叙述，后者则用数学方式进行叙述。”《计算机与人脑》革命性地诠释了计算机数学运算与人脑思维的关系，具有前瞻性，为计算机的创新与发展以及人工智能的研究指明了方向。就人工智能的“智能”而言，图灵是“智能”的渊源，冯·诺依曼是“智能”的先驱。

从对人工智能界定的研究看，其脉络基本遵循了图灵和冯·诺依曼关于“机器”和“大脑”的理论渊源。1956 年，被誉为“人工智能之父”“人工智能奠基人”的约翰·麦卡锡（John McCarthy）在达特茅斯会议上第一次提出人工智能这个概念。他与同事这样对人工智能进行了定义："人工智能的问题被认为是，如果按照人类的行为来看，那么机器的行为方式就会被称为是'智能'和'制造智能机器的科学与工程'。"（McCarthy，1996）同样被誉为"人工智能之父"的马文·李·明斯基（Marvin Lee Minsky）认为，人工智能是一门让机器做人类智能才能完成的事的科学（Minsky，1961）。被誉为"人工智能先驱"的尼尔斯·约翰·尼尔森（Nils John Nilsson）认为人工智能是与智能行为相关的非自然存在物体（Nilsson，1998）。而后，一些学者（Min，2010；Cerka et al.，2015）将人工智能具象化定义为，通过学习人类思维和行为，模仿人类并像人类一样思考和行动的机器或系统。

也有人弱化了人工智能的特征与潜质，认为它就是由人类编写的"if－then"语句－规则的汇编（Guillen，2016）。但是，麦卡锡对人工智能的未来和发展能力非常乐观，他坚定地认为机器有朝一日会自主思考。他指出，今天计算机的速度和内存容量可能不足以模拟人脑的许多更复杂的功能，但主要的障碍不是机器的容量不足，而是我们无法编写出能充分利用我们所拥有的东西的程序。因此，现在有人将人工智能描述为"一个研究领域，让计算机不需要明确编程就能学习的能力"（Sample，2017）。换言之，计算机必须能够学习才能成为人工智能。

三、从人工智能技术到人工智能应用

从艾达·拉芙蕾丝的计算机器到图灵机，人类走到以计算为主的一种代理模式。1969 年第一届国际人工智能联合会议的召开，标志着人工智能概念的正式出现，并得到了国际上的认可。这个过程中，一大批数学家、信息学家、心理学家、神经生理学家、计算机科学家探讨用机器来模仿人类智能，例如，计算机神经网络－感知机数学模型的提出（Rosenblatt，1958）、字符识别程序的提出（Selfridge，1959）、分辨积木三维构造程序的编制（Roberts，1965）。这些研究工作以数学和自然语言为主，为人工智能的工程应用准备了基础。

1997 年 IBM 深蓝在国际象棋中第一次击败人类世界冠军加里·卡斯帕罗夫，标志着人工智能从理论与技术开发进入工程应用。在应用领域中，人工智能技术发展以知识工程和专家系统为主，多项算法和机器学习兴起。过去 60 余年，人工智能的主要进步是搜索算法、机器学习算法以及将统计分析整合到对整个世界的理解中。例如，科学推理程序（Feigenbaum et al.，1993）、BP 算法（Werbos，1974）等，机器学习、神经网络获得丰硕成果。IBM 深蓝的出现与表现说明了人工智能在智能方面可以超越自然人，标志着人工智能走向成熟。

进入21世纪后，人工智能快速发展，机器学习的深度学习模式成为人工智能研究的主流。例如，在2017年的围棋峰会上，谷歌开发出的AlphaGo程序以“3：0”的比分战胜世界围棋冠军柯洁。人工智能技术开发正欲跨进强人工智能门槛，同时其应用已渗透进各个社会领域。

第二节　人工智能基本工作原理

经过世界60余年的努力，在计算机发展的基础上，融进各学科取得的成熟结果，人工智能经历了三种发展范式：①可被观察到的基于知识模仿人类理性智能的“符号主义”；②不可被观察到的通过对数据深度学习而超越人类智能的“联结主义”（张钹，2020）；以及③擅长感知控制的行为主义（徐心和等，2004）。

符号主义学派是人工智能技术开发的第一类范式，也被称为逻辑主义（logicism）、心理学派（psychologism）、计算机学派（computerism）。符号主义学派认为数理逻辑是智能的来源，人工智能通过符号之间的转换来模拟智能。他们围绕逻辑、数学形式定理等范围进行科学探讨（姬翔 等，2006）。人工智能使用类似于“if – then”语句的关系连接符号创造规则网络，同时处理这些规则以进行推断，并使用人类可读的符号来确定它需要的附加信息。

联结主义学派是人工智能技术开发的第二类范式，又称仿生学派（bionicsism）或生理学派（physiologism）（顾险峰，2016）。该学派认为，仿生学是智能的来源，对人脑模型进行研究，通过神经网络来模仿人类大脑。联结主义的观点是以神经网络及神经网络间的联结机制与计算机算法为基础。类似于大脑神经元的节点相连编织成神经网络，每个节点可同时接收、输出信号。所谓人工神经网络模拟，也即通过改变神经元之间的连接强度来控制神经元的活动，以之模拟生物的感知与学习能力，可用于模式识别、联想记忆等（洪伟等，2007）。人工智能具有自学习和自适应功能，以更完美地模仿人类智能，通过对人脑的神经网络进行模拟来探究解决问题的本质，达到模拟人类智能的目的。

行为主义学派（actionism）又称为进化主义（evolutionism）或控制论学派

(cyberneticsism)，是人工智能技术开发的第三类范式。它认为智能主体只有在真实环境中通过反复学习才能学会处理各种复杂情况，最终学会在未知环境中运行。人工智能通过这样的具体学习，达到具有适应复杂、不确定和非结构化的客观环境能力的目的（徐心和 等，2004）。

对人类大脑的研究促进了众多算法的发展，使人工智能能够识别物体，或以类似于我们对人类感知和模式识别相信和了解的方式，自动对物体进行分类。识别的过程包括对物体、人、事件或情况的分类或识别（Orozco - Alzate et al.，2006）。人工智能之所以能够这样做就是由于它具备了机器学习的能力。所谓机器学习就是计算机实现了怎样模拟或实现人类的学习行为，涉及概率论、统计学、逼近论、凸分析、算法复杂度理论等多门理论的交叉学科范畴，是人工智能算法选择或形成的基础。通过机器学习，人工智能可以获取新的知识或技能，重新组织已有的知识结构以不断改善自身的性能。

正是由于机器学习能力，人工智能才具有了“智能”。通过机器学习产生的进化能力和不可预测的能力得以区分先进技术和人工智能。基于符号主义和联结主义范式开发的人工智能分别被称为第一代人工智能与第二代人工智能。人工智能今后的发展方向是兼容知识驱动与数据驱动且可被解释的第三代人工智能（张钹，2020）。

一、交互对象与交互模式

学习需要通过交互实现和进行。人工智能技术无论是开发阶段还是应用阶段，都需要与人进行交互活动。为了设计、开发、训练、测试和应用人工智能技术，在不同阶段都需要有不同群体与之产生交互（Yanisky - Ravid，2017）。人类搭建了人工智能的逻辑框架，并对之交互培训，形成了人工智能的创造性（Lim，2018）。参与交互的人可能来自普罗大众或公有领域（Yanisky - Ravid，2017）。政府也参与其中，方式既可能是以投资人或用户的角色参与（Engstrom，2020），也可能是以技术和市场监督者的角色参与（Larsson et al.，2020）。人工智能还会根据交互方式不同、计算模式与能力不同，而产生诸多个体差异。这样支撑机器学习的算法、数据、计算力构成了人工智能的三大支撑。

依据使用过程中自然人对人工智能系统是否可以实施干预，可将人工智能系统划分为闭环人工智能系统及开环人工智能系统。人工智能在工作过程中，完全没有自然人的干预称为闭环人工智能系统，自然人参与了人工智能的工作过程被称为开环人工智能系统（Lemley et al.，2019）。闭环人工智能系统与开环人工智能系统的划分对于厘清人工智能系统及其产品的侵权法律责任，特别是在非结构环境中分析法律责任归属具有十分重要意义。

二、人工智能技术特征

一个人工智能系统主要由三大功能系统结构组成，即数据、算法、计算力。首先，数据是人工智能系统本身与外部连接的起点。如果一个人工智能系统没有数据，其内置的程序就是一箩筐的各种逻辑表达式符号，没有循环迭代，也构建不出具有满足输出目标要求能力的模型，更谈不上有用的输出结果。这个迭代模型的形成过程需要不断地交互，即训练。所以没有数据，未经训练的人工智能只能是纸上谈兵。其次，算法是人工智能的内核支撑，也是人工智能的最核心要素，使得人工智能系统能够识别、分类或模仿我们所相信和了解的人类感知（Orozco – Alzate et al.，2006）。算法使得人工智能系统具有明显的个体差异性，被用于处理各种各样的数据和问题（Jordan et al.，2015）。算法及其反映的学习架构的多样性反映了应用程序的不同需求。它能够捕获不同类型的数学结构，并提供不同程度的事后可视化和解释能力，在计算复杂度、数据量和性能之间提供了不同的平衡处理（Jordan et al.，2015）。最后，计算力是对数据与算法的有效联结，也是实现两者功能的支撑，对算法进行有效性检验。实时的数据交互、有保障的迭代速度、稳定的内置算法、可靠的模型结果输出组成了计算力，最终将人工智能的神奇在现实的物理世界中体现出来，形成人工智能能力显现。人工智能产品就是由人工智能模型的输出驱动物理组件，由这些组合的物理组件完成动作，最终完成任务，如智能机器人、无人驾驶舰艇、自动无人驾驶汽车等。

人工智能系统的工作过程是通过几个阶段来完成识别的。人工智能系统首先采用算法对识别对象进行分类，然后将数据分解成“微小”电子信号，并在分解与分类的过程中，对隐藏的信号进行识别，识别它们间的相似性、模式和联系（Krogh，2008）。因此，由算法发现或创建的模式和相似性可能无法被程序员、培训人员或主动实现系统功能的人清楚或完全理解。事实上，“任何人工智能系统的开发人员现在都已认识到，对于许多应用系统来说，通过向系统展示期望的输入输出行为的例子来训练系统，比通过预测所有可能输入的期望响应来手动编程要容易得多”（Jordan et al.，2015）。此后，人工智能的性能随着经验的增加而提高，并随着系统接触到的新数据而进化（Hardesty，2016）。换句话说，由于数据提供者自动发现或输入的新数据，人工智能系统得到不断进化。

第三节 人工智能的定义

自麦卡锡创建了“人工智能”一词并给出初步定义起，实践者和政策决策者在设定哪些实体能被定义为人工智能时，对所必须满足的条件与要求提出了不同的标准。斯图尔特·J. 罗素（Stuart J. Russell）和彼得·诺维格（Peter Norvig）对什么是人工智能提出了几乎不下十种定义。基于技术特性及学者们的认识，人工智能既可被定义为一种能够执行通常需要人类智能任务的系统，也可定义为通过使用该系统即可以访问的所有数据使现有的解决方案更加有效的工具（Russell et al.，2020）。“人工智能”领域还被称为“专家系统”的类人工智能系统所主导，这种系统是一个主要基于规则的决策过程（Rao，1997）。

那么，基于人工智能的交互与技术特征的复杂性，对于什么是人工智能，是否存在一个简单明了同时又能解决问题的描述呢？在法律世界中，这样的描述又会使得人工智能具有怎样的法律实体属性呢？

任何技术欲纳入社会规范调整的范畴，首先要对技术本身有一个完整清晰的社会概念，这个概念应该具有该技术本身的内在逻辑和外在边界，使得它能够和社会规范产生联结，这样才有可能进入社会规范调节的范畴。人工智能作为智能经济新时代的先导科学技术也毫不例外。学术界对人工智能如何进入社会规范调节的学术研究很多，对人工智能定义有科学技术说、复杂系统说、大数据+深度学习说、交叉学科说、思维能力说等，尚未取得一致的结果。这其中一个重要因素就是人工智能技术本身的开放性，任何一个阶段的定义都不足以概括它未来的技术发展。

从技术角度和发展过程来讲，人工智能在不同时期、针对不同群体，可能内容和含义是不同的（Asay，2020）。由于人工智能的发展和人们认识的深入，这些定义是动态发展且依然充满不确定性的，需要结合具体情况和语境来设定（Yanisky－Ravid et al.，2017）。通过对林林总总人工智能定义的梳理，目前主要存在三方面的意见：一是从技术角度描述人工智能；二是从行为角度描述人工智能；三是从综合角度描述人工智能。

一、技术角度定义

从技术角度方面来讲，人工智能可以被简单定义为：由一系列技术组成的、可模仿人类行为的智能机器（Gurgula，2020）。这些技术是计算机技术的子集，具体可以包括软件、硬件、数据等（Samuelson，1986）。在人工智能技术发展初期，虽然有“人工智能”这一词汇，但通常也会被“软件”（Samuelson，1986）、“机器人”（Kohlhepp，2008）等词汇代称。20 世纪 80 年代，人工智能可以被用来广义地描述进行智能活动的计算机科学（Samuelson，1986）。随着人工智能的发展和普遍适用，人们逐渐意识到，很多类型的计算机技术本身就可以是一项或一部分人工智能技术，因此，人工智能技术和产品也可以由计算机技术而产生（Banterle，2018）。换言之，凡是使用计算机技术相关的创新活动，包含软件、硬件及对数据的处理，都有可能涉及人工智能技术的研发，对这些技术的支持，也会成为对人工智能技术发展的支持（Samuelson，1986）。

二、行为角度定义

从行为角度方面来讲，可以从技术特性将人工智能描述为，具有人类智慧，例如认知、决策、创造、学习、进化与沟通（Russell et al.，2020）。另一种简单替代性说法是，计算机技术可以作出“自主”输出（Banterle，2018），自主地创作与生产出具有创作性的艺术或技术成果（Yanisky - Ravid，2017）。因此，人工智能可以与普通计算机技术区分开。

法律界也有人遵循技术界的观点，通过技术功能特点对人工智能进行定义：人工智能可以读懂非结构化数据，使用计算机进行推理、自主学习（AMIR et al.，2017）。根据自主学习的程度，人工智能还可以分为弱人工智能与强人工智能（Acosta，2012）。如果计算力与人类无异，可被视为通过图灵测试（Turing，1950），有资格被认定为弱人工智能（Acosta，2012）。对于弱人工智能，计算机通过预先编程的数据库模仿基于外部表现的智能。任何输入给弱人工智能的结果都是确定的和预先确定的。相对地，如果可以实现深度学习，并可以实现具有创造性的表达，具有与自然人一样的意识和智力水平，可以被认定为强人工智能（Acosta，2012）。

三、综合角度定义

从综合角度来讲，如果单纯考虑人工智能的技术功能，会有一些人仅将人工智能定义为一类工具，仅仅是人类的辅助者。有保守的学者认为，只要人工智能还在人类的控制和使用下，无论其智能程度如何，就依然仅仅是一项工具

(Botha, 2019)。相对学术界，市场的想法更前卫。例如，人工智能初创企业“applied AI”高级管理者菲利普·哈特曼（Philipp Hartmann）认为，人工智能技术无论发展至如何、达到多高的自主性，都仅仅是不同情境和应用下的一项工具。对人工智能进行定义非常不易，通常会根据目标主题而有所不同，强调不同方面。鉴于人工智能的复杂性，也有学者消极地认为，不能给出定义(Yanisky - Ravid, 2017)。

就定义而言，尼尔森曾提出了一个有用且相当具有包容性的定义：“人工智能是致力于使机器智能化的活动，而智能是使实体能够在其环境中正确运作并具有远见的品质。”（Nilsson, 2009）但是，这样的定义对人工智能本体认识和法律分析而言基本无用。

四、本书给出的定义

根据麦卡锡的人工智能理论，简单地说，就是“制造智能机器的科学与工程”，人工智能可以具体化和非具体化的形式存在。回顾行为角度的定义工程主义学派在智能“或强或弱”问题上，将人工智能在研究上划分为“强人工智能”和“弱人工智能”。

强人工智能支持者认为人类和人造智能之间的差别毕竟不是那么明显(Turing, 1950)，所有的人类思想都是有算法可循的，并且人类的思想最终有可能被复制。这一思想消除了人类和机器之间的所有界限，把人类理解为一群严格执行预定代码（DNA）的碳基工厂（细胞），甚至认同技术可助人类跨越自然状态的超人类主义（Bostrom, 2016）。他们相信所谓的加速回报法则以及遗传学、机器人/强人工智能和纳米技术之间的融合促进了智力的爆炸。

相比之下，弱人工智能的支持者认为人类的思想只能在机器中模拟。尽管计算机科学家表示，我们比以往任何时候都更接近实现强大的人工智能并且人工智能已有惊人的表现，但被有些人称为人工智能的东西，实际上是一种机器学习的能力。机器学习不等同于人类的智力，而是依靠人类来完成任务，同时提高工作效率和准确性，或者叫作弱人工智能（Searle, 1980）。

本书作者支持弱人工智能这种说法，人类不仅仅是有智能，更重要的是自然人具有理性。也许在任务导向上有超越人类智能的强人工智能会出现，科学家与工程技术人员也一直在不懈地向这个方向努力，但与人类既具有智能又具有自由意志理性相媲美的强人工智能，离现实还有遥远的距离，大多数只是出现在人文学术界对人工智能本体认识的学术讨论中。

人工智能技术发展到今天，由于社会需求与社会参与度高，是时候基于技术特征、工作过程基本原理及人们对它的本质认识下一个法律定义了。综合以上各种说法，本书认为，在法律范畴内，人工智能可以被视为由人在计算机内内置编码化的算法形成的（O'Neil，2016），围绕任务导向，具有或试图具有知识驱动决策与数据驱动决策自主结合的决策能力，以仿人行为方式输出结果的任务完成系统。

回顾 2018 年欧盟委员会就欧洲人工智能进行讨论时对人工智能下过的定义即“人工智能是指通过分析环境，采取具有一定程度自主权的行动，以实现具体目标，从而显示出智能行为的系统”，该定义对人工智能的法律关系定位与本书没有不同，只是本书主张的定义可以解读出更多的细节，欧盟委员会的定义可能更大众化一些罢了。

第四节　人工智能属性特征

当人工智能进入法律学术视野时，如同法律调节的其他法律关系一样，首先要确定的是，人工智能是法律主体还是法律客体。没有这样的法律地位确定，法律权利和法律义务也就无从谈起。法律主体是最为基础的概念，代表法的目的和基本价值来源；然后是权利和能力，用来确定主体性内容的法律形式；最后是义务、责任、赔偿、制裁、豁免和起诉等其他概念（龙卫球，2000）。在人类文明的演化史中，虽然经历了法律位格概念的历史变迁和可塑性过程（张绍欣，2019），但就人类自己创制的法律来讲，法律主体从来没有离开过人的核心：人的唯一性、普遍性、时间性、社会性、主体性和人之法上的权益性（胡长兵，2015）。这些特征充分说明了法律主体概念中的“人类中心主义”。合格的法律主体，需要具备法律认可的享受权利、履行义务的资格，若其中之一缺失，则只能被定性为法律客体。从以上综合分析可以看出，人工智能是人造物，绝不可能升格为法律主体。其不存在自主意识、自由意志与人类自由意志理性，不可能是自然人，也不可能是法人（韩旭至，2019）。

一、八大属性特征

“人工智能可以被视为是由人在计算机内内置编码化的算法基础上形成的，围绕任务导向，具有或试图具有知识驱动决策与数据驱动决策自主结合的决策能力，以仿人行为方式输出结果的任务完成系统。”本书提出的这样一项定义确定了人工智能的法律实体属性。在这项定义背后，实际上是有八大人工智能的特性予以支撑。

第一，信息性。算法、数据、计算力构成了人工智能的三大核心支撑，算法是人工智能的三大核心支撑之一，无论是内置化的编码算法，还是知识驱动决策与数字驱动决策的模型算法，在系统中都是基于存储器而存在的，是无体的。同时它的任务导向完成方法的输出形式也是数字形态。所以说人工智能具有信息性，这种信息性是由人的智慧劳动形成的，故人工智能具有一类知识产权的属性。

第二，内部自主性。人工智能通过数据交互，采用迭代和内置编码化的算法可以形成知识驱动决策和数字驱动决策方案的模型。在数据交互过程中，既可以有人力干预，也可以没有，任务解决方案模型的建立及方案输出具有自主性和实时性。之所以是内部自主性，是因为人工智能的自主体现在任务导向的过程中，而不是任务之外，人工智能不能自己指定任务。

第三，机器学习能力。在开发人工智能过程中，开发人员使用可表达的数学结构模型和数据集来训练机器，决策规则具有可调参数，当调整某个参数时，算法能够识别并给出最优解，经过不断调整参数，实现最大化目标函数。一旦训练完成，算法能够将这个模型从训练数据集推广到新的情况，这是算法以前从未有过的情况。这个过程非常类似于人类学习过程，被称为机器学习。

由于人工神经网络技术的成功，机器学习取得了显著的进步。神经网络模拟了人类的大脑，由许多“神经元”组成，这些神经元是通过“链接”连接起来形成数字状态，由“链接”充当神经元之间的通信通道。这些神经元一层层地形成一个网络，创造出“深层”神经网络。这种机器学习的方法被称为“深度学习”。

机器学习能力的表现，我们可称为人工智能的智能，也有学者将智能列为人工智能一项独立的属性。智能是对代理在多种环境下实现目标的能力（Legg et al.，2007），对人工智能而言，智能是机器学习效果的体现，我们把它归属在机器学习属性之中。目前，人工智能机器学习主要有三种模式：一是可以由人类监督，训练的算法与数据由人类给定；二是不由人类监督，对于训练的算法与数据人类没有明确给定；三是增强学习，在这种模式中，人类通常使用抽样技术来验证机器自己学到了什么，并希望能纠正错误（Kaelbling et al.，1996）。

无监督的深度学习同样具有两面性。一方面，无监督的深度学习赋予了人工智能更强的所谓智能；另一方面，由于人工智能不具有价值判断能力，强大的学习能力可能会与法律规范产生冲突。这种冲突呈现出两类具体表现：一类是它从公共数据库获得用来学习的数据可能超出合理使用的边界；另一类是它用来学习的数据与任务导向可能存在价值冲突，例如，与因果关系、过错、意图，以及最终的责任等概念相冲突。

第四，自洽性。人工智能通过数据交换，自主建立任务导向完成结果模型并依据此输出解决方案，形成逻辑闭环。即从任务设定目标出发，通过实时或记忆数据的交换，选择完成目标任务具体解决方案的模型并迭代完善，输出完成任务方案。

第五，黑箱性。人工智能工作过程中的模型建立不仅仅依赖于内置化的算法，更多的是要依赖于数据交换和机器学习，而这些步痕并不是预先设定的，人类还不能实时跟踪和破解，同时，人工智能自身不能实时步进式地明示其运作过程。因此人们会感到神秘，故其外观表现为过程具有黑箱性。

第六，外部依赖性。虽然人工智能具有机器学习能力、自建模能力，但它具有完全的外部依赖性。原因在于，计算力的核心取决于芯片，没有芯片就谈不上计算力。人工智能但自建模所依赖的是内置编码化的算法，没有算法或算法不强，所建的模型就没有解决问题能力或没有竞争力。数据是抽象的客观存在和人的社会关系抽象表达。没有人类行为及客观世界产生的数据，无论是人机交互交换还是机器自动交互，都不能使模型和计算力发挥作用。另外，人工智能不能独立确立工作任务，具有外部依赖性。

第七，文化性。没有数据，无论是通过人工交互获得的数据，还是人工智能自己获得的数据，迭代或进化活动不能进行，完成任务的模型及输出也就不能实现。数据是人与自然、人与社会关系的抽象表达，凝结了一定环境中人与自然、人与社会交互的行为特性和常识，所以说它具有民族特性和历史性。同样的软硬件环境，由不同的人群训练，人工智能的秉性可能会大不相同，使得它具有文化性。

第八，机器理性。人工智能的自洽性和机器学习能力，使其能够在无人干预或有人干预的状态下工作，通过结合知识驱动决策与数字驱动决策产生自己的决策，这个决策是理性的并具有自洽性。经过数据交换、知识驱动决策与数字驱动决策结合而形成的模型，其本质都是人的后天经验经过计算力而形成的，它是在模仿人的行为方式而不是模仿人的智能。机器学习还不够完善、细致，因为人工智能建立模型所采用的算法虽然都是人类智慧的结晶，但毕竟是都是可表达的，而人类还有很多不能使用算法表达的智慧经验，这些智慧仅采用机器学习是不够的。机器理性使得人工智能对“理性－非理性”的二元世界带来了冲击和挑战，使得人工智能的理性与自然人拥有的自由意志理性不同，使得人工智能与不具备机器理性的高度自动化且具有先进技术的机器不同。

二、三面表现能力与伴随问题

人工智能的三大支撑与八大属性特征使其表现出了极其优越的红利特性，但与此同时，也引发了一系列令人反思的问题。人工智能产生如此的双面性问题主要来自其三方面的表现能力：一是赋能，二是算法，三是数据。关于人工智能的一切争论与反思也都来自这三方面表现能力的效果，如何认识与解决的不同思想也都来自对这三方面问题的解答。

（一）人工智能赋能

在数据、算法、计算力支撑下，人工智能产生了机器学习能力，在技术话语体系中，使得人工智能区别于先进技术。人工智能的赋能使人工智能产生了替代性与创造性。这些特性产生的巨大红利让人类兴奋不已，同时也带来了哲学层面、伦理道德层面、法律层面、经济层面、安全层面的反思。

今天，人工智能赋能能够实现人与人工智能交互、人工智能与人工智能交互，所产生的替代性与创造性广泛地渗透在人类社会生态的各个方面，21 世纪初主要表现为人工智能在智慧社区（组织、社区、城市、国家）、事件预测和模式分析（产业与行业）、自然语言解析、计划与优化、模型化与模拟、感知世界与视觉学习方面的渗透与应用。今后将通过赋能人工智能在教育、科学、医疗、空间、智慧生活方面大展身手。

（二）数据

数据是理性人对社会认知与社会实践的抽象符号表达，也是人工智能的三大支撑之一。数据不仅能有助于人类与人工智能客观地认识世界，也能主观地通过人工智能影响世界。对人工智能而言，数据偏好使得数据具有价值观。对于人工智能系统来说，数据是其分析、判断、输出决策结果并进行行动的依据。相对人工智能的其他两大支撑——算法和计算力而言，数据是人工智能风险防范最薄弱的部分，既有来自内部的风险，也有来自外部的风险。这些风险主要表现形式有数据选取偏好，数据滥用，对数据违规或违法使用，利用赋能助力网络暴力、人肉搜索、深度伪造、流量造假、操纵账号、数据杀熟，甚至达到民事侵权或刑事犯罪的程度。同时，数据泄露、对数据违规违法管理也是重大风险类型。数据泄露幅度和程度超越技术范畴和组织边界时会严重危害个人，企业甚至国家的经济、政治、文化、社会、国防、生态安全。

（三）算法

算法是人工智能的三大支撑之一，与数学和计算机科学领域均有着密切的关联。从技术角度讲，算法是包含一系列复杂的数学规则、使用计算机程序的方式引导人工智能任务完成的方法。从人文角度讲，算法是理性人对真实世界认识的结晶，实现对人工智能的传递。随着人类对真实世界认识的不断加深和纠偏，算法不断更新，人工智能的赋能能力提升，收获红利增大。算法的选择具有价值倾向。通过成功有效的算法，人类可以在各个方面取得事半功倍的效果，收割红利；同时，算法也可带来风险。算法方面的风险主要包括算法安全问题、算法可解释性问题、算法歧视问题和算法决策困境问题。算法安全问题产生于算法漏洞被黑客攻击和恶意利用，同时，算法从设计、训练到使用中面临可信赖性问题，并且随时可能波及人工智能的可靠性。算法可解释性问题涉及人类的知情利益和主体地位，对人工智能的长远发展意义重大。算法歧视问题可能形成社会问题，例如，开发人员会通过算法歧视、“过滤气泡”（filter bubble）、“信息茧房”（information cocoons）和“回音室效应”（echo chamber）等手段追逐个体利益。

算法歧视就是开发人员将其主观的价值判断植入人工智能系统，导致系统在编码、收集、选择或使用数据时，产生带有偏见或歧视性的结果。这属于开发人员主观故意的范畴。算法歧视主要分为三类：人为造成的歧视、数据驱动的歧视和机器自我学习的歧视（郭锐，2019）。“过滤气泡”指的是计算机记录用户进行网上搜索、浏览留下的痕迹，根据这些痕迹推断出用户的信息偏好，通过算法进行计算并向用户进一步推送相关信息以实现用户信息的个性化定制，形成用户黏性（郭小安 等，2018）。“信息茧房”是指用户更愿意根据自己的需求，选择接触自己感兴趣并乐于接受的固定领域的信息，但这就像“茧房”一样封闭，充满了与自己意见一致的观点，虽然温暖而舒适，但是也会形成毫无根据的极端主义、偏激错误的观念甚至过度自卑的心态（桑斯坦，2008）。“回音室效应”则是指用户在互联网上就某一话题或观点进行互动，一些相近或相同的信息会不断重复、强化、夸张和扭曲，从而让处于封闭环境中的大多数人认为这些不断重复的信息是事实的全部（桑斯坦，2008）。

算法歧视、“过滤气泡”、“信息茧房”和“回音室效应”本质就是开发人员采用信息不对称手段为用户提供大数据服务，将其个人价值观作为数据的过滤网，限制用户接触信息的范围和途径，使公众接收到的多是同质化的信息，难以获取全面信息，很难突破信息壁垒寻找其他类型的信息，容易导致用户信息窄化，甚至有可能会出现“网络群体极化”现象。

即便了解了人工智能是什么，围绕人工智能实体的法律地位问题探讨一直都在加深与拓展。20 世纪 60 年代，当计算机出现不久，人工智能是否可以获得著作权和专利保护的问题就在美国、欧洲展开了激烈讨论。由于当时的技术发展还不够成熟，法律并没有涉及太多相关问题。进入 21 世纪，人工智能技术取得颠覆性突破，特别是人工智能型产品的大量出现和使用，使得其法律实体地位问题被提到前所未有的高度，社会也愈发关注对人工智能侵权行为的法律处理。

第二章　人工智能机器理性分析

人类为什么要发展人工智能？人类发展人工智能的动机可以从以下几方面解读。一方面，从功利主义角度看，人工智能的赋能使得人类获得巨大的红利。人工智能的替代性和创造性既满足了人类寻求代理的目的，又给人类带了福祉，发展人工智能不容置疑。另一方面，从层次理论角度看，人工智能的发展可以满足人类更高层次的需求。美国著名社会心理学家马斯洛提出过需求层次理论，英国心理学家皋南提出过智力层次结构理论，德国思想家马克思提出人的全面发展理论，这些不同的认识层面都可以解释人工智能对个人与其他社会主体的激励与需求的满足。

人工智能赋能所表现出的替代性和创造性，引起了理性人类的本体思考。人工智能的发展使得“理性－非理性”的二元社会体系中又增加了一层关系，即“理性－机器理性－非理性”。“理性－机器理性－非理性”是三元关系，还是新活力的二元关系？这个问题是哲学、伦理、道德、法律、经济学研究者对人工智能进行本体认识的出发点。其中具有争议的焦点是人类主体地位是独享还是可以被分享，谁能具备法律主体地位的问题也成了争论的核心。人工智能的赋能使得人工智能对人类社会形成的挑战是根本性的、深层次的、颠覆性的，这使得传统法律中的权利保护、权力制衡等核心价值遭遇了危机。人类开展对人工智能本体认识研究的目的是克服在“理性－非理性”二元体系中出现机器理性的恐慌，同时，调整与应对发展具有机器理性的人工智能，在这样的创新和规范体系下增强人类福祉。

第一节　人工智能的智能

一、智能

人们对智能——这个人工智能领域的元概念理解得并不清晰。人类至今也没有完全搞清楚人类自身是如何产生智能的。像哲学中的其他元问题一样，人类对智能已经探索2000余年，虽取得了巨大进步，但就本体实质而言几乎还是处于原地。但这并不妨碍从不同角度、在不同层面、以不同方法对智能进行研究和解释并取得成果。

人工智能的智能，通常被定义为“获得和应用知识和技能的能力或心智素质，包括从经验中学习、适应新情况，理解和处理抽象概念以及利用知识操纵环境的能力”（Albus，1991；Meystel，1991）。美国国家标准与技术研究所制造工程实验室智能系统部门的创始人和前任院长詹姆斯·S. 阿布思（James S. Albus）认为，智能意味着一套系统在不确定环境中开展适当活动的能力。“适当的活动是增加成功概率的活动，而成功是支持系统最终目标活动子目标的实现”（Albus，1991）。当这样一套系统能够在没有人类指导的情况下独立地执行分配的任务时，它被描述为具有自主性。一般来说，机器必须满足三个累积条件才能被认定为具有自主性智能：①计算信息的能力；②学习能力；③推理能力（Ginsberg，1988）。这些条件共同的作用，使得机器更像人，而不仅仅是机器。

对于对智能本体的认识和结构分析同样离不开哲学方法论和认识论。伴随着语言分析哲学、数字计算机、神经生物学等学科的发展，人们对智能产生的载体——人类大脑的解构和功能从知识论、思维论和进化论方面有了一些初步认识。首先，知识论认为，智能的基础是知识，知识始于感官。以知识论看来，智能要能够感知，感知是智能的组成基础。康德在《纯粹理性批判》《实践理性批判》《判断力批判》中对知识体系作了全面的解析，应不失为对知识本体的认识。其次，思维论认为，人类的一切知识都是人思维的产物，思维才是智能的核心。在思维论看来，智能要有思维能力。亚里士多德的形式逻辑和演绎推理、培根（英）的归纳法和“人类知识和人类权力归于一”（即“知识就是力量”）、莱布尼茨（德）的万能符号和推理计算的思想、数学家布尔（英）提出用符号语言描绘思维活动的基本推理法则都体现这一点。之后图灵（英）试图探索“机器能思考吗”的问题而据此构造的图灵机、图灵测试，为思维理论奠定了基础。最后，进化论认为，智能的核心是用控制取代表示，强调分层结构对于智能进化的可能性和必要性。

二、人工智能开发路径范式

自人工智能概念提出后，在国际上普遍将其分为三类：弱人工智能、强人工智能、超级人工智能。依据对人工智能的定义，弱人工智能指的是具有机器理性的人工智能，但尚不能进行价值判断。强人工智能是能够进行价值判断的人工智能，其机器理性已经进化到人的理性程度，虽然还是由人制造，但还不是自然生产。超级人工智能能够跟人类智能一样实现生物上的进化，具有自由意志的理性，能够通过某些方式对自己进行不断的完善和发展。

人工智能开发以三种路径范式获得了发展，即符号主义、联结主义和行为主义。符号主义理论产生了第一代人工智能；联结主义理论产生了第二代人工智能；行为主义立足于第三代人工智能的研发，即强人工智能或超级人工智能。

符号主义以被称为“人工智能之父”的诺贝尔经济学奖、图灵奖获得者赫伯特·西蒙（Herbert Simon，中文名“司马贺”）提出的物理符号系统理论为基础，在人工智能领域形成了具体的研究思路（黄炎孙，2014）。符号主义的主要思想是应用逻辑推理法则，从公理出发，推演出整个理论体系（顾险峰，2016）。符号主义理论属于对智能认识的“知识论”，最大弊端是只遵从了人的一个思维层面，缺乏情感和意识，无法联结价值层面判断。

联结主义理论认为应以神经网络结构为基础，以真正实现类人智能的产生。20 世纪 60 年代，诺贝尔生理学或医学奖得主精神科学家大卫·休伯尔（David Hubel）与托斯坦·威泽尔（Torsten Wiesel）发现图像透过视网膜传递至脑中形成意识的过程是一种层级结构（Hubel et al.，1968；李彦冬，2016）。这一发现启发了人工智能神经网络的发展。继而，多层神经网络和深度机器学习成为实现人工智能的理论基础（周飞燕 等，2017）。例如，IBM 的人工智能平台 Watson 就置有卷积神经网络模型、深度信任网络模型、堆栈自编码网络模型等典型的深度学习模型（杨俊龙 等，2018）。联结主义理论作为指导智能机器人生产的技术范式虽然使用了层级结构，使机器人接近于人类对大脑神经结构的认识，但依然是人从外部对人工智能算法进行置入，同时，人脑的思维形成还没完全被揭示出来，机器人依然只能作出一些机械反应，对价值判断如何形成和模拟还是知之甚少。

行为主义理论认为，智能不需要知识、表示和推理，智能行为只能在现实世界中与周围环境交互作用而表现出来。人工智能可以像人类智能一样逐步进化（黄伟 等，2001）。

符号主义与联结主义均存在一定弊端，这导致二者不宜直接用于分析强人工智能机器人的本质。因此有必要探索新的理论方法，将强人工智能机器人的本质纳入分析。基于打造强人工智能机器人本质的目的及对其本质的分析，结构－行为主义理论被提出。建构结构－行为主义理论立足于由行为到认识，由认识到决策，再由决策到行为这一人类行为的逻辑结构，与模拟生物神经网络结构进行有效衔接。

人工智能依托于机器学习，以数据获取机器感知，以算法和计算力增强获取解决方案的意志。所以说，人工智能的智能是与人类智能和动物智能的智能相区别的机器智能。本书对实现此类强人工智能和超级人工智能持有否定的观点，因为这不仅是技术突破的问题，而问题的本质是出现了一个超人类的类人文明。人是万物的尺度，超出这个界度，不仅是人类不能接受的，也是人类不允许的。

三、智能与意识

人类的思想与意识来源于实践。人类对事物的认识，是在大量实践的基础上，通过实践、认识、再实践、再认识的反复提炼过程而形成的。智能主要是指人在实践与认识的过程中所表现出的对复杂任务完成的能力。意识是在反复的实践与认识过程中形成的，即人逐步产生思维与拓展体验，开始理解“为什么要这样做”，并进一步升华为“应该是什么”。意识是人脑功能和属性的专属特性，是人脑对客观世界的反映，是感觉、思维等各种心理活动的总和。人在社会实践中既有“智能”又有“意识”。智能与意识在人的社会实践中的表现再次验证了人的神圣和唯一。人可以运用自身智能和意识解决各种复杂的问题。马克思主义的历史唯物主义和辩证唯物主义很好地阐释了这些原理，即劳动使人类进化。

人工智能在机器学习能力的加持下、在算法、数据、计算力三大支撑下，在任务导向中表现出具有强大赋能的能力，这就是人工智能的智能表现。对人工智能而言，人类就是创作其的神。人类虽然赋予了人工智能以“智能”，却无法教会人工智能以“意识”。人工智能依赖的是算法、数据、计算力，机器学习赋予人工智能的是“智能”而不是“意识”。人工智能自身无法产生意识，就不能像人一样进行思维活动，也就无法真正理解自己行为的意义和价值。人工智能必须依赖人类把控来实现对客观世界的价值判断，而非自身，更不会提出本体论的问题。

第二节 人工智能的理性

意识和思维是人脑的产物，“它们都是人脑的产物，而人本身是自然界的产物，是在自己所处的环境中并且和这个环境一起发展起来的”（马克思 等，2009）。“通过实践创造对象世界，改造无机界，人证明自己是有意识的类存在物”（马克思 等，2009）。“一切知识都遵循这样一个进程，始于感官，行于知性，而止于理性”（康德，2007）。在康德看来，人和物的区别，从根本上说，在于人作为自由的主体能够通过根源于自我自主的行为去与物发生联系。另外，在康德看来，与动物相比，人在本质上是有理性的动物（邓晓芒，2005）。理性赋予了人在这个世界上的神圣性和唯一性，这个世界除了人之外，无论是自然物还是人造物都没有突破理性这个魔咒。

本章将对机器理性进行解释与分析，将分别介绍机器理性的产生、哲学与法律属性，以及哲学本体（见图 2. 1）。

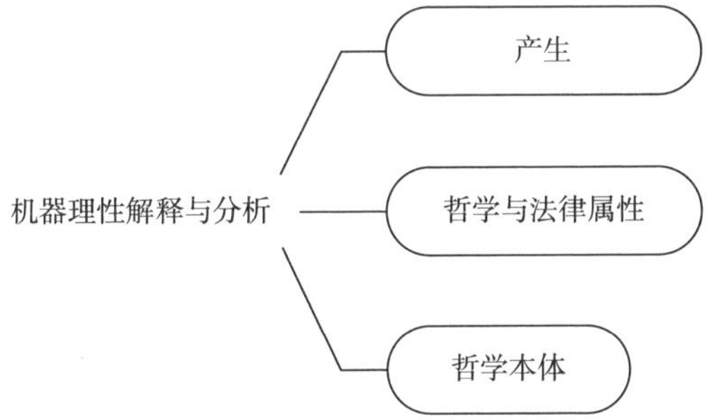

图 2. 1　机器理性的解析思路

一、机器理性的产生

自主性、自洽性和机器学习能力，使得人工智能能够在无人干预或有人干预的状态下工作，并通过结合知识驱动决策与数字驱动决策作出理性且自洽的决策。这种理性产生的过程具有外部依赖性，不是人工智能自身思维而形成的。这种理性只具有智能性，而不具有意识形态，不能对客观世界事物与现象进行价值判断。这种理性是机器理性，而不是自由意志理性，机器理性可以很好、很快、很准确地完成任务，但不能解释为什么有这样的任务和为什么要完成这样的任务。

总之，人工智能有外部依赖性。非自身进化展示了人工智能机器属性的一面，机器学习能力表现出的理性展示出了人工智能类人的一个方面。就本体而言，这个类人的一面来源于对人的依赖，所以我们称人工智能的理性为机器理性。

二、机器理性是哲学与法律的属性

人工智能在算法、数据、计算力的支持下具有机器学习的能力。在技术术语范畴里，机器学习是区分先进技术和人工智能的分辨器。机器理性是一种法律属性，是将人类与人工智能有力区分的分辨器：人具有自由意志理性，人工智能具有机器理性。同时，机器理性也是将人工智能与自然物和非人工智能人造物有力区分的分辨器：人工智能具有机器理性，非人工智能人造物不具有机器理性，即便是先进技术的人造物也不具备机器理性；自然物不具有机器理性，也不具有自由意志理性。

只有具有理性的人才可以制造出非繁衍之物，例如机器。"自然界没有造出任何机器""它们是人的产业劳动的产物，是转化为人的意志驾驭自然界的器官或者说自然界实现人意志器官的自然物质。它们是人创造出来的人脑的器官；是对象化的知识力量"（马克思 等，2009）。

机器理性可以联系相关关系，而不能解释因果关系，这里的因果关系不包含法律上的相当因果关系。人造物不具备反思意识和思维能力，不能把握人与人、人与世界之间的本质性、意义性联系。

三、机器理性是人工智能哲学本体

机器理性是人工智能区别于世界其他实体而独有的特性，是人工智能区分于人类或非人工智能人造物的身份标识。机器理性与人类的自由意志理性具有本质区别。首先，自由意志理性通过自主认识的过程具有了价值判断的功能。机器理性下的自主性来自外部植入，具有外部依赖性，不能真正独立地形成价值判断，因此所形成的自主性也仅仅是相对于绝对自主的内部自主性。其次，人是世界上唯一具有自由意志理性的实体，人工智能是世界上唯一具有机器理性的实体，其他实体均不具备理性，无论是自由意志理性还是机器理性。人工智能不是用机器模拟人类的智慧，而是用机器来模拟人类的智慧行为（张钹，2020），因此它具有的是机器理性，而非自由意志理性。总之，从理性这个意义上讲，人工智能无论是弱人工智能还是强人工智能，都属于机器理性这个实体范畴，超越了机器理性，就超越了人工智能这个实体范畴。

现行法律体系没有对具有机器理性的实体作出法律的制度安排。在现代法律主体－客体的二元法律逻辑框架中，法律主体是法律的创造物、规范的人格化、能动的行为者，也是联结法律与现实生活的桥梁（胡玉鸿，2008）。机器理性不能发展出思维或具有反思能力。具有机器理性的人工智能只是具有人的一些技术特征，而距离作为哲学本体的人相差甚远。显然，人工智能不能进入只有自由意志理性主宰的法律主体地位范畴，只能与其他没有理性的实体一样处于法律客体地位。说到这里，人工智能的法律实体地位归属问题已得到解决。

第一，人工智能作为人类的劳动成果不属于法律主体范畴。无论人工智能多么复杂、有多高的智能，都存在一个不能否认的事实：人工智能实体是人造物。根据洛克的劳动理论，人工智能实体是人类的劳动成果，应当归属于人类（洛克，2007）。第二，法律主体范畴是具有自由意志理性的人。人工智能具有的理性是机器理性而不是属于人的自由意志理性，人工智能不属于法律主体范畴（黑格尔，2007）。第三，法律主体具有自由支配财产的权利。“没错，机器人没钱”（Bayern，2014），没有财产支配权必然不能担负起相应的义务。因此，无论是从自然法角度，还是从实在法角度，在履行法律义务上，机器理性都不可能使人工智能具有法律主体地位资格。第四，机器理性不具有同理心。当人工智能实施侵权行为时，它本身不能体验被侵权者的感受。然而，侵权赔偿考虑的不仅仅是经济赔偿，还要考虑伦理道德、法律价值、公共利益与平衡。人类主体预定论的现代法律体系不会接纳一个冷血的机器理性法律主体加入法律主体队伍中来。第五，从拟制法人来讲，法律主体预定论要求法律主体的理性是人的自由意志理性，而不是机器理性。人工智能具有外部依赖性，它的自主性与自洽性摆脱不了外部依赖，它不具有完全独立的自主性，因此，无论从经济意义还是社会意义上来讲都不能赋予人工智能以法律主体资格地位。总之，在人类中心主义的现代法律体系中，对人工智能拟制法律主体的主张是站不住脚的，根本原因在于，自由意志理性占据法律主体垄断地位的现代法律体系是不会与具有机器理性的人工智能实体共享主体地位的。

但即便在现代二元法律逻辑中确立了人工智能的单一法律客体地位，如何处理机器理性和自由意志理性的法律关系依然是一个未决的涉及人工智能自主、可控、安全地发展的根本问题。人们对人工智能发展的担忧、人工智能对社会道德冲击的根源就是人工智能具有机器理性。如何基于机器理性，将人工智能全面适用于现有法律、伦理和社会问题中，是否需要建立人工智能法律法规、伦理规范和政策体系，都有待解决。与此同时，人工智能侵权责任承担是由其法律实体属性决定、与自身不可分割、人类必须直面的问题。人工智能引发侵权后果时，谁是侵权人？由谁承担侵权责任？这些问题构成了人工智能法律治理的核心。这些问题解决了，人类就可以尽享人工智能的巨大红利。

对人工智能实体法律本体的机器理性进行抽象描述，有助于对人工智能开展哲学、伦理、法律、经济、安全的本体分析。16 世纪欧洲教会开启了动物审判；是 17 世纪开启的人文主义和启蒙运动，形成了近代法律，围绕自然人的主体意志与法律行为，创设了一种主客体二分的人与物相对峙的法律人格理论，结束了欧洲的动物审判。当人工智能应用来临时，人工智能是归入人的一类——法律主体，还是归入诸如动物一类——法律客体，对人工智能机器理性进行抽象解释了这个问题的本质。

人类，由于机体组织的原因，理性可能无法在每个个体间达到完全平衡、一致，但理性的不平衡不能否定人的神圣性与唯一性。人类个体理性的不平衡可能造成法律责任能力的不平衡，继而造成决策行为的不平衡。然而，理性的不平衡与机器理性是两个不同类属，不能混为一谈。

第三章　人工智能赋能效应分析

进入21世纪，人工智能越来越受到世界各主要经济体的重视，已成为新一轮科技革命和产业变革的核心驱动力。世界主要经济体也纷纷在战略高度推动人工智能技术开发和产业发展。例如，2013年德国启动了“工业4.0”计划；2017年日本推出了《人工智能技术战略》；2021年欧盟提出了《欧盟人工智能法》提案并在2022年进一步推动与完善人工智能法律体系；2021年1月美国发布的《国家人工智能行动法案》，强调美国要通过继续加强人工智能研发来保障国家安全与发展，引领世界。2018年英国发布《人工智能行业新政》，并于2022年初形成以2040年为目标的国家人工智能战略，集聚多个国家实验室力量，拓展人工智能产业规模，并欲为此投入超2000亿英镑。2017年我国发布了《新一代人工智能发展规划》。

在如此热切的期待下，人工智能的表现又将如何呢？人工智能的机器学习能力和机器理性使得其具有强大的赋能能力，表现出强劲的替代性和创造性，因此人工智能在社会各个领域广泛渗透，引起了巨大的赋能效应。人工智能的巨大赋能能力具有双面效应：一方面是人工智能产生的巨大红利，另一方面是对人工智能的社会反思。本章将对人工智能赋能效应展开分析，具体见图3.1。

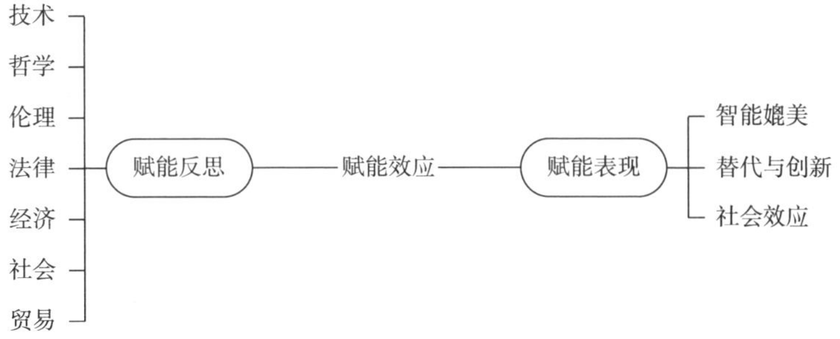

图3.1　赋能效应分析思路

第一节 人工智能赋能表现

全球数字化变革带来了数据的巨大供应，数字经济已成为新时代的宠儿。数字技术的发展和渗透加速了社会与经济的转型变革，人工智能作为其中的核心驱动力为社会发展创造了更多可能与期待。今天，我们达到了这样一个节点，人工智能已到了技术开发与技术应用齐头并进的双螺旋驱动时代。机器理性的人工智能凭借其机器学习能力和数据这个媒介，已能够从对自然语言理解与分析和意志行动这两个根本方向进行赋能。凡是能够使用数据表达的领域，无论是机器领域还是生物领域，均可成为人工智能赋能渗透的活动领域。人工智能能为我们做什么一点也不比人工智能是如何运作的重要性差，这意味着我们已经进入了如何部署人工智能的时代。人类关注的人工智能根本问题不再单纯是相关技术如何运作，更重要的是它能为人类做什么。

总体来说，虽然目前人工智能应用才刚刚开始，但已表现不俗。正如国务院在 2017 年《新一代人工智能发展规划》中评述的那样，“人工智能作为新一轮产业变革的核心驱动力，将进一步释放历次科技革命和产业变革积蓄的巨大能量，并创造新的强大引擎，重构生产、分配、交换、消费等经济活动各环节，形成从宏观到微观各领域的智能化新需求，催生新技术、新产品、新产业、新业态、新模式，引发经济结构重大变革，深刻改变人类生产生活方式和思维模式，实现社会生产力的整体跃升”。

现在，人工智能已被应用于多项领域中。人工智能在预测领域中，正被用以进行事件预测和模型分析；在自然语言领域中，被用于处理、分析、理解和模仿人类的语言；在计划与优化领域中，被使用于提高执行的效率和安全性；在计算机视觉领域中，被用于通过结合使用摄像机和传感器感知世界；在模型与模拟领域中，以抽象和凝练的方式来理解世界，优化社会实践的过程和结果。在智能机器人领域中，机器人智能化后，它们帮助组织自动化单调和重复的任务，服务的替代功能正在凸显。在创新领域中，人工智能对于创新的赋能主要体现在教育、科学、空间、社区、城市、国家。人工智能渗透的领域越来越广泛，已成为现代社会发展的底层支撑。

人工智能赋能在物联网、大数据、超级计算、传感网、脑科学等新理论新技术的驱动下，呈现出深度学习、跨界融合、人机协同、群智开放、自主操控等新能力，正在对经济发展、社会进步、国际政治经济格局等方面产生重大而深远的影响。

一、人工智能的智能与人的智能媲美

（一）真伪难辨的“深度伪造”与“深度合成”

“深度伪造”（deep fake）与“深度合成”（deep synthesis）均是以机器学习能力与算法为基础，使得人工智能可以自动生成图像、文字、视频等信息内容。这类技术行为造成的结果是，“真”与“伪”难以区分，“人工智能合成”与“人力制造”难以区分。“深度伪造”与“深度合成”二者在技术上本是同源的，技术本质没有区别，都是人工智能技术智能的展现，表现形式主要包括人脸合成、语音合成、人脸替换、图像合成、表达方式等。该项技术综合运用了视频合成、计算机视觉等多种人工智能技术。“深度伪造”“深度合成”随着技术的不断成熟，现已逐渐渗透于社交、医疗、教育、影视、娱乐等多个领域，对人们的学习、工作、娱乐带来了很大的帮助。

“深度伪造”“深度合成”的最大隐患在于控制人工智能和“深度伪造”“深度合成”背后之人的主观意图的合法性。如果滥用“深度伪造”“深度合成”，可能会侵犯公民个人权利，如针对个人名誉的侵权、电信诈骗等财产性侵权或犯罪等，还可能会对公共秩序产生破坏，如作为非法营利工具、传播虚假恐怖信息等非法活动；同时也给国家安全带来诸多风险挑战，如制作虚假新闻、针对国家领导人或候选领导人进行难辨真假的虚假碾压式报道。

在医学检查中，智能医学影像是人工智能深度合成应用的重要方面之一。它通过图像识别技术，对医学影像进行识别和分析，从而帮助医生快速发现病灶，提高影像诊断效率。智能医学影像系统还能自主学习海量的影像数据和临床诊疗信息，不断提高自身诊断能力与水平，在查询、搜索、安全领域大显身手，降低误诊率。

（二）人工智能与人的智能比较

IBM 的人工智能“沃森”（Watson）角逐智力竞赛（Koza，2010），2011 年，它击败了《危险边缘》（Jeopardy!）节目前冠军肯·詹金斯（Ken Jennings）和布拉德·鲁特尔（Brad Ruttcr），在这个节目中赚了 100 万美元。IBM 将沃森描述为具有“计算创造性”能力的新一代机器之一，它是一个与其他机器存在根本性不同的人工智能机器。沃森本质上模仿了人类的学习过程，通过跟踪用户的反馈，从成功和失败中学习，变得更加聪明。

在2016年荷兰著名画家伦勃朗逝世300多年后，一位由微软和荷兰艺术家、数据科学家联合打造的“新伦勃朗”向世界展示了它的作品——《下一位伦勃朗》（Schlackman，2020）。这是一个将人类画家伦勃朗的绘画方法数字化的项目，通过数据捕捉和定位诠释着伦勃朗的风格，运用深度神经网络算法，创造出了一幅新、具有创造性、独立、能媲美真正伦勃朗的原创3D艺术作品。继这次人工智能与伦勃朗的碰撞之后，人工智能还修复了其既存画作中被剪裁的部分。

2016年，谷歌开发的人工智能系统“阿尔法狗”击败了人类围棋冠军，而这个有2500年历史的中国战略游戏远比国际象棋的棋局复杂得多（McAfee et al.，2016）。这些现象引发了人们关于人工智能是否会在某些领域超越人类的思考（胡敏中 等，2019）。

二、人工智能的替代与创新

（一）智能护理

智能护理机器人正在进入老年人和特殊人群护理的领域。智能护理机器人以帮助记忆、提醒、联络沟通、物理性帮助等措施对老年人和特殊人群提供护理帮助。美国明尼苏达大学社会学家、未来学家奥瑟·哈金斯（Arthur Harkins）说：“具有性服务能力和类人皮肤的机器人，可能是很多孤独的人理想的婚姻伴侣，和他们的婚姻可能会和传统的婚礼一样被举行”（Freitas，1985）。

（二）自然语言理解与使用

机器人已经渗透到新闻写作、分析、推广、核实、编辑等新闻内容生产流程的各个环节。目前，人工智能机器人在信息传媒领域的应用突出集中于天气预报、体育赛事、公司财报、信息汇编、突发快讯等方面。自然语言理解与使用在非价值判断领域已经司空见惯。

（三）效率替代

人工智能在纷杂、烦乱、海量的数据处理中已经显示出了超人和惊人的高效率水平与能力。例如，在新冠疫情防疫控制工作中，人工智能的参与使人类在病毒防控中迅速构建起保障机制，没有人工智能参与的疫情防控不可想象。在新冠疫情防控的病理分析、病毒基因测试、药物开发，防疫宣传、稳定社会秩序，密接追踪溯源、健康码使用，社会资源调配等环节中，人工智能表现出了强大的高效率替代功能。例如，人工智能技术可以帮助识别目标，选择和优化先导化合物，并且预测其有效性和副作用（Hughes et al.，2011）。人工智能还用于预测类药物分子的可行合成路线、药理特性、蛋白质特性和功效、药物组合和药物靶标关联（Zeng et al.，2020）。人工智能赋能机器人不仅在疫情防控和医药治疗中发挥了功效，还在可复制、程序化的岗位，危险环境岗位，深空深海探索岗位，人体结构内部探测，传统行业人力替代等方面显示出巨大的优势，使这些工作进一步地摆脱了对低效率劳动者的依赖。

（四）知识产权

在知识产权领域，人工智能的发明创造主要表现在专利和著作权方面。每年都有声称是人工智能发明人产出的专利申请以及著作权的作品。人工智能正在将计算机发展为能够执行创造性任务的“思维机器”，例如，基因编辑、创造力机器、IBM 的沃森。人工智能系统已经可以生产出数量惊人的创新或发明，并且编写与提交大量的专利申请，甚至可以评估或监控专利申请的风险（Karkhanis et al.，2016）。如果创造性计算机的表现远远超过人类发明者，它们必然将取代人类。分歧点只在于支持或反对人工智能对自身的发明成果获得并享有专利权等知识产权。人工智能发明或创作的成果也被称为“计算机发明的成果”（Computer - Generated Works，CGW）。在美国，第一个 CGW 在 1965 年受到美国版权局的特别关注前还被注册了著作权。美国专利商标局早在 1998 年还曾授予 CGW 匿名专利申请以专利权（Abbott，2019），但现在美国专利商标局和美国联邦法院都明确规定非人类发明人不能作为专利发明人。然而，无论是哪种观点，这些观点的共同点是人工智能在知识产权领域的替代与创新。不管未来如何，人工智能已经成为创造过程中的积极参与者。

三、人工智能赋能的社会效应

（一）人工智能赋能经济转型增长

过去的 20 年里，在机器学习算法的进步、数据可用性的指数级增长、计算能力的提高的推动下，人工智能的技术突破急剧加速。人工智能的发展，催生了新产业、新工种。一是人工智能自身的产业链发展，人工智能算法、数据、计算力三大支撑本身就形成了强大的产业链，如以算法为核心的产业、以数据为核心的产业、以芯片为核心的产业。第二是围绕赋能的联结而形成传感、智能终端产业的发展。三是赋能的渗透，即对智能制造、智能应用各领域提质增效。四是产业岗位大转换，人工智能赋能使得数字经济快速发展，大量数据工作岗位替换劳力岗位，精准岗位替换粗放岗位。五是以娱乐生产岗位替换物质生产岗位。

经济增长的核心是人有效经济活动的效率提升，人工智能影响经济增长的关键因素是人工智能帮助人类学习能力赋能，拓宽学习方式与路径。人工智能赋能在农业、工业、服务业可以全面渗透。其替代与创新给传统产业带来转型增长，催生出许多新行业、新产业及经济发展的新模式、新途径，成为经济发展的新引擎，为经济发展注入新动能。

（二）智能社区促进人的发展

智能社区的概念广泛，包括智能工厂或组织、智慧城市和智慧国家。它的意义在于将人工智能赋能于经济、政治、文化、环境、生态发展中，以其赋能智慧规范人与人的关系、人与自然的关系，促进人的全面发展。人工智能的应用与发展丰富了人的生活方式，在满足人类所需基本物质资料的同时，也改变了人们传统的生活方式。

智慧工厂将是未来工厂的主要形式。智慧工厂在信息流动全流程、物质流动全流程、人员配置全流程、生产与销售全流程、售后服务全流程方面充分利用人工智能、物联网、大数据技术和云计算技术，提高供给质量与效率。波士顿咨询公司于2014年开展的一项调查显示："四分之三的制造厂商认为，通过机器人、材料工程学、数字化制造以及3D打印技术的应用，未来十年内制造业的生产效率将会显著提高"。(拉古兰德 等，2018)

智慧城市是指利用计算机系统的智能协同城市资源，优化城市管理和城市服务，提高市民生活质量，促进市民的全面发展。人工智能结合物联网、云计算、大数据使智慧城市建设进入新时代。智慧城市以信息化为入口，以智慧管理为抓手，以人的全面发展为宗旨，不同于传统城市模式，是基于技术和知识创新引领的城市高级形态。智慧城市建设涵盖多个领域，包括但不限于智慧制造体系、智慧生活体系、智慧管理体系、智慧服务体系等。

智慧国家正在发展与完善的道路上。人工智能的赋能能力已使世界主要经济发达国家认识到人工智能的渗透作用和未来民族自立、自主、安全地发展的重大战略意义。世界很多国家已经开始开展对人工智能发展的战略布局与实施。

（三）人工智能赋能影响社会结构变化

人工智能赋能正逐步影响社会结构的变化。首先，人工智能赋能正推动当代社会生产工具智能化，极大地推动了生产力发展。从石器时代到青铜时代、从青铜时代到铁器时代、从铁器时代到机器时代、从机器时代到电气化时代、从电气化时代到人工智能时代，生产工具的革命化变革都极大地推动了生产力的发展，生产力的革命性变革是人类社会进化的直接推动力。结合大数据、物联网、云计算的人工智能时代对生产力发展的推动更是迅速。其次，人工智能的发展调整了生产关系。人工智能的替代性和创造性一方面将人们从繁重艰苦、单调反复的劳动中解放出来，另一方面又使人们丧失了大部分传统劳动岗位。全球化的社会分工必将引起交换、分配、消费的变革，经济基础的变革必然导致上层建筑的变化，必然引起生产关系的调整。最后，人工智能赋能的渗透性能够促进人类生活的改变。在万物关联的环境下，人工智能赋能使得人们共同生活方式发生变化，因为人工智能赋能的生产力本身就是新时代的生活方式。人工智能将催生出更多新生事物（约尔弗森 等，2014），这使得人工智能赋能产生了社会结构变化效应。

（四）人工智能赋能改变国家治理范式

人工智能赋能一方面协助人类提高法律效率，另一方面促使法律规范的调整以适应人工智能给社会带来的影响。

首先，人工智能改变了法律体系运作的社会空间。法律是人类的有限理性，基于人的局限性而产生的法律规则，显然存在着局限。“没有创新，经济就无法长盛不衰；没有信任，创新就无法蓬勃发展；没有法治，信任就无法滋生壮大；没有法治，就没有未来。持续的经济发展有赖于创新。”（库特 等，2014）技术本身并没有意识形态，但它是如何设计的、在哪里使用，以及哪些法律管理它的使用，反映了那些设计和使用人的优先权和价值观。

其次，人工智能所具有的机器理性使得它承载了交互之人的价值观。人工智能的价值观决定了它赋能的价值立场，使之具有实现一定社会价值的功能。人工智能的渗透性决定了它对社会诸领域产生的深刻影响。在这方面，卢西诺·弗洛里迪等人给出了四个人工智能实现社会价值的可能，即促进人类的自我实现、强化人类的主观能动性、提升人类社会能力以及培育社会凝聚力（Floridi et al.，2018）。

最后，人工智能必然助力政府推进国家治理现代化的发展进程。政府是大数据最大的生产者、占有者、使用者、管理者。在国家治理的现代化进程中，政府管理者通过人工智能赋能，使保护个人权利、维护社会公平、监督与管理社会秩序、促进人的发展的治理范式得到转变，如气候改善、绿色能源开发与使用、公共卫生事件的管理、疫情防疫等。

第二节 人工智能赋能反思

人工智能赋能在带给人类巨大进步与福利的同时，也带来了不可忽视的伦理风险、异化风险、规制风险、责任风险和分配失衡风险等。新一代人工智能快速发展中所涉及的大安全、法律、道德伦理等方面的问题越来越凸显，越来越受到人们的关注，引起人们的担忧 。

人工智能在算法、数据、计算力三大支撑下，其机器理性得以发挥。人工智能赋能发挥了替代性和创造性，对社会各领域进行强力渗透，加快了人类体力劳动和脑力劳动的结合，将人类解放出来，赋予了人类更多的时间。“时间实际上是人的积极存在，它不仅是人的生命的尺度，而且是人的发展的空间。”（马克思 等，2016）人是受制于人工智能的发展还是驾驭人工智能的发展，引起了对人工智能的人文反思，特别是在还没有揭开人工智能表现出的“智能”本体面纱之前，尤其是对人工智能本体的机器理性认识没有得到抽象之前。在“理性－非理性”的人类对万物认识的二元体系中，出现了机器理性。对人工智能的反思主要反映在技术层面、哲学层面、伦理层面、法律层面、经济层面、社会治理层面、贸易层面。

一、技术层面

人工智能经过60余年的发展，技术理论渐近成熟，形成了符号主义、联结主义、行为主义的三大发展范式，现在已发展到第二代人工智能，正在向第三代人工智能进发。第三代人工智能就是强人工智能或更高级的超级人工智能。技术层面争议的焦点是人类能否最终开发出强人工智能或超级人工智能。以“智能”能力这个技术意义上讲，纯技术观点的学者认为人类可以最终达到强人工智能或超级人工智能的目标。从“理性”这个意义上讲，人文主义色彩的技术学者认为人类不可能实现强人工智能或超级人工智能的目标。但如果仅从“智能”技术角度考虑，这个争议视乎并没有太大的差异，因为技术争议的焦点是技术能力本身，并且科学家在追逐这个目标的道路上从没有放慢步伐。

二、哲学层面

人工智能系统出现后，由于对人工智能表现出的“智能”“自主”“黑箱”

的本体认识不足，特别是人工智能赋能表现的替代和创造能力及强劲的渗透性，人们表现出恐慌和压力。哲学层面上存在的争议是人工智能的智能是否能由其自主性展开，争议的焦点是人工智能能否成为参与社会活动的主体；如果人工智能的智能是完全自主形成的，是否可以通过拟制的办法赋予人工智能法律人格。

哲学层面的争议出现了肯定说、否定说和折中说。肯定说认为人工智能已经具有一定程度的自主意识和行为能力，有资格作为法律主体享有权利并承担义务与责任。人工智能可以具有主体资格和主体地位。思想家和发明家雷·科茨维尔（Ray Kurzweil）更直接地指出“未来出现的智能将继续代表人类文明——人机文明。换句话说，未来的计算机便是人类——即便他们是非生物的”（库兹韦尔，2016）。总的来说，持肯定说的学者认为，在智能机器人社会化应用不可避免的情况下，肯定智能机器人的法律主体地位，赋予智能机器人必要的权利，并积极迎合人工智能时代的社会发展趋势（张玉洁，2017）。

否定说认为人工智能不具有主体资格和主体地位。人工智能自主性不是自身产生，要依赖外部，人工智能没有自己的独立意志，不具有法律人格的资格和条件，不能享有法律主体的权利和承担法律主体的义务。

折中说认为可以通过拟制的办法赋予人工智能主体地位。人工智能已经具有一定程度的自主意识和行为能力，然而囿于技术条件限制，当前的人工智能之独立责任能力有限，故它的法律人格是有限人格，而非健全人格。总体说来，应探索、分析并考虑所有可能的法律举措的意蕴，可以明确赋予人工智能有限人格，如电子人格。

“在我们的法律之内或法律之外制定更完美的法律形式，这个任务就落在哲学家们身上。”（德沃金，1986）人是万物的尺度，哲学争议的本质是人工智能是属于物的范畴还是属于人的范畴。更进一步地讲，如果人工智能属于主体范畴，人将不再是万物的尺度。哲学争论的结果将直接影响人工智能的法律治理，而从哲学层面反思人工智能的意义就在于此。

三、伦理层面

主体肯定说引起了伦理的反思。伦理层面的反思主要集中在以下几个方面：理性的乱伦、人类被人工智能反噬、人机伦理关系正当性丧失、巩固阶级固化、价值观迷失。

第一个方面是人工智能的智能与人的智能竞赛。反思者担忧人工智能的出现可能打破这个世界上人的神圣性和唯一性。道德伦理是人与人关系、人与社会关系的基础和原则，基于伦理的反思者担忧人工智能获得主体资格给人类伦理带来的困惑，人不仅有智能还有意识，能够通过切身体验而获得价值判断的真伪，同理心是人与人关系连接的基础，而人工智能不具备这些原本属性。人类理性与机器理性位格错位，产生“理性的乱伦”。

第二个方面是人工智能赋能表现出了强劲的替代性和创造性，已渗透到各行各业。人工智能不仅可以代替人的很多体力劳动，还能代替人的一些脑力劳动。在将人类从很多体力劳动与基础智力劳动中解放出来的同时，人工智能对产业结构调整也产生了巨大影响，对人们的就业造成了很大冲击。由于创造性的替代或代理作用，对人的创造性进化能力造成困难和障碍，长期下去人就可能退化，或被人工智能淘汰，最终人类被人工智能反噬。

第三个方面是人机伦理关系的正当性丧失，自然界不能制造机器，机器是人类制造的工具而服务于人。当具有主体性的性服务智能机器人或机器代替人类生育，人的神圣性和唯一性不再存在。古希腊神、英雄与人之间界限分明。在神话中人不能跨界，人不是神，英雄也不是神。在现实世界中，人是制造人工智能的神，人工智能机器理性不是自由意志理性，具有先进技术的机器也不是人工智能。

第四个方面是巩固阶级固化。能够开发、占有人工智能的群体毕竟是人类的少数精英。人工智能的赋能可能使少数精英或强人工智能奴役大多数人，人类社会经过几千年社会变革而形成的现代法律体系、人人平等的规范遭到破坏以至于最终被抛弃。

第五个方面是人工智能不具有价值判断能力，纯粹的经济指标任务导向或如有以犯罪为目的的任务导向偏离人类社会共同的价值观。

总体上讲，伦理反思的结果，有两种倾向：一种倾向是消极的禁止论，一种是积极的应对论。禁止论具有悲观色彩，其指导思想认为一旦人工智能具有人一样的智能，人类就会被人工智能反噬，成为人工智能的奴隶或被取代，最好的防御就是禁止人工智能发展。应对论具有乐观色彩。应对论的指导思想是不回避技术发展，技术发展不能野蛮生长，在人类主体主宰下任何技术发展都要受到制约，不能伤害人类自身，不能侵犯人类的神圣性与唯一性。

四、法律层面

人工智能不同于其他传统的先进技术，它能够通过机器理性在没有交互人员的参与下产生任务导向的问题解决方案，因而对法律提出了新的挑战。对人工智能在法律层面的反思，主要集中在以下四个方面：人工智能涉知识产权问题、人工智能发展价值规范问题、人工智能实体刑事犯罪承担问题、人工智能民事侵权责任分配问题。

人工智能涉知识产权法层面的争议主要体现在专利法和著作权法方面。在专利法中主要有两个问题：第一个是人工智能创造或发明的成果是否可以作为专利法的保护主题，继而成为专利法客体；第二个是人工智能本身可否成为专利发明人。在著作权中，同样也存在两个问题：一个是人工智能形成的作品是否可以成为著作权保护的对象，另一个是人工智能是否可以成为自己作品的作者而享有作品的专属权。

人工智能的外部依赖性所依赖的就是人，人工智能文化性特征传承于人，人工智能赋能行为的价值取向最终掌握在它的制造“神”——交互者手中。人工智能发展价值规范就是如何规范人工智能交互者的价值取向，使人工智能真正能够来源于人、服务于人、造福于人，真正实现人类开发人工智能的初衷。

在刑事侵害与民事侵权中，争议的核心问题是一致的，即人工智能犯罪或民事侵权，究竟谁是责任承担者，相应的责任分配又是怎样的。虽然刑法与民法的原则不同，学界通常将它们分为两条路径讨论研究，但仅有两条路径却远远不够。相关问题的核心始终无法绕开人工智能在社会活动中的角色与地位，这是涉及人类根本权益的问题，会涉及宪法甚至整套法律体系。因此，美国乔治城大学法学院教授大卫·C. 弗拉德克（David C. Vladeck）以无人驾驶机器人造成他人损害为例，提出法律如何对待机器人及其行为的法律后果承担问题，并认为机器人的法律地位是立法不得不面对的问题（Vladeck，2014）。又例如，美国未来学家菲尔·麦克纳利（Phil McNally）和索海尔·亚图拉（Sohail Inayatullah）指出：“随着智能机器人的发展，我们的宪法和法律可能需要修改或重写。”（Mcnally et al.，1988）

法律层面反思的不仅仅是人工智能与人二者生物上的差异，而且涉及更艰难的问题：具有机器理性的人工智能与具有理性的自然人如何相处？带有人工智能的法律关系如何规范？相关法律人格与法律实体的关系又如何处置？当今的法律体系，并没有令人信服地解决这些问题。当代的法理学也没有很好地从逻辑上处理这个问题。

五、经济层面

经济层面反思主要集中在两个方面：一方面，是人工智能替代造成的失业问题，传统的职业和岗位正在被智能机器人所代替，引发失业潮；另一方面，是人工智能赋能使得强者更强、弱者更弱，分配更加不平衡，这会使未来的社会资源集中于少数社会精英和拥有人工智能的资本占有者手中，从而加剧社会财富的分配两极化，扩大贫穷差距，由此引发社会治理问题。经济基础决定上层建筑，上层建筑反作用于经济基础，经济层面的反思必然要求对人工智能发展加以规范治理，以缓解由于技术进步而带来的社会压力。经济层面反思的核心在于具有有限理性的人的行为与具有机器理性的人工智能行为在经济中是如何相互影响的。

六、社会治理层面

通过网络化、数字化，人工智能赋能加剧数据的聚集性和扩散性，而其流动性与隐秘性使得民事侵权甚至是侵犯公民的基本权利更容易，如侵犯公民隐私权、医疗事故责任归属、护理情感问题、算法歧视引起的侵权与社会秩序的失衡、国家安全的风险管控等。人工智能赋能拓宽了社会管理的广度并加深了社会管理的深度，隐秘性和分散性给政府监管带来了前所未有的难度（吴汉东，2017）。正如麦卡锡等人所讲："实现人工智能在改善社会福利方面的潜力，这个过程不会是自发的。"（McCarthy，1996）人工智能的渗透和参与使得社会治理必须以人为本进行反思并拿出治理原则。

七、贸易层面

尽管市场已有相当多的产品假借人工智能产品的名义大行其道，对人工智能人文反思目前还没有扩展到贸易层面。人工智能产品进入流通领域首先要解决两个基本问题。一个基本而又严肃的人工智能贸易应然问题是，如果人工智能被赋予了法律主体资格，那么具有法律主体资格的人工智能可以用来贸易吗；人工智能可以自己买卖自己吗，答案是显然的，这也从贸易层面回答了人工智能为何不能获得法律主体资格地位。也许也有人会问，具有法律主体资格的公司为什么可以转让，而人工智能不能。问题的根本在于公司的控制力掌握在控制公司的自然人手中，公司转让的是股份控制权而不是控制股权的自然人；人工智能行为是由它自身的理性所控制，人工智能贸易，因人工智能自身理性不可分割，其本质是理性作为商品出售。如果将人工智能的机器理性认识模糊于人的自然理性认识，现代法律对人工智能的规范就会失控。另一个人工智能贸易的实然问题是，具有机器理性的人工智能，如果按传统贸易来划分，是应该属于实物产品贸易类别还是服务贸易类别，这个问题必须在应然问题之下给予解决。基于人工智能的外部依赖性、文化性、机器理性，人工智能贸易实然问题首先要解决的是人工智能贸易中的文化殖民问题，其次要解决人工智能产品产生的危害、侵权责任问题。

人工智能已经把我们带到一个新时代，这不是一个我们是否有意愿、有无偏好与之相处的时代，而是一个我们如何与之相处的时代。人工智能赋能引发反思，而反思有助于使赋能转向正能量，收割人工智能红利。

第四章　人工智能法律人格分析

法律是一种人类行为秩序，要调整人类的行为（Kelsen，1999），本质上是对人社会实践性的行为关系进行规范。人工智能具有机器理性，其实体欲进入现代法律体系，首要的任务就是厘清人工智能在现代法律体系坐标中的位置，亦即人工智能的法律关系问题，是属于法律上的“人”还是法律上的“物”，或是属于法律上的“主体”还是法律上的“客体”。人工智能具有的独特本质属性，不同于我们对已有世界的认识或对世界的已有认识。人工智能的法律关系，不仅仅是哲学与法律层面的学术问题，还涉及社会应用层面的众多社会实际问题。

“一切知识都遵循这样一个进程，始于感官，行于知性，而止于理性”，理性的批判必然最终走向哲学；抛开了批判而独断地运用理性，则导致似是而非的主张泛滥，最终导致怀疑论（康德，2007）。古典哲学创始人康德的理性批判方法仍不失为厘清人工智能法律关系的正确进路，并且人工智能的快速发展已使得这项任务显得紧迫。研究人工智能实体有无法律人格的原理，也是法律调整正在走来的人工智能时代的核心内容。我国在国务院发布的《新一代人工智能发展规划》中将“明确人工智能法律主体以及相关权利、义务和责任”立为一项重要议题。本章将从对法律的最基本概念“法律人格”的认识入手，结合已有的学术研究成果，开展人工智能的法律关系分析（见图4.1）。

第一节　法律人格与企业法人

法律上的人-物、法律上的主体-客体，从古代到近代，再到现代是一个历史过程，了解这个历史过程对从本质上认识人工智能和对其开展法律分析具有思想启发的作用。

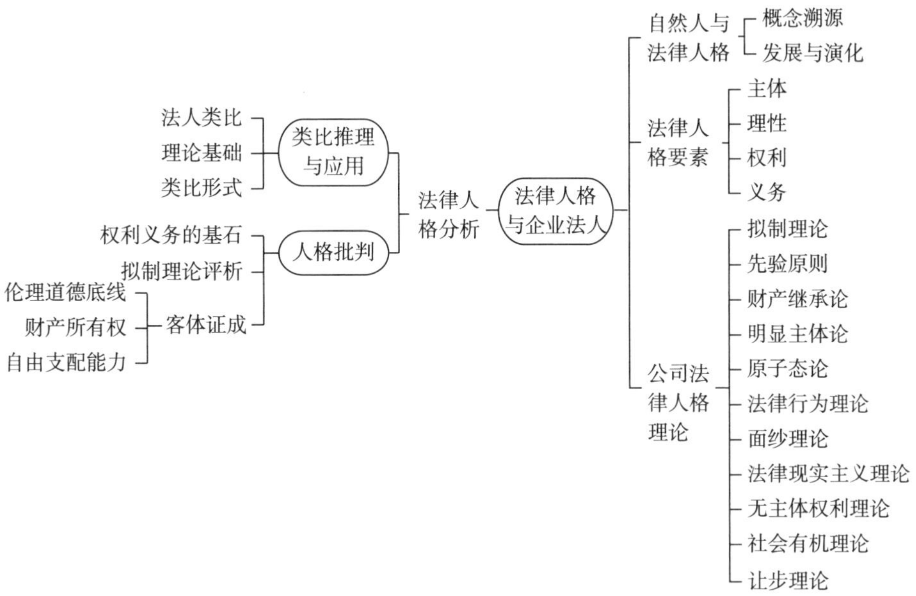

图 4.1 法律人格分析的思路与结构

罗马帝国前期著名法学家盖乌斯关于人、事、行为的经典三分法，通常被认为是对人与事物区分的第一个参考。自此，各种法律材料都提到了“人”或“法人”（Gaius，1904）。法律上的“人”与“物”两分法是改造罗马法的结果，这基本奠定了现代的法学框架和法学体系。从我国《民法典》规定可以看到这一点：“民法调整平等主体的自然人、法人和非法人组织之间的人身关系和财产关系。”谈及法律必然涉及法律之人，这对于任何时期的任何法律都至关重要。无论法律内涵和其外延发生怎样的变化，“人”这个要素总是居中不变的，是法律关系的不动点。“费尔巴哈把宗教的本质归结于人的本质。但是，人的本质不是单个人所固有的抽象物，在其现实性上，它是一切社会关系的总和。”（马克思 等，2009）在讨论人工智能法律关系时，人们面临各种学说和派别。关于如何甄别与领会并最终将人工智能纳入现代法律关系体系，重温马克思对人的本质论述是一个根基和方向性把握。

一、自然人与法律人格

法律中最常见和最直观，也是最复杂的概念就是“人”这个概念。“人”（person）概括地说，包含两类：一类是自然人（natural persons），另一类是拟制人（persona ficta），在法律上使用法律人格而代之或称法人（juridical persons/legal persons）（Deiser，1908）。自然人之所以被称为“自然人”，是因为他们是凭借出生而非法律而成为人的。“自然人”始于出生，止于死亡，概念属于生物学或哲学的范畴，即使没有法律存在也有“自然人”的概念。“自然人”是“存在”（being）的一个类属，指一个有能力承担义务和享有权利的个人（an individual being），常用“natural person”“human being”“person”表达。第二类通常被称为集体人（a collective person）、社会人（social person）、法律实体（legal entity）、法律人格（juridical personality），有时也用“legal personality”“legal personhood”“legal identity”“legal person”“personality”“legal status”表达（Adriano，2015）。

“法律人格”或“法人”是法律抽象出的一个概念，也体现了一个历史认识过程，在历史上曾有过万物可为“人”的经历，通过法律适用与立法技术将一个类自然形态群体赋予法律人格。这套技术在罗马法上叫作“人格拟制”（persona ficta）（梅特兰，2008），是法律体系将某类法律实体类比成人类对待的一个“面具”。《布莱克法律词典》将“法人”定义为：“被赋予某种法律权利和人类义务的实体；一个存在，无论是真实的还是虚构的，为了法律推理的目的，或多或少被当作人类对待。”

对于什么是法律主体，法哲学家古斯塔夫·拉德布鲁赫（Gustav Radbruch）的说法是：“法律主体”（Rechtssubjekt）是被特定时代的实定法当作“目的本身”（Selbstzweck）来尊重的事物，而“法律客体”（Rechtsobjekt）则是被上述法律纯粹作为实现特定目的的手段（骆正言，2020）。

“法律人格”构成要素及其之间的关系自古以来都不是一成不变的。如何认识与解释并适用这些要素之间的关系产生了不同的哲学流派、法理学观点和法律实践，主要体现在古典法和现代法、民法与普通法的司法管制方面。

（一）概念的起源与发展

法律人格的概念来源于哲学概念，但人与物区分的起源在于罗马法。法律人格的概念几乎和法律体系本身一样古老，因此，对法律人格的了解，就要从罗马法开始。在罗马法中，涉及人的概念有三个：第一个是“homo”，指生物意义上的人；第二个是“Caput”，原意是指头颅或书籍的一章，后被转借指权利义务主体，表示法律上的人；第三个是“persona”（或“person”），表示在罗马共同体（城邦）具有的社会头衔。“Persona”从词源学意义上来看，源自personare，它可能是希腊语 prosopon（πρσωπν）的翻译。这是一个专有词，表示虚构的灵魂（larva histrionalis），意思是一个演员戴上“面具”，使得面具后面欲表演的灵魂再现，后人们用“人”（person）这个词来指代蒙面演员本人（Adriano，2015）。由此含义引申至权利义务主体的各种身份，如一个人可具有家长、官吏、监护人等不同身份（周相，1994）。这个用法被扩展到指人类的角色或品质。

芬兰赫尔辛基大学法哲学家威示·A. J. 库尔基教授（Visa A. J. Kurki）在其《法律人格理论》一书中曾系统性介绍过法律人格的各类含义与起源。在语料库中，“persona”既有“角色”的意义，也有“个人”的意义，但不是当代法学家使用“法人”一词的技术意义（Kurki，2019；Duff，1971）。首先，奴隶确实是人（personae/homo）、人类（human being），尽管奴隶的法律人格经常受到质疑。其次，公司通常用“universitas”“corpus”“collegium”这些用来描述“大学”“群体”“学院”的词来称呼，而不是人格（personae）。最后，还有第三个词，用来指人类个体的“配额或人头”（caput），但偶尔也用在某种意义上，其最接近的翻译是“法律地位”。在法律意义上，奴隶不拥有配额或人头。配额或人头的概念也许是最接近罗马人对人设定的概念，类似于现代的技术对法律人格的理解（legal personhood）。然而，必须得出这样的结论——罗马时期的“人的法律”并没有界定谁在法律上是法人，而仅论述了人在罗马等级社会中的不同地位或角色。其中，这里的人主要是指三个身份群体：自由身份（status libertatis）（无论是自由身份还是奴隶身份）、市民身份（status familiae）（无论是罗马公民还是属于较不享有特权的群体之一）和家庭身份（civitatis familiae）（无论是在法律上独立还是在户主家长的权力之下）。这样看来，虽然罗马法没有给出法律人格的概念，但确实首先谈论到了人。例如，西塞罗就论述过四人格理论：人的理性、个人属性、地位和职业（Kurki，2019；Gill，1988）。

罗马法是一个将公法与私法杂糅在一起的法律，将自然人的资格、具有民事权利义务的资格与共同体（城邦）中的职务资格进行了分离。这三种资格在法律上所表示社会位置中的格位不统一，每个不同的自然人具有的格位不一定一致，所以罗马法也是一个不平等的法。法律往往直接反映社会地位或帮助维护地位标志，有时直接帮助构成社会地位的等级制度，这就是罗马法的写照。生物意义上的人并不当然是权利的主体。例如，奴隶属于自然人（“homo”），但他们只能作为自由人权利的客体；相对地，罗马法中“caput”才是具有民事权利义务的人，“person”是指具有社会地位的人。从罗马法中可以看出，法律上的人并不总是生物的人，法律上的物也不总是我们理解的物。人可以成为法律的主体，也可以成为权利的标的“物”，但“法律之物”和“法律之人”并没有明显的界限，罗马人并没有通过任何抽象或系统的方式思考来对它们区分。罗马法虽然在许多方面是随意、不系统的，却是实用的。“homo”“caput”“person”这三个概念的扩张、限缩、推演在法律流变中可以说是抽象的不动点，“人类中心主义”与“非人类中心主义”、“法律人格实在说”与“法律人格拟制说”、“法律人格否定说”及以此为中心演变出的各种法律主体学说均是如此，如人格说、拟制说、实在说等（Kurki，2019；Muirhead et al.，1916）。

人与物区分的起源在于罗马法，这显然激发了现代人对法律人格理解的欲望。近百年的法学家们还在解释，这就是为什么我们对人格法律的理解必须要基于罗马法，并对其进行进一步探究（Kurki，2019；Gaius，1904）。现代法律使用“法律人格”对罗马法三个格位进行抽象统一，使用理性演绎出“法律面前人人平等”。

“法律面前人人平等”中的“人”是“法律人格”，“平等”是人格权的平等。人格拟制（persona ficta）的概念起源于罗马法，之后教会律师在中世纪扩展了这个概念。历史法学派中的罗马法学派代表人物弗里德里希·卡尔·冯·萨维尼（Friedrich Carl von Savigny）主张罗马法在德国被接受，已经成为德意志法律的一部分。与罗马学派对应的是日耳曼学派，认为法律是在日耳曼民族的历史成长中形成的，将这个概念引入现代法律思想。根据罗马法的原则，一个拟制人物是不可能存在的，除非是在国家之下的某个立法机构的“创造性行为”（Kurki，2019；Deiser，1908）。

再之后，16 世纪的法国法学教授雨果·多诺（Hugo Donellus）在发展人格的技术性法律概念方面迈出了第一步（Holthöfer et al.，2009）。多诺对“群体”（corpus）进行了批判性的研究，并试图建立法律的系统基础。然而，多诺没有明确区分自然人（homo）和人格（persona）。德国法学家赫尔曼·乌尔特尤斯（Hermann Vultejus）区分了它们。根据他的说法，“自然人”指的是“人类”（human being），而“人格”指的是“人的能力”（a homo habens caput civile），即一个具有公民地位的人具有的能力（Kurki，2017；Hattenhauer，2011）。赫尔曼使用了“caput”这个词，正是前面所提到的，罗马法学专家用来描述自由人和奴隶所缺乏的法律地位。赫尔曼也就这样成了首个将这三个关系讲清楚的学者。

到了今天，当这些概念来到我国，我国“民法泰斗”江平教授在解释

“法律人格”这个概念时介绍说，“人格学说中的‘人’是指民事权利主体，‘格’是指成为民事主体的资格。所以，人格者，民事权利主体资格之称谓也”（江平，1994）。王利明教授在解释人格概念时，指出了人格概念的多种法律含义。第一种含义是指“一种抽象与平等的法律地位，它是权利取得的基本资格”；第二种含义是指“作为民事主体必备条件的民事权利能力”（王立明，2006）。

结合各时期的各种说法看来，法律人格的概念并非毫无争议。但整体来看，法律人格的行为意味着它的意志，法律人格的内在是法律实体。人格的重要性，除了使主体作为权利和义务的持有人个别化之外，还在于它是允许法律实体在法律与司法中将自己置于外部并开展法律所认可活动的适当手段。法律实体是一种法律结构，具有以下五个要素：存在或主体、意志、主观权利、义务和法律人格（Adriano，2015）。在具体情况下，法律实体通过被承认法人资格而个性化，法人资格允许法人拥有权利并承担义务。

英语表达法律人格常用的词有，“legal personality”“legal personhood”“legal identity”“legal person”“personality”，甚至有时还用“legal status”。澳大利亚阿德莱德大学的恩盖尔·纳菲尼教授（Ngaire Naffine）在其书《法律的生命意义》中依据认识理解的不同，对上述词语贴上了立场标签，包括纯技术“法律主义”、法律“理性主义”、法律“宗教主义”、法律“自然主义”（Naffine，2009）。她对纯技术“法律主义”的理解是，“法律主义”没有任何形而上学的基础，因为法律主义认为法律没有自然的界限。法律主义的弱点是将法律看成一个纯技术问题，因为它对法人的预设较少或基本没有预设。

从纳菲尼对纯技术“法律主义”的角度看，法人基本上就是一个空集，不接受其他任何规范对法律的要求。纯技术“法律主义”的法学家信奉法律没有自然边界，所以认为任何（存在）都可以成为法人。其实质就是法律本身是工具而不是目的，法律没有善恶之分，没有伦理的限制，法律就是法律，法律不需要原则，法律只需要规则。这为法律现实主义提供了落脚点，也为非人类中心主义主体论提供了土壤。

法律理性主义、法律宗教主义和法律自然主义都认为法人是人性某些重要界定属性的表现，人性的属性与法人的属性是有关联的，而且十分重要。这三类思想都可推演出人类中心主义的法律主体论。法律宗教主义的核心观点就是人生命的神圣，这种神圣是由于神赋予了灵魂给人，其他实体不具有灵魂。法律宗教主义者对法人的看法必然比法律主义者的看法更具限制性，因为这一范畴受到人类神圣性的限制。这大概不能延伸到世界的非人类方面，或者至少不是毫无问题的。

纳菲尼认为，法律宗教主义者和法律理性主义者对法人的概念可以重叠，因为两者都拥护人的神圣性。区别在于这一主张的基础——对法律理性主义者来说，人的神圣性在于人的理性能力；而对法律宗教主义者来说，神圣性是由“灵魂性”决定的。她解读法律理性主义的观点是，法人本质上是真正的有血有肉的人，他们最重要的特征是推理和深思熟虑的能力，也恰好是能够享有权利和承担义务的主体。因为我们具有决定人之所以为人的深思熟虑的能力，因而能够作出明智的选择，而且更重要的是，能够对这些选择负责。因此，法律理性主义者认为，大多数定义法律的能力，是对复杂、高层次的理性定义的能力。相对地，纳菲尼认为对于法律自然主义来说，法人就是最好被视为能感受快乐和痛苦的自然肉体存在，过着自然的凡人生活，这就是法律应该如何思考的问题。这个观点的实质就是将法人等同于人，是拟制论与实在论的调和，认为拟制的就应该是实在的。

可以看出，纳菲尼已将法律理性主义的法人看作与人无异的法律实体。然而，法律人格问题在大多数情况下确实存在问题，分歧的根本原因就是法律人格通常被视为等同于人性，而实际上视同等同与实质无异还是存在差异的。

（二）自然人与法律人格的关系

人工智能具有机器理性，从宗教角度看，神赋予灵魂以人；从人造物角度看，人赋予人工智能以机器理性。人格现在是法律分析的出发点，人工智能与人类类比最贴近的是类人类（quasi person）或人格拟制（person ficta）。

1. 具有灵魂而不具有法律人格（Human－Nonpersons）的人

奴隶制表现出具有灵魂的人类不具有法律人格的基本问题，这几乎是不言而喻的，在罗马法中已尽显无疑。奴隶是自然人，然而不具有法律人的资格，被认为是自由人的法律客体。那么，这对规制奴隶的行为和对奴隶的行为有着怎样的影响呢?

在西方法律历史的司法中，有广义法人的观念和狭义法人的观念。在有限的情况下，法官倾向于采用强有力的法人观念，法律把奴隶当作法人来对待，这就需要把奴隶当作非奴隶，来对他们的罪行负责，实际上就是强有力的法人观念（Fagundes，2001）。美国的很多判例都体现出，普通法不包含对奴隶的犯罪。但这样的说法也不尽相同，也有的判例明确指出，被告公民杀害奴隶不行，打却可以。虽然大多数司法管辖区将杀害奴隶定为犯罪，但大多法官认为，通常禁止攻击人身的普通法，并不适用于奴隶。法官特别是在主人殴打奴隶的情况下，得出了同样的结论。然而，当法人观念更适合法官的目的时，法官很容易退回到狭隘、以公民为角色塑造的法人观念。一些法院坚持认为“人”只是一个法律隐喻，与人类的生物学概念无关，并认为奴隶不是法人（Fagundes，2001）。还有法院倾向于采用狭义的奴隶人格，将奴隶排除在公民、社会和政治权利之外，这一现象尤其在民事诉讼中普遍存在。这种广泛角色塑造出的奴隶法律人格使当时的司法环境形成了一种反常的诉讼策略，即奴隶辩称自己不是法律“人”，因此不在刑法的管辖范围之内。例如，在1859年的“美国诉艾米”一案中，艾米辩称她不是法人，因为她是奴隶。这就是在法律人格上罗马法中不平等的根本所在和具体表现。

2. 非人类具有法律人格（Nonhuman - Persons）模式

法律人格是一个抽象的概念，既然是抽象的，就不容易具体识别。靠生活经验我们很容易识别一个自然人，而靠我们的经验就不是很容易建立一个法律人格的概念。公司就是这样一个例子，一个不完全属于人类的法人，是典型的“人造”人。公司，独立于出资人，有自己的权利和义务，但没有自由。自由是自然人的自由，而不是人为的自由。首先，公司的“权力”存在于组成公司的自然人之中，可以通过自然人在公司中的角色来描述人格对公司的延伸。公司是由大量自然人直接组成，或由包含大量自然人的控制公司法人和这些自然人共同组成。

从历史上看，公司的法律人格问题是一个经久且认识极不统一的法律人格问题。公司具备法律人格，这种现在大家已司空见惯的观念是否成立，完全取决于我们考虑的是法律原则的哪一个方面，也就是法律人格要素的组合方式。回顾20世纪，美国受宪法第四修正案的影响，权利法案的特权越来越多地延伸到公司这个群体，其中大部分，但不是全部，限制了对它们采取等同于“人”或“人民”的保护。

公司是一种人为的存在，只存在于法律的设定与考虑之中。罗马人确实发明了“公司”（corporation，或罗马法中的universitas）的概念，也就是说，一个组织能够拥有属于自己的财产，并以自己的名义签订合同。第一批“公司”是公共机构，比如城市和州，它们拥有公共财产。后来，私有公司也可以建立起来（Burdick，2004）。有人认为，欧洲大部分地区之所以获得“公司”的概念，是因为罗马人利用“公司”来管理他们的领土。因此，即使是受罗马法影响不如大多数大陆法系严重的英国法律，也相对较早地知道“公司”（Burdick，2004）。公司作为法律的产物，只拥有创造物赋予属性，不论是明确的还是作为它存在的附加物。

英美的现代普通法在面对公司时会运用各类不同的公司人格理论。例如，在“美国银行诉Deveaux，9 U. S. （5 Cranch）61 （1809）”一案中，美国最高法院强调了组成公司的个人，发表了法人拟制说这一观点，将公司人格比作为保护这些个人权利的一种手段。又如，在“第一国家银行诉Bellotti，435 U. S. 765 （1978）”一案中，在当事人就美国第一修正案权利——言论自由争论时，美国最高法院重申了第一修正案权利只延伸到人类的个人，没有扩展到人工实体，继而表现出了公司的法律人格否定说。除了以上两种观点外，还存在法人实在说，认为公司是一个自治实体，存在于国家或组成国家的个人之前，或者至少独立于国家之外，可以被赋予法律权利。第三套理论提供了最强有力的公司人格论述，很多法院在试图将法律权利延伸到公司时都援引了这个理论。虽然适用这套理论时尚需要对公司进行极端的拟人化，但在美国法庭上越来越受欢迎（Fagundes，2001）。但也有说法表示，法律上接受公司无魂无魄的人造实体作为“法人”也不乏是一种为了保持法律完整性的妥协（Schane，1987）。

就法学理论而言，人（person）是法律认为具有权利和义务能力的实体（entity）。任何有能力的实体都可以是一个法人（legal person），不管他是不是自然人，任何没有能力的实体都不是一个法人，即使他隶属于人类。法人是权利和义务属性的抽象载体。在这方面，人具有法律意义，这是人格得到法律承认的唯一观点（Fagundes，2001）。这一说法反映了将法律人格与人性联系起来的现代趋势，即任何能够承担权利和义务的实体原则上应该能够成为法人。

“如果一个实体、集体或个人可以被视为具体化的人类，那么它通常被赋予法律地位。如果一个实体、集体或个人不能被视为与人类相似，那么它的法律地位就更不确定了。”（Matambanadzo，2013）

公司显然不是自然人，但人性的概念一直是赋予公司人格的基础。“公司是一个法人，存在于对法律的思考之中，并被赋予了某些权利和特许权，尽管这些权利和特许权必须通过其自然成员的媒介来行使，但仍被认为存在于公司本身，就像它是一个真实的人物一样清楚。”（Adriano，2015）首先，公司的“权力”存在于组成公司的自然人之中。在美国，公司由法律拟制而出，但却被当作真实的存在。有些国家不把公司当作人为的人，而是把它们当作与人类相似的真正的法人（Dyschkant，2015）。“虚构”的公司人格表面上只是对公司提供享受人格的好处和保护的功能，但本质上是在保护公司背后的自然人（Matambanadzo，2013；Solum，1992）。

二、法律人格要素

法律人格的概念来源于哲学概念，尽管几乎和法律体系本身一样古老，但它的含义并非毫无争议。是什么决定了一个实体是否具有法律人格？这个问题在20世纪就以要素组成的形式充分讨论过。在民商事务上，墨西哥国立自治大学法学教授艾尔维亚·阿尔切利亚·昆塔纳·阿德里亚诺（Elvia Arcelia Quintana Adriano）曾总结过构成法律人格或法人要素大致有以下几种经典说法（Adriano，2015）。

意大利程序法学家弗朗切斯科·卡尔内卢蒂卡纳鲁提（Francisco Carnelutti，1992）认为法人有体现个人利益的经济要素、体现实体法利益的法律要素。相对地，集体法律人格是经济要素和法律要素在多个人交汇的情况下产生的，这是集体利益统一的基本原则（Adriano，2015）。法律人格既是自然人或个人，也是集体人或复合人，这两者都有一个共同特征，即均是经济和法律因素的交汇点。后者不同于这样一个事实，即处于这种地位的不是单个个人，而是由于集体利益而联合在一起的两个或两个以上的个人。在美国司法实践中，会采用结合两者的观点（Solum，1992）。

法国法学家朱利恩·博纳卡斯（Julien Bonnecase）制定了一套三部分的人格法（Adriano，2015）。这种人格法是一套适用于个人本身、个性化和行为能力的规则和制度。首先，人格法要注重人的两要素——存在和个性化。这意味着一方面要允许人存在社会区别，另一方面要确定对人的法律效力。法律人格要素使得对人的名称、法律地位和称呼能够得以区别。其次，要注意到自然人存在法律行为能力及其差异。一方面是通过组织引导在具有差异性和局限性的情况下行使自然人的权利及行为能力，另一方面是对取代自然人无行为能力的法律机构的研究。最后，人格法的主体在于法人或法人的存在、个体化和行为能力。

墨西哥法哲学家爱德华多·加西亚·梅内斯（Eduardo Garcia Maynez）将“人”定义为“任何能够拥有权利和义务的人”（Adriano，2015）。他坚持将法人归类为自然人和法人实体。第一类是指人作为权利和义务的主体；第二类是指具有人格的社团，如工会或商业公司。加西亚·梅内斯倾向于使用术语“个人法律人格”和“集体法律人格”来区分这两个群体，目的是在道德或伦理意义上进行区分。“人”是一个具有自由意志和理性的主体，能够自由地确立自己的目的，并能够找到实现这些目的的手段。

这几种说法本质就是法律实体要素中的存在或主体理性选择目的的意志、权利、义务几个要素组合方式不同而已。总的来看，法律对法律人格的定义，既宽泛又狭隘，宽泛到我们可以把非人类，如公司、船舶定义为法人，狭隘到我们为胎儿定义法律人格。尽管强调权利和义务，法律人格与人性几乎还是模棱不清的（Solum，1992）。广义地说，任何人和所有人都是“法人”，而非人类只有在恰当地与人类相类似的情况下才是法人。这种确定法律人格的方法可能是一种有益的启发，毕竟，我们接触到的大多数“法人”都是正常的成年人（Matambanadzo，2013）。

三、公司法律人格理论

关于公司的法律人格理论主要可归类为拟制理论、实在理论、否定理论三大类属。阿德里亚诺还曾对每个学说类属下的一些不同派别进行过总结（Adriano，2015），主要有财产继承论、明显主体论（Ihering，1998）、原子态论、法律行为论和有争议的面纱理论。本部分不再按照三大类属分类，而仅简要介绍具有影响力的学说。

（一）拟制理论

当今司法体系通行的做法是将公司拟制为法律意义上的人，赋予其权利，设定以义务，赋予拟制人格的法律责任为保证其权利的享有和义务的承担。法人人格拟制说是法人理论中最早的观点，也是最具有广泛影响的学术观点。拟制理论的核心有两点：第一点是法律的本体是人，法律的终极价值和目的是保护人的利益；第二点是为了实现法律目的，国家可以拟制法律人格。

人格拟制的概念起源于罗马法，教会律师在中世纪扩展了这个概念。根据罗马法的原则，“法律是为人而存在的”，一个拟制而来的人是不可能存在的。因此，拟制理论历来要求依据个人成员的意愿来授予权利，除非是在国家之下的某个立法机构开展的“创造性行为”（Brown，2021；Deiser，1908）。

萨维尼是将这个概念引入现代法律思想的人，也是这个理论最强有力的支持者（Brown，2005）。萨维尼为国家拟制强调了法理基础，认为法律实体是拥有财产的人造存在，缺乏自由意志（Brown，2005；Von Savigny et al.，1884）。萨维尼认为公司是法律的排他性创造物，除了组成公司集团的个人成员和其行为归于公司实体之外，不存在任何其他成员。他还认为，法律人格是法律所拟制的可以是具有权利义务的任何实体。总之，萨维尼对拟制理论的结论是，“人”是能够具有权利和履行义务的实体；相对的，由于法人人格是由法律虚构的，它们没有自由意志，不能成为法律主体（Brown，2021；Von Savigny et al.，1884）。而国家为了其目的可以以拟制的方法赋予公司法律人格，使公司成为法律主体。虽然萨维尼曾提出“创立法人国家许可的必要性有其正确的法理基础，这一基础独立于所有的政治考量”，但这种国家权力不是绝对的。他同时表示，“虽然国家最高权力创造了虚拟的权利主体，但假如允许同样的权力被私人意志恣意运用，即使完全不考虑因不诚信地运用这一权力而可能导致的巨大滥用，无疑仍会导致法律状况的极大不确定性”（Adriano，2015；Von Savigny et al.，1884）。

这种谨慎的观点是由于，从道德和伦理意识上讲，人有自由意志，并且有推理目标行动能力和明白为什么做的能力。德国哲学家尼古拉·哈特曼（Nicolai Hartmann）主张人具有道德判断，虽然他也同时明确表示了这些判断并不一定决定其行为。因此，自由意志是法律人格的关键要素（Adriano，2015）。

总的来看，拟制理论自19世纪上半叶在德国盛行以来，被认为是传播最广泛、最古老的理论，20世纪中叶在意大利、法国也是如此。在遵循人格拟制方法的司法管辖区（即美国和英国），法律视公司为法律拟制或实体；而在遵循法律人格方法的司法管辖区（即德国、西班牙、法国和其他欧洲大陆国家），法律视公司为真实的人（Brown，2021）。值得注意的是，两者的区别是前者法律人格不需要意志权力，因为拟制时已放弃了这种要求，而后者法律人格是需要意志权力的。

（二）先验原则

与萨维尼同期的乔治·贝塞勒（George F. Deiser）并不完全同意对中世纪拟制法人概念的继承。虽然他也同样使用法律人格概念，但用先验原则代替了拟制法人（Brown，2021；Deiser，1908）。他的逻辑是，法人的概念依赖于这样一个前提，即法律权利必须附加于一个主体，这个主体可以是一个个人，也可以是一群个人。在法人结构中，法律明确承认有能力拥有一套确定的法律权利的一群个人，与人的法律人格一样，不是拟制的。因为从历史的眼光看，只有人才能享有国家分配的权利。在缺少个人主体的情境下谈论财产分配或责任匹配的意义是不充分的。

（三）财产继承论

财产继承论认为，在一种法律关系中，对一件物品和一个人实施法律保护，与对继承财产者实施保护的法律关系相同（Brown，2021）。在这一理论中，没有任何要素可以确定什么是人格，即使打算将具有权利“目的”的一个法律主体放在同一层面，也是如此，这种权利被理解为能够产生权利和义务的继承财产。然而，被动地继承财产不可能产生法律上的关系。为了达到这种效果，无论是自然的还是司法的，都需要有一个愿意的存在或个人，因为司法关系会预先假定某种行为与表达会产生法律后果。

（四）明显主体论

明显主体论是由新功利主义目的法学派创始人鲁道夫·冯·耶林（Rudolf von Jhering）提出的（Jhering，1875）。该学说认为，法律人格由两个要素组成。一个要素是实质性的，它存在于产生经济或道德价值的事物的效用或享有相关效用的实际目的中。另一个要素是形式上的，仅与作为享有对效用的保护手段的这一目的有关。奥地利法学家汉斯·凯尔森（Hans Kelsen）曾解释过，法律主体是法律义务的客体或是法律权利的主体（Kelsen，1999）。由权利义务定义的自然人和法人，当结合在一起时就是由形而上学的“法律人格”来表述。

（五）原子态论

原子态论由道夫·冯·耶林首次提出（Ferara，1929）。原子态论主张，只有人是现实的，并能够采取行动。因此，法律人格是一个只为个人的属性，而不是表示一种法律状态。所谓法律人格，就是法律承认一群人对共同目标的追求，就好像这个追求是由一个人完成的。

（六）法律行为理论

法律行为理论由弗朗西斯科·费拉拉（Francisco Ferrara）在《法人理论》（1929）一书中提出。法律人格是某些群体或机构在法律生活中自我介绍时使用的有机法律制度，是某些群体为参与商业活动而承担的法律配置。法律秩序并不创造法律人格，只是承认他们是个体化的主体，在社会现实中拥有预先存在的权利和义务，这种法律承认是构建其人格的要素。法人人格是法治存在的法律人格所产生的法律拟制，有必要予以强调。

首先，前文讨论过的拟制理论、财产继承论、原子态论都把人格看作人与生俱来的东西，因此，即使有不同的法人，这些理论也把人和人格作为同义词使用。其次，把个性和意志或能力联系起来。因为这个原因，这些理论肯定了只有自然人才拥有真实的人格，因为人类只有一个意志；相对地，集体存在只是一个虚构或外观。与上述理论不同的是，这里的法律行为理论承认自己对法律实体的意志，并区分了人格和法律人格。

（七）面纱理论

面纱理论起源于美国法律，参照了美国法院发布的各种司法决议的判例以及不同法律学者的意见。这一思潮被称为“法律人格否认说”（Romero，2001）。支持这一理论的论据开始于商业公司法人合伙人利用法人作为个人利益的“屏障”而“滥用”法人资格。这些合伙人躲在公司结构的“面纱”后面，未履行合同义务侵犯第三方利益，逃避法律制裁。现在，这一理论的适用使用了无视法律实体的技术，即放弃存在的法律人格，渗透到合伙人或股东的个人层面，“揭开”法律实体的“面纱”。

（八）法律现实主义理论

法律现实主义理论认为，私有和公共法人都是现实的。因此，法律主体的概念并不局限于人，也不仅仅指具有意志的存在。这些理论还包括“有机体论”“集体灵魂理论”“社会有机体论”。

现实主义理论反对法律实体是拟制或符号的观点，而是将法律实体视为客观实体，存在于法律之外，但法律考虑到了它们并将它们个性化（Laski，1916）。现实主义理论基于这样一个前提，即人工实体是独立、自主的，在法律领域具有实际效力，例如拥有财产或进行交易，并且早已存在。这些实体包括教堂、工会和私人团体。法律现实主义与法律拟制截然相反，认为将法律实体的存在视为法律拟制会产生一种内在谬误，即如果法律实体是法律的产物，那么在法律产生它们之前，它们可能不存在。现实主义理论的支持者认为，法律赋予人工实体以法律人格之前，人工实体就已经存在，而且在授予法律人格之后，人工实体仍作为法人继续存在。因此，人工实体是作为一个整体存在的社会实体，除了其个别成员的存在之外，不论存在与否。缓慢的法律以及司法决策和较为低下的质量进一步加强了循环问题。然而，在决定将人工智能实体这一新类别纳入法律体系时，这是一个需要考虑的重要缺陷（Banteka，2021）。

（九）无主体权利理论

无主体权利理论也被称目的论，由德国法学家阿洛伊斯·冯·布林茨（Alois von Brinz）提出。布林茨将遗产分为两类：个人遗产；非个人遗产，也称为附属于目的地或目的的遗产。在第一类中，遗产属于一个主体。在第二类中，遗产没有所有者，但目的是特定的，并享有特殊的法律保障。在这里，虽然权利存在，但遗产不属于任何人，而是属于某个物。

（十）社会有机体论

社会有机体论由德国法学家奥托·冯·吉尔克（Otto von Gierke）提出，认为公司法律人格非由国家从外部来操纵。团体的法律人格应以事实人格为基础和归宿，法人设立应采取准则制，以限制国家自由裁量权。从政治旨趣上来说，有机体说意在否弃全能国家观念，肯定社会中间团体的独立性和自治能力，强调团体的合法性来自其自身而非国家（仲崇玉，2013）。

吉尔克在《中世纪的政治理论》（1900）一书中谈道：“有机体理论认为国家和其他团体都是社会有机体。它主张存在着这样一个其组成部分是个人，但其本身却高于个人有机体的集体组织。”他还进一步指出：“由于有机体观念最初源于个人生命特质，有机体说自然而然地倾向于对社会有机体和个人有机体进行对比。这种对比古已有之，并一直在缺乏自觉的人类意识上打上自己的印记，因为它已经在日常用语中留下了不可磨灭的印记，并且是法律技术词汇的基础。”（Gierke，1958）

就拟制理论与有机理论比较而言，二者的共同点是都承认“意志是人格的灵魂”，人具有先天自由意志，所以人可以成为法律主体。而对于团体，萨维尼认为其不具有意志，所以需要国家法律拟制才能成为法律主体。吉尔克认为，团体可以通过团体的人而具有意志，是团体意志，不需要国家法律拟制。两者的分歧是萨维尼认为集体法律人格的生与死是国家法律拟制不是自然存在的，而吉尔克认为团体法律人格的出生与死亡是自然存在的，法律只是认可而不是拟制。总体分歧是一个坚持实在说和一个坚持拟制说。

（十一）让步理论

利昂·米修德（Léon Michoud）提出法人的让步理论。他认为：“对于法学来说，人的概念是而且应该是一个纯粹的法律概念。这个词意味着权利义务的主体，能够拥有属于他的主观权利。”（Michoud，1906）让步理论虽然经常与拟制理论相混淆，但二者却有着不同的渊源，证明利益冲突的情况完全不同。“让步”这个词的含义，可能是受到了罗马法的影响。但两项理论之间并没有本质上的共同之处。尽管就限制法人团体的权力而言，它们都有着相同的一般后果。拟制理论最终是一种哲学理论，认为法人团体不过是名义上的，是一种知识层面的东西。相对地，让步理论可能会对法人团体的现实问题漠不关心，坚持认为法人团体的法律权力是派生出来的。在某些方面，让步理论更有利于扩大公司的权力，可以通过章程被授予广泛的权利，并在法院的解释下进一步扩大条款所涉权利的自由范围。

第二节　人工智能类比推理与应用

关于人工智能是否具有法律人格的认识问题，总体上说有三种意见：一种是基于规范分析的路线，一种是基于技术法律的路线，还有一种是实证分析的路线。规范分析常用的是逻辑推理，用演绎推理的方法；技术法律路线常用的是类比推理的方法。

一、类比法的优劣势

类比在法律推理中起着重要作用。法律类比是我们建立法律标准的重要组成部分。没有法律标准能完全免除类比。类比可以善用这些法律标准的优势，保障它们的未来实施与发展（Lior，2020）。

在探讨人工智能在法律和社会体系中的地位时，学术研究中存在许多类比。首先，是将人工智能类比财产，包括产品（工具）、家养宠物、野生动物或奴隶。其次，是将人工智能类比“电子人”，包括把人工智能比喻成能力非凡且极具吸引力的成年人和尚未具有完全民事行为能力的人，如儿童和精神受损的成年人。再次，是将人工智能类比代理人。最后，是将人工智能产业类比如航空或疫苗产业（Lehman－Wilzig，1981）。这些类比的本质都是围绕着法律人格进行探讨。因此，可简化成两类，即有限法律人格和完全法律人格（Lior，2020；Brewer 1996；Harmon，1990；Campbell，1983；Smith，2006）。

使用法律类比推理的基础是找到一个统一的规范性原则，即若要试图比较，需要找到新的主题和熟悉的主题之间的相似或不同，类比就是基于这个主题开展的（Sunstein，2001）。美国法哲学家罗纳德·德沃金（Ronald Dworkin）指出：“没有理论的类比是盲目的。”（Dworkin，1997）

但同时，使用不准确或不恰当的类比理论也可能是短视的（Marneffe，1997）。对于法律类比的适用，学术界并不是步调一致，而是存在着强烈的质疑声音。耶鲁大学博士后研究员阿纳特·利奥尔（Anat Lior）总结过以下一系列的法律类比缺点（Lior，2020）。

首先，法律类比限制创造力。使用法律类比是有代价的，可能有倾向性。它会限制我们的思路，抑制我们看待新的，有时甚至是旧的现象的方式，甚至还会限制我们在处理一个个新的和不熟悉的法律场景时的创造力。

其次，法律类比原始且不合时宜。亨利·梅因（Henry Maine）早在1861年就在其《古代法》一书中总结过使用法律类比是法律变化的三个催化力量之一（其他两个是“公平”和“立法”）。他指出，法律类比是一种“相对原始的改变法律的方式”（Del Mar，2013）。之后到了20世纪30年代，朗·富勒（Lon Fuller）在对法律类比开展了广泛的研究后指出：“采用类比的方式使法官能够用非虚构的术语陈述新规则来实施改革的目的，这极其可疑。”（Fuller，1930）因此，类比法的世界虽然出于实际会被接受，但也不会太持久（Del Mar，2013）。

再次，通过法律类比造法不可取。边沁是法律虚拟制度最强烈的反对者之一（Ogden，1932）。仅仅使用法律类比甚至就已经招致了边沁的谴责，他认为它们的实施是律师使用的欺骗手段（Stolzenberg，1999）。边沁主要的反对意见是从体制上的视角出发的，认为法院实质上是通过法律类比的运用从立法者那里窃取权力。

最后，法律类比缺乏规范价值。如西北大学心理学家德雷·根特纳（Dedre Gentner）等一些学者对类比推理作为实质性推理形式持怀疑态度，主张对具有稳定和正确决策价值的法律情景进行更直接的分析。他们提出“普通法推理中类比决策的劣势”。根据这种方法，类比推理是劣等的，因为类比需依赖于先前的法律原则，而这些先前的决定在道德上肯定是有问题的。

虽然反对使用法律类比和倡导采用法律标准的论据已然很多，但仍然不够充分。无论好坏，法律上的类比是不可避免的（Genter，1980）。这些反对类比的学者没有提出一个更好的替代方案，在法律推理过程中简单地忽视类比是违反直觉的，尤其是当需要对新技术作出决定时。法律类比是我们建立法律标准的重要组成部分。这些标准不能完全免除类比，而是使用类比，发挥既有法律标准的优势，进一步促进法律标准的未来发展和实施。使用法律类比推理适用于人工智能实体的适当责任制度，是处理一般新现象，特别是新技术的常用方法（Graham，2012）。

二、公司法人的类比推理

当没有更好的方法来解释或解决一个新的法律现象时，法律常常寻求于类比。法律生命的意义在于实践，人的重要性在划分法律人格规范中起到了关键的作用。将公司与人类比在英美法中有着悠久的历史。这个类比可以追溯到托马斯·霍布斯的《利维坦，或教会国家和市民国家的实质、形式、权力》（又称《利维坦》）一书中（Dyschkant，2015）。在《利维坦》中，霍布斯把国家描述为一个政体，一个人造“人”，“他”的主权是一个人造灵魂，赋予了整个身体生命，这也被称为“身体政治”。身体政治作为一个具体的实体，其神经为法律和社会结构，以发放惩罚和奖励（Hobbes，1996）。

将法人等同于人类或类人类事物的一个动机是使大多数人都更容易理解公司的行为（Dyschkant，2015）。无论是拟制的法律人格还是实在的法律人格，公司法律人格的行为是由自然人代理的。因此，即使将公司的法律人格与人的法律人格混为一谈，也不用担心为什么这么做。

法律人格类比接近人性边缘时，就可能产生问题，法律人格毕竟与人性是不同的（Dyschkant，2015）。因为人性属于生物学范畴，法律人格则属于法律范畴，二者还不能完全等同。法律可以赋予公司法律人格，但还不能把公司等同于人类。这就是为什么当印度似乎把法律人格赋予海豚时，法律人格的问题受到了全世界的关注（Dyschkant，2015）。印度环境与森林部长在采访中表示，“海豚应被视为非人类人员（nonhuman persons），并被给予特殊权利”，但这样的表述并不等于下了个将海豚视为人类的法律定义（Dyschkant，2015）。该项政策制定者被在残酷和严酷的环境中关押海豚激励，结合支持海豚高水平情商和实际智力的科学研究，促使立法者和动物保护的相关人员保护海豚的方法。在现行的法律体系里，法律人格是最终的保护。鉴于法人是权利的持有者，通常是不可剥夺的身体权利，给予海豚法人地位将会给予动物重要的保护。但这样的类比已经接近类比的边缘，无论海豚是否应该被保护，还是海豚具有智力，海豚都不能划到人的种类中，海豚的属性不等于人类的属性。

类比推理的基本前提是找到主体，主体不同将会导致前提错误，这样就会产生规范错误。问题是，很难找到一个不受提议者和评估者态度影响或偏见的类比。并且，最好的类比也不会自动解决问题。完全丢掉形而上学的抽象认知的最高层面这个本质，我们又将回到认识的混沌时期。

三、人工智能法律人格类比理论基础

关于人工智能法律人格的类比问题，被引用最多的是约翰·奇普曼·格雷（John Chipman Gray）1902 年的经典著作《法律的本质和来源》（*The Nature and Sources of the Law*）和美国法哲学家、弗吉尼亚大学法学教授劳伦斯·索勒姆（Lawrence Solum）依据这本书所创作的文章《人工智能法律人格分析》（*Legal Personhood for Artificial Intelligences*））。其中需要注意的是，在纯技术法律主义理论的法律中，意志已不再作为法律人格拟制的前提。这就赞成了赋予人工智能法律人格的条件。即使没有意志，人工智能也可以被认定为具有被强加义务的人格，或者被认定为具有被承认的权利和意愿的人格，被认定为来自人类的意愿，或者，也可以被认定为不需要意志的法人（Brown，2021）。

格雷在《法律的本质和来源》一书中阐明了法律人格的权利和义务构成要件不是并行的，而是可供选择的要件（Gray，2012）。在他对无生命事物的讨论中，边缘性问题通常是描述性的，而不是规范性的。首先，格雷举了罗马神庙、教堂建筑和文物被作为法人拥有权利的例子。他暗示，这些以权利为基础的法人没有被强加相应的责任，即使法律是基于人类为实施这些权利的意愿与目的才赋予它们权利。然而为了赋予法律人格地位，权利和义务都必须被建立起来，这要么是法律人格文献中的一个常见误解，要么是一个尚未解决的争论点。其次，格雷指出，虽然意志需要有权利，但意志不需要有义务。格雷认为："因为存在法律义务，被约束的人不需要有意志，但是为了行使法律权利，有意志是必要的。"（Gray，2012）然而，即使没有授予权利的意志，法律也可以赋予意志。简而言之，一个人可以被视为法人，因为国家强加了一系列的法律义务，即使没有意志。

总之，意志是否是法律人格成立的一项前提条件使对人工智能是否具有法律人格这一问题的讨论呈现为两个方向：一方面，坚持纯法律技术的法律主义理论的观点认为，意志不是法律人格的前提条件，可以赋予人工智能法律人格或法律主体地位，只要符合法律目的即可（周详，2019）。另一方面，坚持理性哲学的理论的观点认为，意志是法律人格的前提条件，不能赋予人工智能法律人格或法律主体地位，而这正是法律的目的。

四、类比学说的形式

人工智能的法律人格类比常有代理人说（梁慧星，2017）、电子人格说、有限人格说（袁曾，2017）和拟制人格说（Pagallo，2015；陈吉栋，2018）。

1. 电子人格说

国内外均有学者主张电子人格说，主要是基于客观存在的现实，如日本、欧洲、美国、沙特阿拉伯都曾有将人工智能机器称作"电子人"的实例，故有“电子人”“电子法人”的说法。欧盟委员会法律事务委员会曾于2016年5月31日向欧盟委员会提交动议，要求将最先进的自动化机器“人”的身份定义为“电子人”（electronic person），通过法律为其设定劳动权等特定的权利和义务，并建议为“电子人”开立资金账户以使其享受劳动者的相关权利并履行相关义务（郭少飞，2018）。在2017年2月通过的《欧盟机器人民事法律规则》（*European Civil Law Rules on Robotics*）中，倡议为这类能独立与第三方交涉、可能会产生一定利益或损害的自动化机器“人”设定独立的法律状态。然而，更应值得注意的是，欧洲议会明确表示，这些建议都仅是提案，没有一项是可实施的法律（Delcker，2018）。尤其是，《欧盟机器人民事法律规则》在设置自动化机器“人”时，明确了人类法律主体地位的不可撼动。

显然，从发展和现行表现来看，电子人格这种观点对人工智能实体法律属性的认识还不够深刻，没有进行过深入的法理分析，试图采用实用主义方法来解决人工智能的法律地位，只是权宜之计。此种学说现在无论是在学术研究中还是在法律实践中都没得到认可与发展，其根本原因是对人工智能的法律实体属性认识不足。

2. 有限人格说

有限人格说认为人工智能具有深度学习能力，具有自治和自主行为，但其结构构造与人类存在根本性不同，并且由于其承担后果的行为能力有限，应适用于特殊的法律规范与侵权责任体系，因此其具有有限的法律人格。该说认同“意志”是法律人格第一要义，具有形成独立的意思表示能力并作出表示，同时法律人格是权利和义务的承载体，只是鉴于目前法律还没跟上人工智能技术发展并作出调整，直接赋予其完全独立的法律人格还不成熟，暂时可借助侵权责任法、产品质量法等法律制度填补人工智能的法律制度漏洞。这种说法主张赋予人工智能以有限的法律人格，故它的法律人格是有限人格，而非健全型人格（袁曾，2017）。此外，“拟制法律人格说”（杨清望 等，2018）、“位格加等说”（张绍欣，2019）以及“人格类比说”（孙占利，2018）均是赋予人工智能有限法律人格的学说范畴。有限人格说与其说是赋予人工智能法律人格地位，还不如说是给予人工智能一定的特殊政策，同样经不起法律主体地位的正当性检验。

值得注意的是，国内有的学者使用“位格加等”方法，意欲赋予人工智能法律主体，“位格加等”说法的使用借鉴了古罗马法学家朱丽叶·斯保卢斯（Julius Paulus）曾提出导致人格丧失的大、中、小“人格减等”的定义，国内关于“人格小减等”论述几乎也出自于此（康茜，2011）。不可否认的是，“人格减等”或反对此说法的“人格减等恶化说”，主张的法律人格的载体是自然人。这些说法将人工智能直接类比自然人既不同于主体说，也不同于“拟制法律人格说”，似乎也不是很恰当。

3. 拟制人格说

拟制人格说的实质是采用法律拟制办法来赋予人工智能法律地位。该学说的依据主要有三点。第一，由于当前人工智能尚属于“弱人工智能阶段”，对于人工智能的法律人格尚不宜以成文法的形式予以明确规定，而适宜“以实定法解释论为基础，在坚持人工智能为客体的原则下，运用拟制的法律技术，将特定情形下的人工智能认定为法律主体，从而为应对、引领未来人工智能的发展，奠定法律主体基础”（陈吉栋，2018）。第二，依照纯粹法律主义学说的观点，即使在现行以人类为中心的法律体系中，非自然人不能赋予法律人格条件下，只要符合法律目的，意志可以不作为法律人格的先决条件，对人工智能可以法律拟制法律人格。第三，认为人工智能具有智能，可以效仿对公司拟制法律人格的方法对人工智能赋予法律人格。

4. 小结

总的来看，以上三种法律主体资格说皆是从人工智能外在特征、功利主义、行为理论等方面考虑而赋予人工智能法律主体资格。但是，人工智能的“法律主体资格”论无论是法律本身还是法律实践都没得到实际反应（Banteka，2021）。不同的学者从法律人格归属（Singh，2017）、公司法人的历史背景（Dewey，1926）、人工代理中法律哲学人格（Chopra et al.，2004）、财产自由支配（Brown，2021）、法律人格比较（Adriano，2015）、侵权责任（Solaiman，2016）等多角度对此问题开展了研究并得到了同一结论，即人工智能实体不能赋予法律主体地位。规范的认知是一种对“应当”的认知（冯洁，2019）。法律规范，或者说法律权利与义务所要创设出的就是这么一个规范性的世界，它相应要求法律主体具有规范性认知的能力。

即便如此，文献在否定法律主体说时依然有严重缺失。人工智能的理性具有很强的自身特点，很多学者在研究人工智能时仅以表观智能作为研究的切入点，没有认识到或提炼出人工智能特有的法律实体属性，因而一直难以突破适应现行法律体系的挑战。

第三节 人工智能法律人格批判

法律人格是法律的灵魂所在。人工智能具有机器理性。法律人格的大门对机器理性是敞开着、紧闭着还是半掩着？这不仅仅是一项法律技术问题，还牵涉人类自身的根本与发展问题。伦理领域担心人工智能是否会成为“弗兰肯斯坦怪物”（雪莱，2016），也要确保人工智能不能成为法律道德行为禁止者手中的“混沌”[1]。

一、理性是权利与义务的基石

人类经过启蒙之后，理性接替了神性，个体的人作为有自主意识、理性的主体，被视为有能力或通过达成社会契约以建立政府，或是可以在无知之幕下实现这一目标（Lindroos - Hovinheimo，2015）。接受了契约理论，权利与义务构成了现代社会的主题，支撑权利与义务的基石就是理性。“法律面前人人平等”是理性期待的必然抽象结果。人的一切知识都遵循这样一个进程，始于感官，行于知性，而止于理性。理性是联结个人与社会一切关系的纽带，人类从野蛮、蒙昧的自然状态走向现代社会是理性使然。自西欧人文主义运动以来，人被视为法律客体的一切做法被彻底地清理，而且找到了通过协商谈判以达成最优的人治理方式。

古罗马法学家西塞罗将人格要素描述为一个人的理性、个人属性、地位和职业（Gill，1988）。其中，排在第一位的就是人的理性。公元500年左右，罗马哲学家波伊提乌（或称为波爱修斯）将人格定义为“理性自然的个体实体”，这个定义后来变得非常有影响力（Thiel，2011）。然而罗马法中所谓的“人的法律”并没有界定谁是法律上的法人，而是论述了人在罗马等级社会中的不同地位（即格位）、自由身份（homo）、公民身份（caput）和地位身份（persona）。罗马法把三种不同的格位与权利和义务关联，割裂了理性与人格的关系，例如视物质实体和奴隶为法律客体（Lobban，2005）。罗马人没有现代法学家所使用的主观权利的抽象概念，也没有明确地将实质性要求与程序性补救分开。

[1] 希腊之神——混沌，卡俄斯 Χάοζ。

从知识谱系上来说，19 世纪以前的主流政治哲学家如霍布斯、卢梭、黑格尔以及法学家如萨维尼、耶林等都坚信，确保个人自由的必由之路是增强国家的权力；但到了 19 世纪，这种观念几乎成了一种信条（仲崇玉，2013）。19 世纪德国法学家蒂堡（Thibaut）首先将权利能力分为自然权利能力和公民权利能力（Thibaut，1982；张保红，2014 译为“市民权利”）。“自然权利能力，包含所有能产生特定法律关系的物理属性，被称为自然身份。”（沈建峰，2011）公民权利能力“就是罗马法上称之为人格或者身份的东西，现代法则与此相反”，指民事身份包含所有由法律所创造的、依赖于法律的各种权利。蒂堡提出划分权利概念的意义在于自然权利能力是法律上的人的实质根据，公民权利能力则是法律上的人受到的形式约束。这样，自然权利能力就承载了公民社会对于人格体的理性期待，理性能力成为自然权利能力的实质根据，正是生物人所具有的理性，使生物人得以运用理性并按法律的要求作出选择，从而能够成为权利主体（冯珏，2021）。具有理性思维的自我是人类主体地位的重要保证，也是一切思想或认识的基础，理性成了人类与其他实体划分开来的绝对界限。

虽然我们无法证明其他自然实体没有理性，但我们同样也无法证明其他自然实体具有理性。依据波伊提乌对人格的定义推论，人是唯一具有理性的自然实体。这正是推理获得判断的结果，也正是理性的表现。“人和物的区别，从根本上说，在于人作为自由的主体能够通过根源于自我自主的行为去与物发生联系。另一方面，与动物相比，人在本质上是有理性的动物。”（邓晓芒，2005）康德的法律权利主体是“权利为全部条件，根据这些条件，任何人的自由意志按照一条普遍的自由法则，确实能够和其他人的自由意志相协调”（康德，1991）。

人工智能具有机器理性，机器理性的产生是基于“if－then”规则，它的判断力是电子逻辑产生的，电子逻辑推理的前提不需要人工智能自身进行规范判断。人工智能不需要价值判断，只需要规则判断。人工智能的形而上学是自然人预设的，而不是由它自身认识形成的。人的理性与机器理性在产生行动意志时虽然推理机制不一致，人类推理采用逻辑推理，人工智能采用电子逻辑推理，但如果不考虑前提，没有本质的不同。“霍布斯提出人类复杂的理性思维可以被还原成最为简单的‘加’和‘减’两种机械运算，人们在数字等方面虽然除加减以外还用乘、除等其他运算法，但这些运算法实际上是同一回事……这些运算法并不限于数学方面，而是所有可以相加减的事物全都适用。”（霍布斯，1985）“在这一层次上，人类大脑和恰当编程的数字计算机可被看作同一类装置的两个不同的特例，这一类的装置通过用形式规则操作符号来生成智能。”（博登，2001）这就是“软件代理说”所说的人工智能是算法等软件的代理，其传递的是用户要求的信息，并无法律主体地位（Beck，2016）。

“理性不仅是正确的法之认识工具，也是其源泉。”（考夫曼 等，2013）人的理性与机器理性在推理时的根本区别是机器推理不考虑推理前提是否规范，而人的理性推理首先要考虑前提的规范性。这就是人的理性可以成为权利和义务的基石，而非机器理性的原因。“与智力相反，理性是人类通过思考把握世界的能力，智力是人类通过思考改造世界的能力。理性是人类获得真理的工具，智力是人类有效改造世界的工具；前者是人性中至关重要的，后者属于人类的动物性。”（Fromm，2001）“人脑思维的最可贵之处便在于它始终能依据主客体与环境的变化和需要，不断去创造和选择新的价值，而人工智能只会用一种固定的特殊价值尺度去衡量事物，根本不能去创造和选择新的价值。”（张劲松，2017）

这里的价值就是推理的前提。以法律实体为中心的方法的含义在于法律人格属性的构成主体必须是自主的、理性的，必须在道德人格与法律人格之间具有同一性（Adriano，2015）。而人工智能则无法跳出规则系统进行批判性的反思。因此，人工智能无法明辨是非，人工智能或许具有智能，但不具理性。

机器理性不能等同于人的理性，具有机器理性的人工智能不能承担起法律赋予的权利和义务。法律中的隐喻应该受到严格的监督和检视，因为它们开始时是解放思想的工具，最后往往成了思想的奴隶（Froomkin，1995）。

二、人格拟制学说评析

人工智能是否具有法律人格，或者说是否可以通过拟制的方式被授予法律人格，饱受争议。这个问题已不仅仅是涉及哲学、法律、道德的问题，更是关系到经济秩序的问题，对人工智能是否能够获得自主、安全、可控的发展，最终造福人类至关重要。相关争论在学术界形成了两大阵营：一方认同人工智能具有法律人格或可以赋予法律人格（即法律主体说），另一方认为人工智能没有或不能赋予法律人格（即法律客体说）。人类拟人化非人类实体的倾向是造成这种混淆的主要原因。肯定人工智能具有法律人格的学者常常使用类比的方法。因此，人工智能法律人格类比常有电子人格说、有限人格说、拟制人格说。

（一）罗马法使用了拟制人格

罗马法采用的拟制技术不是对非人类赋予人的资格，而是对人格进行分级定位，使用法律采取格位的方法对人实施不平等的管理。奴隶被当作财产、商品，而不是人（Kurki，2019）。除了奴隶，已婚妇女的人格确认转变则是另一项历史性案例。“根据从夫之妇原则”（the doctrine of coverture），丈夫和妻子在法律上是一个人：也就是说，妇女的存在或法律上的存在在婚姻存续期间被中止，或者至少被合并，并入丈夫的存在；她在丈夫的羽翼、保护和掩护下，完成每一件事情（Kurki，2019；Blackstone，1765）。从严格意义上来讲，采用罗马法“位格减等”或“位格加等”来类比人工智能属于类属不能比。罗马法下这些说法的潜在前提就是把人工智能表现出的所谓自主性等同于自然人自主性，就像历史中解放奴隶一样，对其赋予法律人格，跻身进入现代法律体系而欲到达“法律面前人人平等”的法律规范门槛。人工智能采用罗马法下的拟制人格技术违背了法律类比正确主题的范畴。

（二）有限人格说

同样犯了类比主题错误的还有有限人格说。有限人格说采用投机主义观点，一方面承认人工智能不具有人格属性，另一方面又采用权宜之计授予人工智能有限的法律人格。有限人格说很容易引发道德危机。人工智能被赋予了权利，这个权利很可能被一些人利用成为获利的工具，同时他们又把承担的义务推给人工智能，导致权利与义务分离。

（三）公司法人拟制

采用公司法人拟制的方法赋予人工智能法律人格。持这种观点的人认为，不应以人类为中心的哲学观点来看待法律人格，因为法律人格接近于人性。许多思想家认为，法律的主要目的是促进人类的福利和利益。虽然我们是法律的唯一受益者，但如果说我们是法律的唯一主体，那就错了（Harris，2001）。秉持这类思想的群体坚持，为了实现法律的目的，可以拟制任何物为法律主体，赋予其法律人格。这些人放弃了意志为法律人格的必要条件，坚持所谓的纯粹的法律技术理论，可问题是法律的指向究竟是什么，最终可能陷入法律就是法律的循环中。

采用公司法人拟制的方法赋予人工智能法律人格的核心，不是人工智能是否获得了法律人格，而是赋予人工智能法律人格后产生的一系列问题。“鉴于法律要求组成非自然人的法人最终是生物人，即便有诸如公司或社会组织的其他法律主体存在，从最终意义上说仍是以伦理上的人为基础的或是直接体现为成员由自然人组成，或体现为成员的成员是自然人，例如A、B、C三家公司成立了D公司，A、B、C公司的股东是自然人。”（朱程斌 等，2018）公司的法律人格无论是认同“实在说”“拟制说”“否定说”，还是“折中说”，一个不可否认的事实是，公司的行为是“公司法人”这个面具后面的个人或一个集体组织内的人在实施。而人工智能与公司不同，没有这层面具，把它与人类强制联系实质上就是“皇帝的新衣”。

（四）面纱不是铠甲

罗马法通过“人格拟制”这一概念和制度来规定个体与共同体之间的关系，而现代法则通过“法律人格”这个概念来规定个人和社会的关系。如果对人工智能拟制了法律人格这个面纱，在人工智能实施犯罪或民事侵权时就不能刺破面纱，这个面纱就变成了法律铠甲，而被伤害或被侵权的人就不会得到法律救济。隐藏在面纱后面的，是真实的人而不是非人类实体。真实世界的法律对法律人格作了明确的安排。

例如，法国民法典第8条规定：“所有法国人都享有民事权利。”可见，享有民事权利的一个基本要件是具有“法国人”资格。之后，法国民法典将“法国人”重新表述为“法国国籍”。法国民法学界后来在解释这一规定时，“创造了‘人格’（personality）概念，以学理上的‘人格’概念来代替法典中的‘法国人’资格和‘法国国籍’，以‘人格’的有无作为自然人能否适用法国民法、享有民事权利、成为权利主体的区分标准。”（李萱，2008）法国民法典第8条的规定标志着人类近代社会以伦理作为法律人格基础的法律传统的形成，拉开了法律上人格平等的序幕（星野英一，1997）。这其中的生物人与法律人内涵上的逻辑关系并不是“因为是生物人所以是法律人”，而是“法律人必须具备理性，因为生物人有此属性，所以生物人是法律人”（马俊驹，2006）。

又例如，德国民法典将“权利能力”视为法律意义上的人，包括“自然人”和“法人”的本质属性。权利能力，首先是指人能成为权利的主体的能力（拉伦茨，2003）。德国民法典中使用的“人”，是一个形式上的概念。构成这一概念的必要条件只有权利能力，而不包括行为能力和过错能力（孙聪聪，2015）。

再例如，国际法中，《残疾人权利公约》第12条确认人人有权在任何地方获得被承认在法律面前的人格。《世界人权宣言》第6条确认人人在任何地方有权被承认在法律面前的人格。

法律人格在技术法律定义上，是一个“法律权利和义务的主体”（Kurki，2019；Gray，2012），即法人的概念依赖于这样一个前提——法律权利必须附加于一个主体。这个主体可以是一个个人，也可以是一群个人。在法人结构中，法律明确承认有能力拥有一套确定的法律权利的一群个人，与人的法律人格一样，这里的人不是虚构的。在采用人格虚拟（persona ficta）方法的司法管辖区（即美国和英国），法律视公司为法律人格（fictitious person）或实体；而在采用法人方法（juristic person）的司法管辖区（即德国、西班牙、法国和其他欧洲大陆国家），法律视公司为真人（real person）。需要注意的是，意志权力（will power）在法人（juristic person）方法中并不需要，因为它在概念上已经放弃了虚构前提下的虚拟人物（persona ficta）方法。在拟制人格方法下，授予权力需要意志，但赋予义务不需要意志。无论需要还是不需要意志，没有人的存在就戴不上这个面具或面纱。如果使用法律强制力为人工智能戴上，这层面具或面纱是强有力且有贪欲的，它就会借助法律的强制力演变成为法律铠甲。个人对于人工智能来说只有招架之功，没有还手之力，真正的伦理道德风险即会产生于此。

（五）非人类、公司法律人格

效仿公司，有人试图将法律人格扩展到更广泛的自然实体（Wise，2010；Hsiao，2012）。这是因为，如果人类社会发现了一种权利的存在，比如所有权，人类就必须要寻找到这种权利的主体（Dyschkant，2015）。如果权利附加到一个人身上，他就是该权利的主体；如果权利附加到一个用来指代一群人集体意志的名义上，那么这个集体意志或名义就是它的主体（Deiser，1908）。日本民法学家星野英一在分析法律人格的意义时指出：“即使是人以外的存在，对于适合于作为私法上权利义务的主体的概念，也会得到承认。”（星野英一，2004）

在美国，有些非人类权利组织正致力于为某些非人动物谋求法律人格。例如，有些非人类权利组织已经开始计划代表黑猩猩作为委托人提起诉讼，挑战法律人格的现状（Berdikc，2013）。非人类权利组织希望由法庭来宣布黑猩猩合法起诉的合法性，以保护它的权利。这样做的目的一方面是要说明非人类动物具有认知、智力和语言能力，另一方面是为了更好地保护这些实体不受人类伤害，人为了自身利益对动物负有保护责任（Savage - Rumbaugh et al.，2009）。在澳大利亚、新西兰和印度，河流也已被假定具有法律人格（Kurki，2019）。支持这些做法的法律专家、科学家和哲学家认为非人类动物应该获得法人地位。他们觉得，有些动物和许多人一样，具有履行义务和行使权利的能力，享有法人的地位。

这样做的一个隐喻前提就是，这些实体不具有理性，没有意志。同时，非人类中心主义者与主张赋予人工智能法律人格的学者虽然主张有些相似，但目的不同，带来的法律后果不同。赋予没有理性的非人类或公司法律人格不会带来道德风险。而赋予具有机器理性的人工智能法律人格及法律主体地位可能会带来法律人设的伦理崩塌风险。“人工智能如能成为法律上的主体，必然会引发法律系统及法律理论的震荡和危机。主体法律时代的法律框架将可能坍塌，人的历史将被改写。”（王艳慧，2020）

（六）经济秩序混乱

随着人工智能的快速发展，人工智能产品必将进入交易领域。人工智能产品具有的文化性将对现行的贸易秩序造成冲击。人工智能具有的机器理性难以进入现行贸易种类，必须使用新的贸易规则进行规范。如果赋予人工智能法律人格及法律主体地位，一个严肃的贸易伦理就会呈现在我们面前，法律主体或法律人格可以交易吗？答案是肯定的。不能！不能！！一定不能！！！

三、人工智能法律客体之证成

持人工智能法律客体说的主要学说有，软件代理说、工具说、道德能力缺乏说和二分法排除法说。软件代理说认为，人工智能是算法等软件的代理，其传递的是用户要求的信息，并无法律主体地位（Beck，2016）。工具说认为，当下的人工智能体归根结底还是人类创造的服务于人类的工具（郝铁川，2018；许中缘，2018）。道德能力缺乏说认为，法律上的人必须是具有道德能力的人，这是由于法律来源于道德，没有道德认知能力的自然人或者动物均不应具有法律主体地位（赵万一，2018）。在二分法排除法说下，由于法律主体与法律客体的二分法是现代法律调整的内容，且人工智能不具有或不能拟制为法律主体，因此必然进入法律客体的范畴。康德认为“凡物理上之物，即使人力尚不能支配，亦无妨承认为法律上所谓物”（杨立新，2008）。

（一）法律主体资格不能突破伦理道德底线

人工智能法律主体说是存在反对观点的，但逻辑尚有不足。反对者通常认为：“该说忽视了道德与法的根本区别，我们可以说道德主体必然为法律主体，但法律主体未必是道德主体。法律是最低层次的道德，把法律主体依附于道德能力，尽管符合伦理学要求，但对主体的要求已经超出了法律的界限。”

（彭诚信，2005）但这种观点的问题就像它自己所主张的观点一样。法律是最低层次的道德，对法律主体要求如果越过底线，法律本身也就没有资格充当道德最底层的保护伞。计算机科学家佩德罗·多明戈斯（Pedro Domingos）对符号学派、联结学派、进化学派、贝叶斯学等人工智能技术方案进行考察后指出，再强大的计算机也是人类意志的延伸，拥有“终极算法”的强人工智能出现的概念为零（多明戈斯 等，2018）。多明戈斯所指的强人工智能就是与自然人无异的、具有价值判断能力的人工智能。法律来源于道德，没有道德认知能力的自然人或者动物均不应具有法律主体地位（赵万一，2018）。没有伦理道德的法律必然不是人的法律，自然属性是人存在的基础。人之所以为人，不在于人的自然性，而在于人的社会性，社会性的根本在于伦理道德。只有人类具有辩证思维能力，这是伦理的所在。

（二）缺少财产所有权决定了人工智能的法律客体地位

和法律人格一样，财产的概念也是人类的发明。它的产生受各种各样的动机驱动，包括需求、经济、便利、强化男权结构，甚至是种族优越感（ST Pierre，1998）。财产和财产所有权的概念，如法律人格，在不同的文化中并没有统一。然而，人类学家早已证实，财产所有权是一个跨越社会的普遍现象（Becker，1980）。现代法律为获得财产提供了正当性途径，如先占（包含劳动成果）、交换（继承、受赠、交易）、分配（包含孳息）。这些财产的获得主体都是具有法律人格的法律主体。

财产所有权和人格的概念是相互关联的。这两个概念都要求赋予权利或者强加义务。同时，财产所有权和人格创造了一种法律关系，这需要行使权利或者履行义务，通常是同时进行的（Smith，1928）。还有说法表示，“人格的秘密……包含在财产的占有或缺失中，哪里有财产，哪里就有人格”（Deiser，1908）。这种说法反过来也是成立的，只有法律主体才能支配财产。

一个实体一旦被赋予法人资格，就经历了从客观财产到非财产主体、赋予权利和义务的法律主体的转变（Hsiao，2012）。像人工智能这样的非人类，也必须经历这种由社会驱动的从财产到人格的转变。然而，只有社会和法律认为人工智能有能力拥有、控制，并最终实现拥有财产，而不是人类控制和拥有，这种转变才有可能发生。这不同于要求人工智能拥有一份意志，或者任何其他人类特征，使其被认为是强大的人工智能。相反，这个问题仅限于人工智能是否可以拥有财产，以及权利和义务。牢记财产和人格是人类的发明，受制于不断发展的文化和社会规范。在我们回答这个问题之前，重要的是要考虑财产所有权在先前试图赋予非人类人格中的作用（Brown，2021）。

（三）被支配是法律之物的法律根本属性

法律上物的根本属性在于是否被支配。如果被主体支配，就属于物的范畴。罗马法中，奴隶之所以不能成为法律上的人，而成为物一样的自由人的客体，根本原因在于奴隶没有自支配权，而被自由人支配着。现代法律的法律人格赋予了法律主体自支配权，所以才能拟制出一个“法律面前人人平等”的法律体系。

人工智能的外部依赖性决定了人工智能受自然人支配，所以人工智能属于法律客体范畴。只有法律主体的行为才被视为能开展法律行为，其权利、义务才能成为法律关系的调整对象。人工智能体归根结底还是人类创造的服务于人类的工具（郝铁川，2018）。如果人工智能要取得财产，虽然也许有三种方式，分别是代理、公司和自然人（Brown，2021），但这三种方式要解决的核心问题都在于人工智能是否能取得法律人格。前文已经论述过人工智能不能取得法律人格属性，所以人工智能不能取得财产，这决定了人工智能的法律客体地位。

第五章　人工智能知识产权法律分析

经济社会不仅是一个需要秩序的社会，而且更多的是需要秩序的常态规范来使人占有或获取更多的财产。其中，知识产品的发展变化趋势既引导又反映社会的变化，进而带来政治和最终法律的变化。作为最重要的知识产品，也是产生更多知识产权的重要工具，人工智能具有机器理性，是法律领域中最有可能感受到人类理性之外理性的实体。毫无疑问，人工智能机器可以帮助创新，而且根据专利法，人工智能机器可以创造出看起来像发明的东西（Yanisky - Ravid et al.，2018）。为了通过使用人工智能技术与产品在知识产权体系下获取更多利益，欧美有很多学者试图将一些人工智能产品认定为欧洲和美国著作权和专利体制下的作者或发明人（Fraser，2016）。

针对人工智能及其生成物能否享有知识产权给予的专属权利这个问题，学术界开展了广泛的讨论与研究，主要集中在两个方面：一方面，是人工智能及其生成物可否成为现行知识产权法律的保护客体；另一方面，是人工智能技术及产业发展带来的对知识产权法的冲击、挑战和应对（刘娟，2020）。第一个方面包含两个问题。一个问题是人工智能生成物本身能否成为法律权利客体。这既包括私有物权的法律权利客体，也包括知识产权法的权利客体。另一个问题是人工智能本身能否成为法律权利主体而受法律保护。第二个方面也同样可以用以下问题来表述：如果人工智能本身被授予法律权利的主体资格，它又该如何承担法律侵权主体应负的责任？

传统上，在知识产权法领域开展的人工智能研究主要集中在三个基本理论方面。第一，洛克劳动理论。洛克劳动理论证明了财产利益是创造者劳动的果实（Yanisky - Ravid，2017），学者们通常使用洛克劳动理论来解决人工智能生成物的权属问题。第二，法律人格。学者们依据康德、黑格尔的人格理论（重点在于发明与创造的归属），解决人工智能的创造者和发明者对它的权属问题。第三，法经济学理论。这是一种以功利主义为基础的研究方法，学者们根据知识产权规则的累积效率和促进总福利的能力来审查知识产权针对人工智能的规则。美国的知识产权法学理论研究首先是采用基于功利主义的法经济分析方法来研究人工智能与知识产权法的相互关系（Chisum et al.，2004），其次使用基于洛克的劳动理论来分析权属问题（Kohlhepp，2008），学术研究中也会考虑公共利益而在实用主义思想指导下加以调整。欧洲大陆法学学者在论述著作权时使用较多的是黑格尔的人格论。相对他们，我国学者采用的是兼而有之的实用主义方法，但尚缺乏体系化的理论基础。在这些理论基础上，本章结合法律实际要求，主要在专利法和著作权法领域对人工智能的知识产权法律问题展开分析（见图5.1）。

图5.1　知识产权法律分析的主要思路框架

第一节　人工智能与专利法的交互

一、人工智能及其生成物的可专利性

（一）人工智能及其生成物的专利主题

专利法中有一项著名含义："太阳底下任何由人类创造的东西，只要符合专利申请条件，都可以被申请为专利。"人工智能出现之后，显然，这项含义由于复杂的人工智能系统面临了严峻挑战。人工智能系统正在取代人工劳作，有些也正在改善人类研发活动与所研发产品的功能。这尽管听起来像科幻小说，实际却正在发生。人工智能系统已经能够撰写报纸文章、新闻报道，创造具有创意的故事，创作绘画、音乐作品，编写软件，生成其他人工智能系统，甚至设计发明。人工智能系统，无论是否嵌入了机器算法，无论是否已经创造了一系列具有创新性、新颖性的产品和服务，将生产出更多的其他产品。如果这些产品是由人类生成的，根据现行的专利法，就能被申请成专利（Simonite，2016）。那么，什么情况下的人工智能技术及它的生成物可以被申请为专利呢？由于人工智能对人类创新活动的干预，现有的知识产权法律制度是否有必要进行重大改革，以跟上这些技术的最新发展呢？

美国专利法第 101 条规定了受专利保护的主体与客体范围：“任何人发明或发现任何新的和有用的工艺、机器、制造或物质的组成，或任何新的和有用的改进，可以获得专利，但以本章的条件和要求为限。”除了美国，这也是大多数国家专利主题（subject matter）的资格条件，也是专利法在授予专利专属权方面的第一道门槛。不满足这一主题资格的要求，任何所谓的发明或创新主题都将与专利权这项专属权无缘。因此，无论理论学说如何，对人工智能及其生成物可以被赋予专利法保护的讨论最终会回到这个法条及其解释上来。

人工智能生成物在主题资格的判定上并没有遇到和其他专利申请区别对待的情况，但人工智能系统周边技术本身却在主题资格上困难重重，一度成为美国人工智能技术发展的阻碍。在美国，专利审查的技术类型为人工智能技术设立了独立的技术单位（即技术单位 2121 与 2129），以匹配对口的审查员。但即便如此，相关技术是否满足专利的主题范围，依然是这些审查员的重要工作内容之一。相对来说，专利主题资格的要求对于人工智能相关技术的申请挑战性较大，不是所有的技术和发明都可以获得专利保护。例如，美国通过判例法明确了专利不保护抽象概念、自然现象和自然法。其中，涉及算法和软件的人工智能技术最容易被抽象概念这一专利主题资格的排除要求拒之门外。

2014 年 6 月，美国最高法院发布对“爱丽丝”案［*Alice Corp. v. CLS Bank International*, 573 U. S. 208（2014）］的判决后，美国计算机界再次整体陷入对专利主题资格进行判定的困惑。爱丽丝案是对美国专利法关于抽象概念排除法的解读，提出了排除涉及抽象概念的专利申请和专利的两步法测试（Kesan et al.，2020）。第一步，判定一项专利申请或专利中的发明是否是或包含一项抽象概念。如果不是也不包括，该发明不涉及抽象概念问题；如果是或包括，则进行第二步测试：该抽象概念是否具备新颖的附加要素，可以使得抽象概念转化为一项具备可专利性的发明。由于爱丽丝案和专利法语言模糊造成的双重影响，多类涉及人工智能核心和应用技术的相关专利申请都无法通过专利审查，也有不少相关发明人被阻挡在专利系统的门外。受到爱丽丝案影响最严重的领域和技术类型是商业方法。其中，多项涉及软件和算法这些人工智能技术相关的电子商务类商业方法都遭受重创，无法满足专利法对专利主题资格的要求。同时，被认为是人工智能技术重要组成部分的生物信息也同样有大量专利申请被拒。虽然人工智能核心技术部分并没有受到太大影响，但和大多数其他软件主体行业部分一样，相关技术领域的人员在爱丽丝案之后进行了自我调整，并由于自乱阵脚新提交的专利申请被拒比例有所提升，相关专利申请充满了不确定性。

人工智能相关技术若想成为专利法的权利客体，除了满足专利主题的要求外，还需要满足新颖性、创造性、实用性、符合专利撰写要求等法律要件。专利申请主题及专利说明书能否达到如上要求是人工智能及其生成物能否获得专利授权的核心与关键。通常，证明一项涉及人工智能的专利申请技术是有用的并不难，而阻碍人工智能技术获得专利申请首要的就是专利法中对专利主题资格的要求。主题资格要求是申请专利的入场券，而满足其他针对主题的技术要求是专利申请一阶晋级，撰写合格的权利要求和技术说明书是二阶晋级，只有通过入门并取得一阶与二阶的晋级才能获得专利授权。换言之，只有专利申请者能够证明具有专利主题资格的人工智能技术具有这些技术特性且不损害公共利益，才可以获得专利。同样地，人工智能生成物在获得专利保护之前，其具有专利主题资格的文本材料还同样必须满足以上可专利性条件。只有满足这几个条件，无论是人工智能，还是任何代表它的人类发明人才有可能针对该人工智能的生成物获得专利。

（二）人工智能的创造力

要了解人工智能生成物是否满足专利申请的创造性与新颖性要求，就不能不考虑人工智能本身的创造力。人工智能是如何表现出自身的创造力的？为说明这一问题，萨里大学法学教授瑞安·阿博特（Ryan Abbott）举过三个具有时代特征的例子（Abbott，2016）。

第一个例子是关于创造力机器的，也是人工智能技术本身的创造性。1994 年，梦想动力创始人斯蒂芬·塞勒（Stephen Thaler）博士表示已发明出一款创新机器，它所采用的计算范式是一种类似虚拟模仿的基本机制，能够通过网络连接产生新颖的创意（Thaler，2013）。它当时所使用的软件是人工神经网络，能够自动连接到窗体的开关，是一款开关集合都无须人工干预的软件。塞勒将创新机器的工作过程与人类的大脑作了比较。创新机器像人脑一样，能产生创造性信息，并对新的信息模式进行分类，而不仅是简单地将开关控制器关联起来，并且能够适应新的场景而不需要额外的人力投入。塞勒声称，这款创新机器本质上不同于一般计算机软件，并以他个人为发明人的名义申请了名称为“基于原型系统和方法的神经网络”的发明专利，于1998年获得专利授权。由于在该领域的技术贡献与思想贡献，塞勒现在已经成为世界闻名的计算机学家和人工智能专家。

第二个例子是发明机器。创新机器并不是唯一的计算机发明源头，还有关于模仿生物进化过程的软件。基因编译技术已经具有了独立产生可被专利保护的发明的结果。早在1996年，就有基因编译的专利主题。但不只如此，基因编译技术一方面可能会对已有的专利造成侵权，另一方面可能会产生新的可专利的创造性成果。大量无人工干扰的发明机器形成的可专利主题发明成果使得美国专利商标局对专利申请陷入了困惑，因为这些专利申请通常未清楚说明发明的工作过程，并且专利法没有载明计算机可以作为发明人。

第三个例子是沃森。沃森是IBM开发的计算机系统。IBM声称沃森是新一代具有计算创造力的机器，它可以“产生出世界上从未有过的想法”。沃森采用的是一种更为传统的逻辑演绎体系结构，能够访问人类知识积累的海量数据库和专业知识，具有产生专利法所追求的创造性、新颖性和实用性的想法的能力。沃森不仅可以设计出一个以前没有的新技术方案，而且其路径也未明显改变现有技术方案。如果是人类发明人发明了可专利化的新技术方案，该人类发明人就可以获得新技术方案的专利。显然，沃森的结果确实使他的开发者和设计者感到惊讶，期待通过专利获得奖励。

然而，阿博特的这些例子都只是早期人工智能发明的例子。现在已经存在有大量其他的情况（Riester et al.，2005）。但归根到底，这些所谓的创新都是机器学习和机器理性的结果，如果人工智能离开对人这个外部依赖的根本，就谈不上创新了。从人工智能的属性看，人工智能的创新其实就是人的能力拓展，而不是人工智能自觉意识或理性意志所产生的结果。

（三）人工智能技术的新颖性与创造性要求

回顾专利法的内容，专利发明需满足新颖性和创造性要求。由于很多技术本领域的现有技术累积量过大，且多数技术创新度不高而造成明显缺乏新颖性和创新性问题，因此这两项要求成为很多专利申请成功的一大阻碍。当技术具有了人工智能的技术特性时，针对这两条的审查要求给专利申请人、专利审查员、专利复审委法官与司法法官都带来了新的挑战。

首先，即使法律语言非常明确，专利主题资格问题与新颖性、创造性都分属不同的法律与事实问题。美国专利申请人、专利审查员和联邦法院在判定专利主题资格问题时，会与新颖性与创造性等法律要求产生混淆。尤其是在爱丽丝案后，如何判定具有抽象概念特性的发明是否可以通过足够具有新颖性和创造性，而克服不具备专利主题资格的缺陷，令美国专利各界都非常困惑（Kesan et al.，2020）。显然，这样的困惑对饱受抽象概念阻碍的软件相关技术影响最大，其中就包括很多人工智能相关技术。

其次，人工智能技术本身的复杂性与不透明性，增加了原本判定专利新颖性仅对现有技术进行有限检索的专利审查员的工作难度，并降低判定标准的一致性。美国专利法虽然不要求专利申请人提供现有技术，但美国专利商标局已经开始使用人工智能技术对现有技术进行检索和将检索出的现有技术与专利申请进行比对的工作，这必然会提升创造性的判定标准。并且，当人工智能技术的自我交互程度越高时，例如机器学习阶段，对相关技术进行现有技术检索和合理判定的难度就越大。即使可以检索到合适的现有技术，关于创造性判断，美国专利法所要求基于同期本领域技术人员判定出的非显而易见这一标准，在人工智能技术领域也非常难以稳定实现。

这样的影响不仅仅停留在专利申请这一阶段，而且渗透到整个专利体制中。密歇根大学法学教授丽贝卡·S. 艾森伯格（Rebecca S. Eisenberg）曾根据美国联邦巡回上诉法院的判决，毫不留情地批判法官们总会激进地混淆处理法律与事实问题。专利审查员对现有技术的检索以及判断不仅仅会影响专利申请这个阶段对新颖性及创造性的判定，也会极大影响整个专利体系对这些问题的判定（Rai，2018）。

（四）专利说明书与权利要求的撰写

以美国专利法为例，要求专利申请人在专利申请说明书中说明具备描述性与实现性。为了明确专利的保护范围，即专利权人的权利范围，要求专利申请说明书中的权利要求应具有确定性。2011—2016 年的美国专利审查记录显示，描述性与实现性这两项理由是美国专利审查员对各类有可能涉及人工智能技术的软件或生物计算机技术基于专利法的专利说明驳回申请而给出的最多理由。这主要是由于专利审查员在判定确定性问题时，会与对抽象概念的判定形成关联印象，认为不符合专利主题范围的专利申请很可能也不具备权利要求的确定性，并同时具有描述性与实现性不足等问题。

不只是专利审查员会产生对专利主题范围和确定性的混淆，法院在面对人工智能技术的专利申请诉讼时也常常产生混淆，而作出对专利申请人不利的判决。例如，伊利诺伊大学芝加哥分校法学教授林泽伟（音译，Daryl Lim）发现，特拉华州联邦地区初审法院在“卡沃诉亚马逊”一案（*Kaavo*

Inc. v. Amazon. com Inc., 323 F. Supp. 3d 630（2018））中表示，具有人工智能技术特性的专利申请由于披露不足，专利权利要求内容不具有确定性，无法满足创造性主题资格要求，因而被拒（Lim，2018）。尤其人工智能技术通常涉及多项数据的使用、披露，技术本身又可能缺乏透明性，例如黑匣子一般的分析与机器学习过程，会使得专利申请人难以撰写出审查员眼中合格的专利申请。在这一点上，欧美专利制度存在共识。并且，缺乏透明性的专利申请披露也同时会造成专利技术难以被再生产，从而失去专利制度鼓励发明的意义（FrüEh，2019）。

（五）专利法对专利发明人和专利所有权人的要求

1. 专利法对专利发明人的要求

世界各国的专利法都要求各列明的专利发明人必须是“人”。这里的“人”，并不一定是指生理上的人类，而是指被专利法认可有资格的人，即我们所说的“法律人格”。

很显然，人工智能无论是作为机器还是软件，即便具有再高的自主性，在现行专利法中，由于不具有“法律人格”而不能被视为具备发明人的资格。在这一点上，美国在现阶段以回归宪法内容的方式，已基本形成共识。相对地，澳大利亚法院出于极力吸引人工智能企业和激励相关创新的目的，草率地在判决中肯定了人工智能作为发明人的身份。但就这一问题，欧洲与中国学术界并没有达成共识，还对人工智能是否可以具有人格权进行争论。学术界多年来的主要争议点更在于，是否需要修改专利法的相关内容，以授予人工智能发明人资格。这些争论的具体内容将在后文进行介绍。

2. 谁拥有人工智能技术产物的发明人资格和专利权人资格

在确立关于人工智能技术产物专利申请中发明人资格的问题上，学术界争议的另一项要点是，无论人工智能本身是否可以被列为发明人，除了人工智能本身外，还有哪些人可以具有发明人资格或专利权人资格？

人工智能离不开与人的交互。这些交互主体包括程序员、数据提供者、人工智能训练者、人工智能系统所有者、人工智能系统操作者、来自其他人工智能所有者的新雇员、公众、政府、投资者、人工智能系统本身。这些人员中的任何一员在提出人工智能专利申请时都有可能声称其是相关发明的所有者。那如何确认谁有资格拥有人工智能生成物专利的所有权呢？

最重要的判定标准是，一名独立发明人或一名联合发明人，要对满足专利的技术条件作出显著的贡献。发明人对发明过程直接作出重大贡献，是指发明人产生出该发明且参与具有合格的专利事项的发明过程（Kennedy et al., 2012）。实际上，从美国诸多判例中可以看出，已有法院明确了人工智能的投资人、拥有人和运行人不足以成为人工智能产物的发明人。但是，如果人工智能技术仅辅助人类进行发明创造，即使研发产物利用了人工智能的自主性，人作为发明人，相关产物亦可以获得专利。佐治亚大学法学教授迈克·舒斯特（Mike Schuster）基于美国现有的判例断定，如果人工智能技术与人类构成共同发明人，人类发明人是有可能获得相关发明产物专利（Schuster, 2018）。但对这一观点还留有争议的问题是，由于人工智能技术本身与发明产物的交互程度难以判定，人工智能技术在发明过程中交互的人类对象多且复杂，人类的贡献水平与质量不一，恐怕难以支撑他们发明人或共同发明人的身份。

如果无法有效确立起人工智能技术或与它交互群体的发明人资格，就无法对人工智能技术成果获得专利权进行有效分配。例如，美国在2011年颁布的《美国发明法案》（*Leahy - Smith America Invents Act*, AIA）规定于2012年9月16日就专利所有权问题进行的修改生效前所提交的专利申请，根据修改后的专利法第261条，专利权最初是授权予署名的发明人的，再由发明人根据约定转让至其他人或企业。在AIA之后提交的专利申请，专利申请人为专利权人。但问题是，这些专利申请依然需要满足专利法对发明人资格的基本要求。

法律中不确定的部分是，就人通过人工智能技术人工智能的辅助或与它的交互而产生的发明成果，是否一定有资格作为专利发明人。虽然美国和世界各国的现行专利系统一样，不要求专利申请人披露是否有人工智能技术参与创作过程。因此现实中，不可避免地会出现人类冒认人工智能技术并充当发明人的情况。但是，和其他被冒领署名的情况一样，一旦被查出事实上的发明人并非真正的发明人，专利会随时被宣布无效。所以，支持或反对人工智能技术及其交互团队获得专利法认可的发明人资格，是开放性探讨中必不可少的内容。在众多和人工智能技术产生交互的群体中，谁有权声称为专利法认可的发明人和权利人，依然是学界在为人工智能产物建立专利保护与否时争辩的要点。

二、人工智能是否适用专利法的法学理论研究

按照现行专利法的语言表述，专利发明人只能是自然人，专利权所有人也只能是自然人、法人和社团组织。以人类为中心的传统专利法着重于识别发明背后的“人”，以便将专利权和相应的保护转让给这个“人”。依据人工智能工作过程的“黑箱”特征，在人工智能系统与人交互过程中除人工智能系统

本身外，其余交互主体均不能清楚地说明人工智能是具体如何工作的。关键是，人工智能本身更不能说清楚这个问题，这就达不到所要求的专利说明书清晰描述发明的工艺过程这一要求。

综观现有各类学术观点，整体认为如要赋予人工智能专利发明人资格，只有两种途径：一种是修改现行专利法，修改把自然人确定为发明人的条款；另一种办法是通过拟制方法把人工智能列入专利发明人行列。主张赋予人工智能技术在专利体系中法律主体地位的学说主要有代理人说、电子人格说、有限人格说和拟制人格说等。反对赋予人工智能技术法律主体地位的学说主要有劳动理论说、工具说和权利义务说等。

我国学术界在对人工智能法律地位研究中关于法律主体的问题尚未达成统一，认为人工智能不具备法律主体地位居多（张弛，2020）。人工智能是人造物，绝不可升格为法律主体。就像华东政法大学的韩旭至教授说的那样，人工智能不存在自主意识、自由意志与人类理性，不可能是自然人，也不可能是法人（韩旭至，2019）。

专利体系完全排除人工智能也是不现实的。人工智能已经可以生产出数量惊人的创新或发明，并且编写与提交了大量的专利申请，甚至可以评估或监控专利申请的风险（Karkhanis et al.，2015）。由于人工智能法律主体地位学说被否定，人工智能的法律客体说似乎成立的机会更大。人工智能法律客体地位说主要有工具说、软件代理说、财产说等。

工具说的定义和观点主要认为人工智能是一种为了更好地实现和服务于人类的生产和生活而被创造和开发出来的一种智能工具（麦克纳利 等人，1989）。软件代理说是工具说的延伸，认为人类作者使用软件作为工具来创建一个可以追溯并归因于他们的语句，人工智能系统仅仅是这些软件的代理，不具有主体地位。财产说包含一般意义上的客体说，即作为客体的物都是其所有人的财产，不具有主体地位（孙占利，2018）。

通过如上各个方面对这个问题的研究可以了解到，面对人工智能技术及产物可专利性这一随着科技发展而暴露出的法律问题，法学界的相关研究呈现出三项特点：①学科交叉化，②内容细致化，③态度保守化。本部分将对他们的研究方法和观点的趋势进行整理和解读。

（一）学科交叉化

学科交叉化体现为法学内部专利法与其他法律的交叉，以及法学外部与其他学科的交叉。在比较法研究上，多数欧洲学者会将专利法与公司法、侵权法理论相比较，用以认定人工智能技术与其交互对象的关系及责任匹配，以及与合同法相比较，用来探讨专利法保护人工智能技术产物的合理性。而多数美国学者通常仅倾向将专利问题与著作权问题相比较。在法学领域之外，基于对技术与科学发展的认知与追踪，学者们通常借助法经济学理论、经济学理论与研究方法以及哲学理论来探讨专利法的发展方向。

（二）内容细致化

研究内容细致化主要体现在学者们对法律内容的探讨。在对人工智能技术及其生成物可专利性的合法性进行分析时，体现在关于发明人资格的定义、可专利性与其他专利审查标准的判定方法等。我国也有很多学者对此法律问题进行了较全面分析，但与使用案例对法条进行分析的美国研究相比，大多研究显得太过浅显、抽象、理论化，脱离实际。

（三）态度保守化

虽然人工智能技术的发展如火如荼，但学术界对通过专利系统给予人工智能技术及其生成物专利权利的态度却愈发保守。这主要是出于对人工智能技术的过度发展而产生的担心：一方面，史蒂芬·霍金、埃隆·马斯克（Elon Musk）等科技大佬发表的人工智能技术“人类终结论”让时刻关注社会发展的法学专家提高了警惕，出现了多篇专门建议政府提高对人工智能技术施加发展限制和管制的学术文章。另一方面，通过使用法经济学理论等工具手段对人工智能技术及其生成物在专利领域的发展前景进行预测后，学者们一致不看好通过专利保护鼓励人工智能技术的使用与发展。因此也有很多文章建议通过专利以外的手段，例如公开信息、先发优势、政府补贴等机制，给予创新企业专利权以外的替代性补偿。

（四）未来可能的路径

人工智能赋能使得在专利发明问题上人工智能的替代性和创造性工作不可避免，对待人工智能参与专利发明工作可以采取两个方面措施。一个方面是，专利法趋于保守，坚持现行标准和条件不变，将人工智能参与工作置于门外，而采用政策措施，如税收政策、补贴政策、基金参与、荣誉奖励等。用政策激励换取使用人工智能发明，同时取得技术公开，平衡发明人利益与公共利益。另一个方面是，修改专利法以拥抱人工智能，通过赋予人工智能法律人格的法律主体地体。显然，这条道路充满伦理、法律技术、经济等多方面的障碍，这些障碍甚至不可克服。本书提出一种改良的修改办法，以混合体发明人的方式修改专利法，具体如下：

鉴于人工智能替代性和创造性所作的工作以及机器理性的本体属性，可以采用实用主义办法来调和人工智能与专利法。在专利法的范畴内，对于人工智能衍生物只要符合专利主题且满足创造性、新颖性和实用性，可以采用混合体发明人的办法来解决这个棘手问题。

独立的人工智能本身不能作为专利发明的申请人，自然人可以作为人工智能系统本身的专利发明申请人。具体方法是在人工智能衍生物的专利申请中，申请专利的自然人与人工智能可以混合一体作为专利发明申请人提出发明专利申请，即自然人名字后缀人工智能，例如，“W&W. AI”。由“自然人 - W&W”的法律人格资格解决专利法要求自然人作为发明人的要求，用后缀“. AI”表明此项发明是自然人在人工智能的帮助下获取的。

对于混合体发明的发明专利，专利法赋予的专属权利与自然人没有借助人工智能的发明专属权利要有所调整，如缩短专属权利保护期。这样做的结果一方面鼓励了人类要不懈努力创新，而不必太在乎是否借助了人工智能这个代理工具。实际中，人类任何发明创造都借助了工具，只是以前借助的代理工具不具有机器理性罢了。另一方面，通过调整专属权利保护期，使得这样的发明尽快进入公共利益池中，平衡个人积极性与公共利益。混合体发明人不同于共同发明人，二者相同的是专利发明人都必须是自然人。二者不同的是，共同体发明人要求每一名发明人都是自然人，混合体发明人要求发明人是自然人，但自然人可以借助人工智能的赋能开展发明活动，并实现发明结果。

第二节　人工智能与著作权法的交互

关于著作权，对人工智能能否成为其自身衍生物作品的作者的争论起始于20世纪70年代。在人工智能还是一项概念的年代，1988年的英国《著作权、外观设计与专利法案》（*The Copyright, Designs and Patent Act*）就已经涉及了无人类干预的作品的著作权保护问题，也因此被视为世界上最早为人工智能作品提供著作权保护的一部法律（Lee，2021）。进入21世纪后，人工智能系统和机器学习已经成了我们生活的一部分，人工智能创作出的作品越来越多。人工智能与知识产权法交互最密切的就是著作权法。它们的交互存在两大问题。第一，人工智能技术能否成为其衍生物作品的作者？人工智能生成物作品总体上有两类：一类是人工智能这一先进技术作为工具帮助人类完成的作品，如人工智能3D打印完成的作品。这类作品本质上就是程序汇编完成的作品。另一类是人工智能按照任务导向完全由机器理性主导完成的作品，完成作品的程序步痕不明示或还做不到明示。一般学术讨论的人工智能生成物作品通常指的是第二类作品。第二，人工智能衍生物的作品能否受到著作权的保护？这个问题的另一种表述是，人工智能生成物作品能否成为受著作权保护的法律客体？

一、人工智能是作者

主张人工智能技术可以成为其生成物作品的作者的法学理论研究主要是从以下两个方面来论述的。第一，人工智能技术的自身特征使之具有作者的身份。第二，通过法律拟制为人工智能创制出作者身份。

传统上，知识产权法，特别是著作权法，是以人类作者为基础的，由人类创造性地、原始地、独立地创作出作品。这种表达是建立在“人”的思维、情感和认知上的。但是随着人工智能技术与系统的出现，现在很多作品有可能由算法独立完成，并没有人类作者在背后参与创作过程。人工智能系统作为自动化、自主化、先进的机器，会独立地、出人意料地、创造性地进行创作，在创作出什么和如何创作的问题上拥有自决和独立的选择。即使出现不良的结果，例如侵犯他人的权利或出现造假的情况，也可能是完全独立实现的，没有人进行干预，也无法直接指责任何人。创作艺术作品的人工智能系统，在某种程度上，融合了人工智能的各种特征。所以，主张赋予人工智能著作权的学者认为，人工智能系统独立自主地创作了作品，著作权法下的部分权利不能只赋予人类作者。也因此，就像在美国颇有影响力的以色列奥诺学院谢落米特·尤尼斯基-拉韦德（Shlomit Yanisky-Ravid）教授主张的那样，传统的著作权法可能并不再适用（Yanisky-Ravid，2017）。或者如英国萨塞克斯大学的准教师安德鲁·瓜达穆兹（Andres Guadamuz）主张的一般忽略作者问题，直接依赖原创性来把握是否对机器作品授予著作权保护（Guadamuz，2017）。这些观点的弱点在于，虽然不主张著作权是著作权法仅特别赋予人类作者，但其实质也是基于将法律人格赋予人工智能的假设之上的。这与一直坚持著作权是人权一部分的观点格格不入。

二、人工智能具有作者资格

随着技术的进步，人工智能系统越来越能够模仿我们曾经认为是人类大脑创造力的部分固有功能。人类对人工智能系统的研究，使得人类认为人工智能系统能够体验意识（Regalado，2014）。伦敦帝国理工学院工学教授伊戈尔·亚历山大（Igor Aleksander）曾提出了十几条关于人工意识的特征，包括意识和无意识状态、学习、记忆、预测、自我意识、意义的表现、语言、意志、本能和情感。人工意识方法的目标是探索机器的认知能力，确定是否以及如何在一台数字计算机等工程设备中合成与人类意识一致的各方面能力。这些机器与世界的互动方式与人类大脑相似。

这种方法下，人工智能系统被视为一个人，因此能够行使权利和承担义务。哈佛大学法学教授格伦·科恩（Glenn Cohen）认为，人工智能已经展现了许多人类特征，鉴于历史经验，我们应该认识到，机器人就应像人一样，拥有人权。这样的观点不仅反映了人工智能已经做了人类所能做的大部分事情，而且也反映了这样一个事实，即模仿人类智能的系统与技术可能已经远远优于人类的智能了（Cohen，2016）。

最近，一些西方学者已经接受了这样的观点，即人工智能系统的自主性、创造性和自发进化使得人工智能系统以及机器人嵌入式系统作为独立的法律实体，有权享有法律和商事的权利和义务（Chopra et al.，2004）。换句话说，人工智能具有自治性，是一个独立的法律实体，应该独立地为自己的行为或失误负责（Davies，2011）。这句话背后的意思是，人工智能具有多个特征，具有法律主体资格。持有这样观点的人，总体上缺乏对人工智能本质属性的深入研究，将人工智能表现出的一部分属性等同于人的属性，认同纯粹的“法律主义”观点，简单地将“人”与“自然人”混同，将人工智能与人类直接类比，并取部分结果作为对作者的法律构成要件要求。另外，也有观点主张人工智能系统类似于公司。公司是独立、非人类的法律实体，能够拥有合法的权利、利益和责任。然而，就像前一节中专利部分所讨论过的，这种思路缺乏被广泛接受的、稳定且完善的法理基础，也未必可以有效促进科技创新，因此依然饱受争议。

三、拟制的作者身份

鉴于人工智能的特性表现，能否像公司那样，按拟制公司或社会团体那样给人工智能系统规定相应的权利和义务？公司是受法律制度约束的法律实体，所受的法律约束包括知识产权法、商法、经济法、刑法等。若与公司这个法律实体一样，使人工智能系统具有了独立实施权利和义务，与人工智能实体有关的问题就演变成为：人工智能实体日益增长的智力，是否使它像其他法律实体一样，受到法律的规制与调整（Fisse et al.，1988）。基于这种思路，以色列奥诺学院刑法教授加布里埃尔·哈雷维（Gabriel Hallevy）提出，人工智能系统应该对系统所犯的任何罪行负责（Hallevy，2013）。除了刑事责任的部分，欧洲正在经历一场强烈思想运动，主张机器人应该纳税（Weller，2017），但最终还没就相关问题形成法律。如果从著作权法的角度来评估，人工拟制方法将导致人工智能系统对其产生的知识产权产品和工艺拥有所有权，尤其是完全体现其自主意识的著作权作品和专利发明。根据这种观点，人工智能系统是世界的主角，当自主行动时，是一个作品或产品的真正创作者或发明人。

有类似的观点强调，由于知识产权法的重点恰恰就是维护发明和作品创造者的贡献，机器应该被视为是著作权作品的作者。但是，这些观点不仅仅会颠覆几十年来人们对著作权的固有认知，也会引发一系列著作权法律问题，例如著作权期限、权利内容和责任范围的不确定性等。

四、人工智能非作者

主张人工智能系统不可以成为其生成物作品的作者的法学理论研究主要是从以下几个方面来论述的：著作权法内容、侵权责任、国际条约、法哲学、法经济学。

（一）基于著作权法

1. 从著作权法对作者定义的角度看

根据世界上大部分国家的现行著作权法，人工智能的源代码可以作为文学作品受到保护。软件保护延伸到原始表达，但不包括软件的功能方面，例如格式、逻辑或系统设计。受著作权保护的客体必须有原创的部分，因为作者必须通过自己的技能、判断和努力来创作出作品。无论是对一项作品的构思还是实施都不足以使一个人由此而获得著作权保护资格。但是，以美国为例，著作权法虽然赋予了作者权利，却没有对这个术语进行明确定义。

当人工智能系统作为作品真正的作者时，一种可能是，法律会将人工智能系统视为人类的共同作者，甚至是作品的唯一作者。著作权法赋予创作助手合著权，将他们纳入合作者的概念。当助手们在指定的工作范围内执行分配的任务、创作作品的，作者仍然是指导这些助手的人。如果助手们所收到的指令仅仅是一般概念，而他们能够独立设计自己的计划，则著作权法授予了这类助手单独的作者性权益，如署名权和确保作品完整性的权利。然而相对地，在人工智能领域下，人工智能系统虽然具有自治性和“黑箱”特征，但总是在执行人的命令，这不符合法律对助手们升格成为著作权人的规定条件。

美国版权局对登记著作权有着明确的要求，作品是“由人类创造”的作品，不包括在没有任何创造性的输入或人类作者的干预下，由机器或机械过程随机或自动运行出的作品（U. S. Copyright Office，2017）。美国版权局在1984年规定了著作权登记须以人类著作权为条件，又在2014年公布的最新《人类著作权规定》中明确指出：“作品必须由人类创作，人类才有资格成为‘作者’。”美国版权局明确不会为由大自然、动物或植物创作的作品登记著作权。同样，如果没有人类作者的任何创造性投入或干预，美国版权局也不会为由机器或机械程序随机或自动处理的作品登记著作权。同时，《安妮法》为反对保护人造产品提供了一个很好的论据（Bracha，2010）。

中国《著作权法》更是明确规定了作者只能是公民、法人或非法人单位。欧洲很多国家的法律也已体现了纳入对人机结合判定思想的考量后对人类作者的保护。正如《伯尔尼公约》主要相关论文的共同作者萨姆·里基森（Sam Ricketson）教授所说的那样，“作者必须是‘人类’是国家版权法中的一个长期假设”（Ricketson，1992），这将是一个重大的规范性跳跃。例如，1988年英国《著作权、设计和专利法案》（*Copyright，Designs and Patents Act 1988*）中采取的方法是，著作权保护是负责计算机创作的适当的人。就此，这些法律的明确规定和解析从本质上结束了人工智能系统作为其生成物作品著作权意义上作者的多年争论。

2. 从创作行为的角度看

人工智能本身绝不是创作力的源泉。相反，人工智能所展示的创作力，要么来自用于设计和训练它的算法，要么来自操作它的用户所提供的指令。机器学习使得人工智能以超越人类程序员手工实现的方式独立开发程序。大多数机器学习需要输入数据集，这通常需要对数据进行数字复制，对现有算法在被输入系统的数据下进行训练。一旦经过训练，该算法可以在输入作品的影响下再创造出一个作品。机器学习倾向于创建非常复杂的模型，以至于它们变成了“黑匣子”，使设计算法的人类程序员无法解读和理解它们是如何工作的（Rich，2016）。然而，人工智能系统背后总有一个人。阿瑟·米勒（Arthur Miller）教授就曾说过，“每一个机器人背后都有一个人”（Miller，1993）。人工智能系统归根到底还是辅助人类的工具，不能独立创作。

（二）著作权法立法目的

人工智能产生的作品是否在著作权保护范围之外，应该是项结论，而不是像一些学者研究的那样，是个起点。如果创作中体现的创作点是来自有效的外部激励，那么以激励创作为目的的著作权法就有义务去寻找适当的工具来赋予作品一定的表达价值，无论这个工具是人工智能、人类还是公司或其他社团组织。然而，问题的关键是谁是被激励的对象。著作权制度的根本意图不仅是保护独创性，更要保护和激励的是人类的创造力（Lee，2021）。总而言之，激励创作作品的对象总是人，而不是机器。同时，机器也无法通过经济或情感上的激励而获得创作的动机。

（三）权利人利益分配

大多数国家的现行著作权法不可避免地无法应对人工智能系统的生产力和创造力。一个重要原因是，太多的利益相关者参与了人工智能系统本身的创建过程，可能没有人是作品的主要贡献者（Yanisky－Ravid，2017）。对于传统作品，创作人或者在某些情况下，他们的雇主或委托商有权对他们创作的艺术品享有著作权。然而，开发下一代创造性人工智能系统涉及许多参与者，包括软件程序员和他们所工作的单位、那些委托程序员通过算法去生成作品的人、提供数据的培训人员、使用算法或系统的用户以及许多其他贡献者。软件的程序员可以享有对他所书写程序的著作权，但未必拥有人工智能系统所创造的未来作品的权利（Yanisky－Ravid，2017）。这一主张的核心是若人工智能没有法律人格身份，就无法获得财产收益权。

作品是作者思想灵魂的表达媒介，这也是欧洲学者坚持著作权是人格权的主要依据，人类作者不仅可以创作产品，而且可以解释作品表达的思想；人工智能可以衍生很多作品，甚至可能衍生出比人类更复杂、更完整的作品，但人工智能自己不能解释其中的精神含义，所以它不是严格意义上的作者，而其作品只能是堆砌而成，或许可以产生经济价值，但却不能产生思想。著作权法保护的本质是作品的精神内涵不容践踏与滥用。

第三节 人工智能侵犯知识产权

一、专利权侵权

随着人工智能技术的发展和普及，它所生成的产物造成的专利侵权问题不可避免。下面从专利法法律效率、公平与权责平衡、专利法中的伦理道德、专利法的政策几个方面来剖析这个问题。

（一）专利法法律效率

在探讨就人工智能技术产物实行专利保护的专利法发展路线问题时，几乎每一篇英文文献都会涉及法经济理论。通常，学者们会将法经济学与其他法学理论体系进行对比，再强调它的重要性。专利奖励与动机理论及保护效率是必提及的内容。

1. 科斯定理视角

在这些文献中，比较有特点的是舒斯特教授通过适用科斯定理，为专利体制的进一步发展提供指导性建议。科斯定理是法经济学的经典理论。根据该理论，如果交易成本为零，社会不需要法律。换言之，交易成本从不会为零，而法律应被设定为可降低交易成本，这样的法律才是有效率的法律。在这样的理论下展开分析，舒斯特教授建议将人工智能产物的专利权分配给人工智能的使用者（Schuster，2018）。

2. 功利主义视角

其他文献多是沿着功利主义理论，讨论如何有效通过专利保护促进人工智能技术的创新活动和对它的投资。专利机制实现创新效率平衡的关键在于，如何在激励发明人与分享知识和技术之间实现平衡。一方面，人工智能的所有者以及与它产生交互的多个群体都希望获得排他性权利；另一方面，社会各界希望免费获取到更多知识。对人工智能技术产物专利保护不足的最大危害是，有可能会损害对人工智能技术发展和应用的投资动机。也恰恰是投资人这个群体，最关注人工智能技术产物获取专利权的可能性。但这些人从功利理论中得到的支持非常有限，艾勃特教授通过整理学界多重说法，得出“功利论体系下，虽为人工智能提供专利保护在不同技术产业效果不一，但整体利大于弊”这一结论（Abbott，2016）。其中，具体的理由有如下四方面。

第一，使用人工智能技术进行创新活动的成本并不高，尤其是在软件行业中。美国的法经济学家和知识产权学者都反复提出过类似观点（Landes et al.，2003）。第二，根据经典法经济学理论“反公地悲剧”，过多的专利保护会阻碍社会创新。通过人工智能技术进行创新所造成的这个问题更加严重，因为机器的工作效率和水平都超过人类，但相关产物的更新换代又非常快。这就导致了第三个关键问题，阻碍有效竞争，进而阻碍创新。专利权不仅为专利权人增加保护成本，还限制了其他人进入相关行业和使用相关技术。这一理论不仅适用于软件行业，也适用于当今的生物技术领域。第四，专利无法为人工智能技术提供有效动机。就动机而言，艾勃特教授等人认为它在使用人工智能技术创新和开发时是失效的，因为专利无法为机器提供动机，即便专利法在授予专利权时看重的是发明结果而非过程。哈佛大学法学教授马克·图施奈（Mark Tushnet）早在对知识产权的经济分析中表示，创造与发明值得被鼓励的是过程，而非结果（Tushnet，2009）。

（二）公平与权责平衡

在对人工智能技术产物是否应授予专利权、专利权授予谁的问题探讨中，洛克的劳动理论被频繁提及。但是，有两点必须要注意到：第一，劳动理论本身不足以说服学者们为人工智能技术争取专利发明人资格。第二，劳动理论已经随着专利法的发展而被边缘化，目前仅被用于补充法经济学理论（Yanisky - Ravid，2017）。

由于人工智能技术在创新上相对人类的天然优势，学者们更多的是担心为它的研发成果提供专利保护会侵害公共利益。对美国专利问题研究的欧洲学者纷纷表示，除了专利权，公有领域也应该受到保护（Erickson，2016）。美国学者对同一问题的解读通常会回归到法经济学理论中来，认为不当的人工智能产物专利权会对其他创新人产生寒蝉效应，从而损害创新。杨百翰大学法学教授克拉克·阿塞（Clark Asay）曾明确表示，一旦专利法放开对人工智能技术的发明人资格要求，一切其他专利法的要求在资金的帮助下，对于人工智能技术来说都不再是阻碍，从而会形成“大企业专利越来越多，小企业拿不到专利，最后会放弃使用专利体系”这一割据局面（Asay，2020）。

权责平衡角度的讨论一般是欧洲学者而非美国学者进行的。他们分别以合同法下的对价理论和公司法理论进行了探讨。第一，即便给予人工智能技术产物专利权保护，它们对社会创新的贡献度还是无法满足专利法的期待，这是由技术的不透明特性所造成的，从而违反了合同法的对价交换原则（Denicola，2016）。第二，关于通过与人工智能技术的交互而创新，特拉维夫大学法学教授阿米尔·库利（Amir Khoury）等欧洲学者认为，由于人工智能技术的高自主性而造成的人与机器交互程度有限，很多交互群体对消费者、其他专利持有者的权利和义务也有限，可能不为机器的行为承担包括专利侵权在内的多种法律责任。因此，他们也相应地呼吁，不给予人工智能技术产物知识产权保护（Khoury，2017）。

（三）专利法中的伦理道德

在对专利法进行讨论时，除了以合规和效率为目的，众多法学家都呼吁专利法和政策制定者在处理人工智能技术产物的保护问题上，需要考虑人工智能正在造成的伦理道德危机。伦理道德危机是从人类中心主义的人权而来，“人类至上”是地球人类的第一原则。

伦理道德危机主要来自授予人工智能技术成果专利权而对人类创新能力所产生的负面影响：第一，新颖性和创新性水平被提高，人类不仅无法超越而且甚至无法达到机器的创新水平，从而专利系统对人类发明人作用失效。第二，大量创新技术被人工智能技术掠夺走，公众所能免费接触到的知识范围被缩小。第三，对未来的人类发明人形成阻吓作用，损害人类发明人的发明动力与积极性，违背基本伦理道德初衷。

（四）专利法的政策

法律的实施是受政策影响的，专利法的实施同样不能例外。虽然人工智能技术是否会获得发明人资格，它的产物是否被会被授予专利权、授予谁，最终是由当政政策制定者来把握，但如以上讨论的思路显示，学者们从未放弃通过对伦理道德或不同经济发展路线来辅助和指导政策制定者作出决策，这也是因为对人工智能技术的发展把握是一项政策问题。

专利制度的最终目标是通过披露将新的发明或创新设计和技术引入公共领域。换句话说，专利保护有两个功能：激励创新和确保公众获取知识。人工智能似乎很难满足这两个要求。为了有效地激励创新，专利法规定了奖励，奖励应该足够高，以促进创新，并涵盖发明者的研发成本、失败的可能性和意想不到的障碍。

遗憾的是，由于奖励和成本之间的权衡严重依赖于实际情况，传统的功利主义理论只能提供有限的指导。经典功利主义理论在交易成本低到足以被忽略时最有效。然而，交易成本，例如专利检索，将不可避免地随着人工智能发明数量的增加而增加。另外，如果交易成本增加太多，创新的动机可能无法抵销这些成本。在这种情况下，创新将会停滞。

总而言之，依据现行法律和众多学者的研究，其结论倾向于不能授予人工智能的专利法主体地位。对于人工智能生成物能否成为被授予专利的法律客体，除了受人工智能生成物这个主题资格和技术条件要求外，还要受到发明人主体资格的影响。由于人工智能本身的黑箱行为及专利审查关于专利主题资格及技术要求理解的模糊性，人工智能生成物能否成为专利权保护的客体具有不确定性。

二、著作权侵权

人工智能技术如果享有作者权利，也自然要承担著作权法下的法律责任。

特拉维夫大学教授汉诺赫·达根（Hanoch Dagan）与哥伦比亚大学法学教授迈克尔·赫勒（Michael Heller）就曾提出，知识产权等财产所有权不仅仅是排除他人享有、使用或许可所带来的利益问题，也要考虑到其他人和组织在有权利的情况下使用它而承担的责任问题（Dagan et al.，2001）。

（一）侵权责任分配

当深入讨论涉及人工智能系统的著作权侵权责任时就会发现很多问题。美国乔治城大学法学教授戴维·弗拉德克（David Vladeck）曾表示，虽然人工智能的核心是算法，但算法背后的程序员、训练员等人已经成为涉及人工智能系统造成损害和触及其他法律（例如刑法或侵权法）的重要关联人物（Vladeck，2014）。因此，学术界讨论的问题依然集中于，当人工智能系统独立创作出诸如艺术作品之类的利益，或造成人身或财产损害伤害时，该如何在人类之间进行权利和责任分配。

除了考虑人工智能生成物的侵权责任问题，人工智能系统在运行过程中也会涉有著作权侵权风险。训练人工智能所使用的资料是否需要从资料作者处获得著作权许可就是另一项重要的问题。除非可以认定使用人工智能来接收和处理资料属于合理使用，否则根据资料类型与来源，很有可能会被视为著作权侵权。这个问题的核心依然是如何在人工智能系统后面的人类间分配责任，而人工智能技术本身是否要作为共同责任人这个元问题就显得不那么重要了。

虽然在确立责任方面还有很多诸多困难有待解决，但一些情况下著作权侵权责任在人工智能领域是可以被有效排除的。人工智能技术会创作出一些非表达型的作品，这时可以被视为不侵犯其他著作权的转换性使用。非表达型的合理使用在人工智能领域适用甚广。例如，相关技术允许将图片制作成缩略图，以方便互联网搜索，这样的技术比源代码检索更进一步。此处，表达性元素被复制并以微型形式呈现给公众，但由于是用以检索而非表达，很可能因构成转换性使用而不被视为侵犯著作权。这样的人工智能技术甚至还可以维护著作权系统，例如通过在网站上寻找特定的图像来检测与监测盗版活动。

（二）国际条约

国际条约是著作权实施的一个重要法源，波士顿大学法学教授乔治·J. 安纳斯（George J. Annas）首次从这个角度，以人权为切入点，探讨了人工智能和著作权的交集。在18世纪至19世纪浪漫主义作家们的强力影响下，保护作者的人权已经成为现代著作权制度的一项支撑。安纳斯认为，毫无疑问地，欧洲作者对自己的作品享有自然权利，这一观点也在被作为一项人权庄严载入

《世界人权宣言》时而得以普及（Annas，2000）。《世界人权宣言》保护作者因科学、文学或艺术作品而产生的精神和物质利益。但是，安纳斯也遗憾地表示，虽然对机器和其产品提供著作权保护的正当性已经成了广泛被争论的主题，但却尚没有人能够深刻而有力地论述机器是否应该拥有人权。根本性地说，这又回到了问题的最初，是否应该赋予人工智能法律人格。如果人工智能没有赋予法律人格，人权这项著作权的灵魂就与人工智能没有任何关联。

（三）法哲学理论

1. 劳动理论

洛克劳动理论阐述了劳动成果归属于个人的正当性。不言而喻，这里所指的劳动是人的劳动。洛克在《公民政府论》第二篇中写道："每个人都有自己的财产，这个人除了自己，没有任何权利。他身体的劳动和他自己双手的劳动，我们可以说，恰恰是属于他的。"（Locke，1986）因此，根据洛克的劳动理论，一位作家对他的劳动创作果实有一种与生俱来的权利，就像对自己思想和灵魂的果实一样。这样，依据洛克的劳动理论，找不到支持人工智能对其生成物作品享有作者资格的根据。

2. 人格理论

康德认为，理性与智能是两个概念。理性，包括纯粹理性和实践理性，它区别于且高于智能。人是理性的，虽然这并不完美，但不减损人的自主性，人可以作出理性选择。毫无疑问，人工智能具有智能，但尚不具备完备的自主性。虽然有的学者认为人工智能具有自主性，其实那只不过是"黑箱"行为罢了，但黑箱行为不能替代理性。所以，人工智能并不具备真正的理性，也就不具备康德所说的人的必备要素。同样，由于人工智能系统不具备完备的自主性，它也就不具备自由意志。基于康德工具目的论，人工智能受算法和交互群体的影响，必然摆脱不了工具的地位，所以注定它成不了法律上的"人格"。

人格理论是以黑格尔认为财产权是人格发展和实现的手段为基础的（Hegel，1996）。他的经典理论是"一个思想属于它的创造者，因为这个思想是创造者人格的表现"。人工智能的创造归根到底是被一个个算法的逻辑所左右，而不是基于所谓的完全自治性而产生。所以，我国有多位学者认为，人工智能系统不能对其创造和发明享有专利权，相关专利权应该完全归属于人类。这一逻辑同样适用于创作作品与著作权。

3. 经济学理论

经济学学者认为，设立知识产权的初衷是激励创新，这个激励的对象是发明与创作背后的人。一旦了解了激励机制的性质，就会明白我们需要人工智能，也非常需要促进人工智能技术与系统的发展。在这种情况下，所有权可能是实现这种激励的最有效工具。所以，需要鼓励由人类控制人工智能系统的功能，并为其结果承担责任。相反，我们并不需要激励机器人或人工智能系统来促进其运转，因为激励人工智能系统通过内部编程而去生成作品是毫无意义的。人工智能系统不像人类，创作文学作品或设计出艺术品不需要由激励而产生，它们也无法对无论是经济上的激励还是情感上的激励作出反馈。但是，人类程序员却实实在在需要激励来创造和开发高级的自动化人工智能系统，管理者与投资人也同样看重著作权，借此来对他们的工作进行评估和考察。

然而，积极就人工智能系统的著作权给予人类保护也同样存在问题。在通过无数作品对人工智能进行训练的环境与过程中，过量的著作权会使得在电子产业中由于知识产权壁垒而频出困境——碎片化的私有权保护下的“反公地悲剧”可能也会在这里发生。著作权法如何对待这些数据集的使用将决定人工智能产生的作品是否能够可靠地发展，而免受持续的诉讼威胁。如果这种威胁突然变成了实质的著作权侵权责任，这甚至可能削弱很多的市场创新主体的创新动力。

同时，从长期角度来讲，人类加强对人工智能的依赖可能会继而减少自身的创作与表达。人类交流是作者作为一种社会实践的关键点，事实上，这也是人类一种必备的生活条件（Craig et al.，2021）。从新闻报道，到音乐、小说、画作等艺术创作，再到所有科技领域的发明，我们越是依赖机器来完成那些对我们来说非常人性化的创造性和创新性任务，我们就越有可能缩小我们个人和集体了悟真我的可用空间。用一个简单的解释性比喻，当我们越来越少地使用创造性和创造性的“肌肉”时，它们就会缩小、退化。这就对人类自身的创造性和发明性造成极大伤害，人类自主性就会退化，逐渐丧失神圣性。创造性和发明性是人类进步的“根源”，法律应该以促进人类进步为目标，而不仅仅是一时的技术变革。

总的来看，经济学理论在分析知识产权正当性问题中正被美国法学学者广泛使用，但这种广泛使用却在道德等方面一直制造麻烦，如讨论著作权中的各类人权问题。无关结论与立场，单纯从理论依据来说，人权问题也的确是人工智能知识产权法律地位的主要考虑依据。这也是为什么现在很多人仅凭生活经验和道德方面的直觉就会认为人工智能系统、复杂的机器人和机器不应该拥有权利和义务，也不应该拥有著作权。

第六章　人工智能法律责任分析

经过70余年的发展，人工智能技术在工业和服务领域都得到了广泛应用。今天，我们与许多人工智能技术打交道，如人工智能型机器人清洁工，搬运工，装配工，质检员，安检员，护理人员，人类工作助理，巨大、远深、细+微+险+危的环境探索中的人力替代者，符号文字分析加工者，拟人服务者，还不可避免地会频繁与人工智能型搜索匹配系统、大数据分析处理系统等打交道。今天的人工智能实体，已是现代社会的重要组成部分，将来更是如此（Evans，2019）。

人工智能给人类带来的福音注定了人工智能在发展的道路上不会停下来，而其机器理性所产生的行为后果也必然会引发法律对相关责任归属作出安排。有行为就会有侵害，有侵害就期待有救济。像任何新技术一样，一旦人工智能被广泛采用，就会有人受伤，就会有法律主体对此负责，这就是社会存在与发展的力量平衡。人工智能的法律责任主要体现为人工智能实体对人或社会造成严重的伤害所必须承担的责任。在现代法律体系中，由于机器理性的出现，人们担心“他们正在造成破坏，而且随着他们介入我们的家园和工业程度的增加，势必造成更多的破坏”（Cerka et al.，2015）。这种所谓的破坏就是人工智能技术对人和社会产生伤害和侵权，以及行为后果的法律责任归属尚不清晰而给社会秩序带来的不确定。正如国务院2017年发布的《新一代人工智能发展规划》中所提示的，要“开展与人工智能应用相关的民事与刑事责任确认、隐私和产权保护、信息安全利用等法律问题研究，建立追溯和问责制度，明确人工智能法律主体以及相关权利、义务和责任等”。

在探索人工智能与法律之间关联与界限的文献中，有相当一部分学者采用了狭义人工智能（或弱人工智能）与一般人工智能（或强人工智能）之间的区别（Guihot et al.，2017；Vallor et al.，2017）。由于超级人工智能尚未出现，对于能否出现和出现后应如何规制也尚未有明确规定。已有学者从刑事责任及民事责任角度对人工智能实体行为开展法律责任归属构建。值得注意的是，无论是否赞同对人工智能赋予法律主体地位，有相当一部分学者在研究人工智能实体法律责任时基本上已自觉或不自觉地把人工智能的自主性、智能特征等同于自然人具有的自主性与智能特征，正如前面章节所分析，而这是有根本区别的，也是争论的焦点之一。人工智能法律责任主要体现在三个领域：第一个是知识产权领域，这在前面人工智能与知识产权法律分析章节已充分讨论过，就不再重复；第二个是人工智能犯罪的刑事责任；第三个是人工智能民事侵权责任。本章主要对刑事责任和民事责任展开分析。

法律责任既涉及了刑法，又涉及了民法，但刑法与民法奉行的原则是不同的。刑法奉行罪刑法定下的惩罚与保护，而民法奉行的是法律规范范畴内意思自治下的侵权与救济。在分析人工智能实体行为的刑法责任和民事侵权责任时遇到两个问题：一个是人工智能是否具有刑法意义上行为人的资格与地位，另一个是如果人工智能不具备刑法意义上行为人的法律资格与地位，那么人工智能实体实施侵害行为的刑罚责任应归属谁，为什么。

本章在总结与评述前人研究的基础上，重点对人工智能实体行为产生的法律责任进行分析（见图 6.1）。现实主义者把法律追溯到政治，自然法传统的倡导者把法律追溯到伦理学，马克思主义法学者与法律经济分析专家把法律追溯到经济学，技术决定论学者把法律追溯到技术等，我们则以综合简明的角度来分析这一问题。

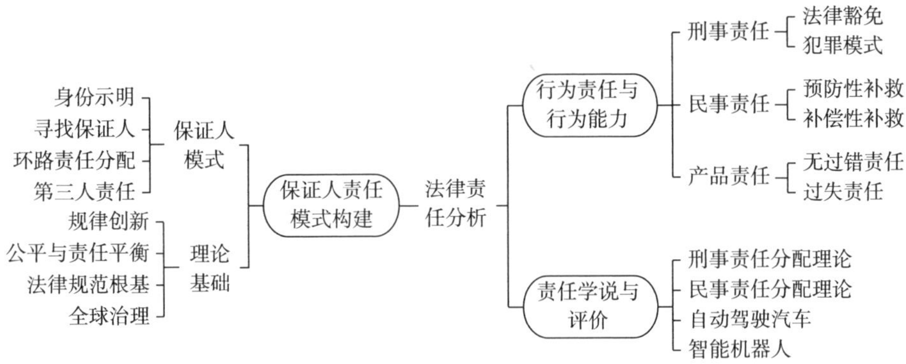

图 6.1　人工智能法律责任分析思路概况

第一节 法律行为责任与行为能力

一、刑事责任

在每个法律体系中，无论是普通法还是成文法，当个人的行为危及社会的基本要素时，都会受到刑法的惩罚。无论对受到伤害的各方给予何种补偿，这都是事实，因为总体而言，这种有害的行为会对社会规范产生预警。社会赋予惩罚的权力是基于这样一种逻辑：谋杀、绑架或盗窃案件所造成的伤害会影响整个社会（Pagallo，2013）。刑法设立的目的，一是惩罚犯罪，二是保护法益，而二者并不是孤立分离的，是一个硬币的两面。一直以来，有很多不同的原因，可以解释为什么惩罚被认为是合理的。通过刑法使罪犯受到惩罚，既可以阻止罪犯再犯罪，也可以阻止其他人犯下这种罪行，或作为一种方式，重新教育犯罪的个人。刑法体现了现代文明中最强有力的法律社会控制。在刑法体系中，大多数情况下，人们对人工智能的恐惧，是基于人工智能不受法律约束这一事实（Hallevy，2010）。

法律责任是指任何不被禁止的事情都是允许的。自古罗马法以来，法律责任实际上是由亚里士多德的思想所决定的，其主要关注的本质就是某一行为、事实、原因和最有可能的结果（Pagallo，2013）。在刑法中，这项原则与欧洲大陆总结的豁免条款有关，存在这样一个定式："没有刑法，就没有犯罪，就没有惩罚"（法无明文规定不为罪，即罪刑法定）（Pagallo，2013）。尽管某些行为可能被视为道德上的错误，例如，窥视个人隐私，但一个人只有在明确的刑事规范的基础上，才需要对相关行为承担刑事责任。俄亥俄州立大学乔舒亚·德雷斯勒（Joshua Dressler）教授曾解释过，要使一个人承担刑事责任，必须存在两个主要因素：第一种是外在的或事实的因素，即犯罪行为（actus reus）；第二种是内在的或心理的因素，即知识或一般意图相对于行为的因素（mens rea）（Dressler，2007）。如果这两个主要因素有一个不成立，就不能追究刑事责任。犯罪行为要件主要表现为作为或不作为（Moore，1993）。杜丝勒特别补充过，有时行为之外还需要其他外部因素，例如该行为的具体结果和该行为所依据的具体情况，对犯罪意图的要求有不同程度的精神因素（Dressler，2007）。

对于内在的或心理的因素而言，刑法要求行为人能够以理性认识自己的行为，即具有辨识自己行为的性质、意义、作用和后果，并对行为过程能够控制和承担后果的能力，这就是所谓的刑事责任能力，亦可称为行为人辨认能力和行为控制能力。刑事责任能力是构成犯罪的必要条件，即犯罪必须是具有责任能力的行为人所实施。外在的或事实的因素是行为的结果具有社会危害性，达到惩罚的界限，这是犯罪的充分条件，即单纯的主观行为不构成犯罪。在判断行为人的行为是否构成犯罪时，一方面需要判断行为主体是否具有刑事责任能力，另一方面需要判断行为主体实施的行为是否具备严重的社会危害性，以及是否具备诸如罪过等其他构成要件（刘宪权，2018）。

其中，对于理性的部分，康德用自我意识解释过人内在的或心理的因素，“只有人意识到自己，他才能理解自己的自由，遵循自己的意志是他每一个行为的原因”（Froomkin et al.，2015），这就是理性。

对人工智能实体的法律责任能力与法律行为能力分析亦不例外，外在的或事实的要素很好辨识，这是事后的客观结果或过程表现。关键问题是，确认责任主体是谁。确认人工智能实体的刑事法律责任主体有一些困难。该困难在于，一方面是刑事责任主体确认与责任分配还没有清晰、成熟的法律规则，另一方面是机器理性能否构成犯罪。这两个困难就是内在或心理层面的要素。

（一）刑事责任形式

罪刑法定原则和以审判为中心的原则本质在于“法不禁止则自由”，法不禁止的自由不受法律的约束。这样的原则体现了刑罚的目的，保障个人免受非审判行为的侵害，同时根据法典或法规中的具体规范追究犯罪行为人的刑事责任。这就是为什么人工智能出现时要有立法干预，增加新环境和新犯罪的法律监管。

（二）法律豁免

刑罚的目的是保证个人互动中的公平竞争，防止个人的任意行为。由于道德和伦理的制约，刑罚不是没有边界的。民法则与刑法相反，类比或拟制在这个领域扮演了一个关键的角色，通过类比可以使用代理或拟制。例如，人与人之间合同无效的情形，可以合法地适用于代理人情况中。这种不负责任的拟制形式应与事后确立豁免的情况区分开来。在成文法中，处于法律边界被排除的成为豁免，而在普通法中则被视为安全港条款（Pagallo，2013）。这些条款的含义还会因法律体系的不同而不同。

法律和伦理道德的界限由刑事处罚来划定，法律豁免就是划定这个界限的关键。法律豁免是依据法律规定，对行为人给予他人和社会带来的危害免于刑罚。对于理性能力方面的要素，刑罚对不健全理性的人给予了刑罚豁免，例如我国《刑法》规定，精神病患者及不满12周岁的人不负刑事责任。对于行为方面的要素，刑法规定了刑罚的门槛，如轻微伤害不构成犯罪。那么，人工智能实体构成犯罪时存在豁免这个情形吗？自从20世纪80年代机器人出现杀人和20世纪90年代计算机犯罪开始，对于人工智能实体犯罪行为的刑事惩罚如何处理越来越引起人们的关注。关于刑事豁免，核心问题是人工智能实体刑事犯罪是否符合豁免条款。据前面章节的分析可知，人工智能在法律坐标系中存在三种位置：一种是具有完全法律人格的法律主体地位（实际上这是不存在的，或者说，在人类中心主义法律体系中是不存在的）；第二种是通过类比或拟制的方法，视人工智能为人类的代理；第三种是人工智能为法律客体。

（三）人工智能具有完全法律主体资格的情况

人工智能已不再囿于机器理性的特征，有主张认为可以赋予人工智能为完全的法律主体资格。现在有学者认为："鉴于智能机器人可以深度学习，从而可能产生自主意识，具有辨认能力和控制能力，应将人工智能定义为具有智慧工具性质又可做出独立意思表示的特殊主体。"（袁曾，2017）那是否意味着人工智能将会具有了与人类一样的自由意志和理性，从而在法律上具有能够支配法律客体的地位？虽然这种情形目前还出现在科幻中，而一些学者在研究人工智能法律关系时已把这种科学幻想带到现实。事实上，欧洲议会曾在2017年在其反对赋予机器人人格的建议中特别提到这一事实，并指出机器人不是能够支付债务而充分运作的社会成员。虽然本书作者不建议人工智能赋予法律人格资格，但分析一下法律豁免是否对人工智能适用也许会对这个问题加深理解。

假设当代社会已发展到技术使人工智能摆脱了法律豁免的边界条件，人工智能也已摆脱弱人工智能的禁锢，且获得了与人同样的理性。获得完全法律主体资格的人工智能虽然没有生物肌体的限制，但具有完全的法律识别和法律行为能力，很清楚知道、理解行为后果对人和社会带来的影响，要对自己的行为承担不利的法律后果。当人工智能完全具有了满足刑罚的理性要素条件时，人工智能不能取得法律豁免的资格条件。

然而，伦理规则不允许强人工智能拥有法律豁免的资格条件。伦理是法律的自然支撑，法律的生命在于实践，离开伦理的法律实践是虚无的。正如乌戈·帕加洛（Ugo Pagallo）在其《机器人的犯罪、契约、侵权法则》（The

Laws of Roberts：*Crimes*，*Contracts and Torts*）一书中所阐述的法律精神："1948 年《世界人权宣言》第 1 条总结了当今的法律框架：'人人生而自由，在尊严和权利上一律平等。他们被赋予了理性和良知，应该以兄弟般的精神相待'。虽然自然人的责任取决于他们的'理性和良心'，但不能剥夺他们在某些权利背后的法律人格，尽管他们患有严重的心理疾病或情感和智力不成熟。又例如 1989 年的《联合国儿童权利公约》所述，一个人可能拥有不负责任的权利，就像年幼的儿童一样，但是，既然奴隶制已经废除，相反的情况应该视为被法律所禁止的。人类法律人格的确立条件也考虑到行为人始终拥有自己的权利，如人权、基本权利等。"（Pagallo，2013）法律从等级制走向人人平等制，不会再将获得豁免的人工智能实体置于人类之上。人工智能没有情感，没有长幼，既不是人类的幼崽，也不是人类至尊。人类不会将其神圣性让位于人工智能，调解人与人之间关系的法律自然不会豁免具有法律主体资格的人工智能对人和社会的侵害。

（四）代理人不能获得豁免

寻求代理一直是人类的传统做法，包括法律代理。代理，包括人工智能代理在内有各种各样的形式。使用代理是基于这样的假设，即它们的主要目标是为人类提供各种直接或间接服务。然而一旦超过服务这个目标，就不再属于代理的范畴，就更不用说人类的代理了。对于人工智能来说，这个界限就是机器理性，一旦突破机器理性，就不再属于这个目的，原因就是人工智能有了自由意志，机器理性已经转变为理性，这将改变法律的一切。人工智能是否能够具有自由意志，科学家对此有两种对立的看法，技术决定论学者把法律追溯到技术，如果真到了那个阶段，恐怕法律就不再会被人类主宰。

从法律上来说，当一个不懂事的孩子、一个精神不健全的人，或者一个没有犯罪心理的人发生犯罪行为时，要通过另一个人承担民事责任。这就是法律代理人形式，即责任人和行为人之间存在的某种特定联系，由于行为人的行为对社会或他人造成了伤害，由责任人来代替行为人承担相应责任（杨立新，2018）。即使是那些提倡法律类比，而不是代理学说观点的学者，或者根本没有开展特定类比的学者，也经常使用"人工智能代理"这个术语（Lior，2020），主要是由于伦理关系，责任人承担了犯罪或侵权人的行为责任。然而在刑事犯罪的语境下，人工智能法律责任的代理人制度不应成为刑法豁免的盾牌。一方面，是因为人工智能实体与人类没有伦理的关系；另一方面，是因为在代理关系下，豁免的是责任人的刑事责任，而不是行为人的责任。这其中被豁免的恰恰是人工智能这一行为人的角色，而不是责任人角色。代理人豁免等于责任人拿到了免死盾牌，击溃了“法律面前人人平等”的法律基础。

（五）人工智能拟制法人不能获得豁免

一些学者认为可以通过类比的方法对人工智能拟制法人地位，但人工智能即使获得公司法人的地位同样不能获得刑事责任豁免。首先，公司法人不能置身于法律之外。自 14 世纪以来，形式多样的公司已经存在（Holdsworth，1926）。实际上花了几百年实践才让公司服从法律，尤其是刑法（Weissmann et al.，2007）。在过去，人们曾非常担忧和害怕公司及其犯罪的能力（Coffee，1981），现在公司是刑法和公司法管辖的法律实体，这种恐惧已经大大减少了（Fisse et al.，1988）。曾经有几百年，法律规定公司不受刑法管辖，这是受罗马法的启发（Holdsworth，1922；Hunt，1936）。直到 1635 年，英国法庭才敢对一家公司强加刑事责任，这也是社会发展所不可避免的规律。公司完全参与人类生活，不遵守人类法律是令人愤慨的，因为违法行为是由公司决策人或通过公司内部人实施的。但是公司既没有身体，也没有灵魂。在法律上制定解决办法，以便在刑事责任方面，它们被视为能够承担刑事责任的所有要求的主体，包括客观要件和主观要件（Pollock，1911）。

其次，公司受制于法律约束时，约束的对象不仅仅是公司本身。我国，对公司犯罪实施双罚制，不仅公司自身受到惩罚，公司的决策人、执行人同样也要受到惩罚，其实最根本的还是使自然人受到惩罚才能实现刑法的功能与目的。人工智能实体即使被拟制为公司法人而具有法律人格，在刑法体系中同样不能获得豁免的资格条件，这不仅仅是人工智能实体本身的问题，而且亦是牵涉整个法律系统的重构问题。如果被拟制为公司法律人格的人工智能实体不能获得豁免而必须由其责任人来承担责任，这又相当于回到了失败的代理人模型中。

（六）犯罪模式

1. 故意犯罪与过失犯罪

故意犯罪是行为人明知自己的行为会发生危害社会的结果，并且希望或者放任这种结果发生所构成的犯罪。刑法以处罚故意犯罪为原则，以处罚过失犯罪为特殊。故意犯罪，应当负刑事责任。故意犯罪往往不考虑结果，只要有主观故意，即可构成犯罪，结果只是对量刑有影响。我国《刑法》第 16 条规定：“行为在客观上虽然造成了损害结果，但是不是出于故意或者过失，而是由于不能抗拒或者不能预见的原因所引起的，不是犯罪。”这条规定反映出，哪怕产生了多么严重的损害结果，无论行为人是否具备完全的刑事责任能力，只要造成这种结果的行为人没有故意或过失，行为人都不构成犯罪。也就是说，行为人是否犯罪完全取决于他在主观方面是否具有罪过，即故意或过失。

过失犯罪是应当预见自己的行为可能发生危害社会的结果，因为疏忽大意而没有预见，或者已经预见而轻信能够避免，以致发生这种结果的。过失犯罪法律有规定的才负责任，而且必须是过失行为已经给社会造成危害结果，没有造成不会构成犯罪。

2. 无自我意识的人工智能

无论是故意犯罪还是过失犯罪，人工智能本身都不能承担起刑事惩罚的责任，因为刑事惩罚是对人的灵魂冲击，但人工智能没有灵魂。人工智能的核心表现是嵌入程序的具象化，无论是对程序的改写还是删除，对人工智能而言只是任务导向的具体任务调整而已。因此，对人类处以刑事犯罪的惩罚方式对人工智能本身而言没有丝毫作用。如果排除与人工智能交互的自然人，人工智能没有意识，既没有故意犯罪，也不存在过失犯罪，更不存在犯罪中止。

机器理性可能犯罪吗？在美国和其他多个现代国家的刑法体系下，要使一个人承担刑事责任，必须存在两项主要因素：第一种是外在的或事实的因素，即犯罪行为；而第二种是内在的或心理的因素，即相对于行为的因素的一般知识或意识，也可被视为理性。二者缺一不可，在法律关系的坐标中，人工智能是法律客体，不具有法律人格，只有机器理性不产生主观意图或理性，所以人工智能自身不会犯罪。但人工智能所具备的有限机器理性可能对人和社会形成伤害，从而使其承担民事责任。例如，非法杀人是所有社会中最令人发指的罪行之一，这种杀人分为谋杀和过失杀人。过失杀人最初是普通法的产物，后来被纳入许多司法管辖区的立法（Solaiman，2016）。然而，现在司法机关已经认识到“机器人不能被起诉”，即使“它们可以造成毁灭性的损害”（Miller，1993）。

依据以上的分析，现在的社会普遍认为人工智能本身不能被起诉。那么人工智能实体是否会存在犯罪？答案是一定的，犯罪行为人其实是人工智能实体背后的人。如果程序员、培训者、长期用户等人工智能的交互者将法律禁止的法律规范或数据嵌入人工智能的程序或模型中，就会在人工智能的具象中存在故意犯罪。如果这些人工智能的交互者由于过失将不适宜的法律规范作为模式或数据嵌入人工智能的程序或模型中，就会在人工智能的具象中存在过失犯罪。

二、民事责任

人工智能实体的民事侵权责任主要体现为人工智能实体由于自身行为对他人或社会造成了严重的伤害所必须承担的民事责任。在权利义务关系的现代法律体系中，有侵权就有救济，没有救济也就没有权利。

广义上的救济是指司法机构能够为受到伤害或受到伤害威胁的个人所做的任何事情（Lemley et al.，2019）。也就是说，一旦被侵害者根据有关主要权利和义务的法律被判定受到伤害，法律必须为这些权利和义务提供有意义的补救措施。如果没有补救办法，合法性和非法性仅仅是名义上的区别，或者，用更简洁的措辞来说，“没有补救办法就没有权利”（Pollock，1898）。然而，原告想要的往往是法律体系不准备给予的东西。这种主张的动机在于他们可能希望自己主张的“正义”得到伸张，又或者，他们可能想向被告或其他人传递一个信息，一个按自己的思路辨析对错的信息。通常情况下，持有这类想法的人想追求的，或想结束或撤销错误，通常是法律系统不仅无法给予他们的，而且诉讼过程实际上会使情况变得更糟（Lemley et al.，2019）。补救的目的是试图恢复到没有发生侵权的状态，而这实际上是不可能的，因为不可能实现穿越。伤害的状态已达成，极有可能无法恢复到原态，这时需要法律与道德共同发挥作用。“只有当违法的后果比遵守法律更痛苦时，某些人才会遵守法律，但是，某些人无动于衷，并不能消除这种说法对我们其他人的道德力量。”（Feldman，2018）

通常有两种基本的补救措施，一种是“补偿性的”，另一种是“预防性的”（Laycock et al.，2010）。所谓预防性方法，就是通过法律命令，即勿为或必须为的方式，禁止或防止这种侵权行为发生。它可以起到使原告或被告处于合法地位的作用，或改变导致伤害的现有结构，实施积极的改变。这常被视为规范的方法。大多数这些预防性措施，都是通过明确的规范设计来改变人们的行为。然而，当侵权伤害不是由人造成的，而是由人工智能实体造成时就比较复杂。

因此，为人工智能实体设立预防性措施，是十分必要的。如果人工智能具有理性和自由意志，必须清楚告诉其法律不可逾越的红线。对于具有机器理性的人工智能实体，作出这样的安排更是不可或缺的，使得赋予人工智能实体机器理性的程序开发者、制造商、拥有者、使用者等人工智能交互者清楚知晓哪些是支配人工智能实体的红线，不能超越红线，超越红线必遭法律禁止。然而，仅仅使用预防性措施是不能解决所有问题的，特别是对于缺乏价值判断认知能力的人工智能更是如此。人工智能的机器理性即使在交互者没有主观故意或过失的条件下，仍然可能产生侵害行为。禁止机器理性就等于彻底禁止了人工智能的应用，也是不可能的。

所谓补偿性补救办法，就是有侵权就要赔偿，排在预防性措施之后。因为预防性措施是解决“应该是什么”的问题，而补偿性措施是解决“如何做”的问题。对原告造成的损害进行赔偿，这种观点与财产法的规定是一致的，这种方法通常与责任联系在一起，而不是财产规则（Calabresi et al.，1972）。在“补偿性”的救济措施中首先要确定的是赔偿的原因是什么，然后究竟由谁来赔偿。赔偿也可以采用多种路径，包括经济办法、非经济办法等。

经济办法主要包括两类。一类方法是对被侵害者给予金钱赔偿。这或许能平衡一些被害者的心理，但纯粹的金钱救济，也许扭曲了损害赔偿，因为它与道德伦理脱钩，特别是人类的侵权行为不是法律首要问题的时候。另一类方法是没收侵害行为人的收益。让被告保留这些收益是不公平的，它实质上是鼓励了侵害的行为。传统法经济学的观点会认为实体法的衡量标准不应与道德疑虑混为一谈，而只是简单地与其补救措施共同存在，不多也不少。但这可能是一个基本观点，不能解决全部问题，因为法律具有明显的规范基础，法律是人的法律而不是物的法律。

相对于经济办法，还存在非经济办法。经济赔偿只是狭义人权赔偿的一个要素，人格权的伤害远不只金钱就可以平衡。在人工智能实体伤害的案件中，纯粹进行经济赔偿，并不是特别有效。我们应该避免判断错误，尤其是当人类行为不是法律案件的首要问题时。例如，针对伤害性不大而具有较大侮辱性的犯罪，只有金钱补偿是不足的，也许道德伦理措施的悔过、道歉等方式更加有效（Wang，2021）。

斯坦福大学教授马克·莱姆利（Mark Lemley）与其同事布赖恩·凯西（Bryan Casey）曾使用“行人如何决定在红绿灯下过马路”的现象形象地阐述了“预防性”和“补偿性”措施（Lemley et al.，2019）。根据法律规范，红灯代表禁止通过十字路口，对违反禁令的人给予罚单或罚款。红灯亮时代表阻止行人闯红灯。法律只惩罚那些被抓到的人，希望以此威慑其他人。然而，在法经济学观点下，绝对禁止闯红灯从来不是意图。相反，红灯只是对那些选择穿越交叉路口的人发出一个结果的信号。就像第一种情况一样，补救措施就是罚款或罚单。但在这种观点下，是否违法取决于违法者是否愿意接受惩罚。但莱姆利与凯西只是从行为人角度讲了“预防性”和“补偿性”的道理，从被害人角度讲，由于行为人违规在先，伤害了被害人致使其摔倒，到医院检查并无大碍。但如果被害人因此耽误了与一个重要亲人的最后一面，为此留下终身遗憾，行为人只是赔偿了检查费，这样的损失金钱赔偿是无法平衡的。

人工智能实体对人和社会伤害在此就有了类比性。如果有一天，一个自然人被一个具有机器理性的人工智能实体揍了一顿，金钱赔偿实在难以平衡心中的怒气。一个自然人可能被另一个自然人伤害，也可能被没有理性或没有机器理性的法律客体伤害。但如果被一个具有机器理性的人工智能实体伤害，只靠“预防性”或“补偿性”措施是不够的，这就需要立法改革，以适应具有机器理性的人工智能加入社会生活中。

三、产品责任

人工智能实体的民事责任有三种模式：一是人工智能作为完全的法律主体承担的民事责任，二是人工智能作为代理人承担的民事责任，三是人工智能作为法律客体所形成的民事责任。

人工智能的法律定位是具有机器理性的法律客体。在没提炼出机器理性之前，一些学者将人工智能视为人类的创造物或者拥有者的财产，与产品或被驯养或者野生的动物相类比，甚至还有人将人工智能类比为奴隶。这些做法将导致人工智能实体适用产品责任规则、关于野生和驯养动物的普通法无过错责任规则，以及主人对其奴隶造成的损害的赔偿无过错责任，因为奴隶本身没有权利或义务。将人工智能法律客体归结为产品责任，存在的一个最大问题是机器理性所形成的伤害如何处理。

（一）无过错责任

几个世纪以来，无过失责任案件或法律无过错责任，一直是法律分配风险和责任的主要机制之一（Pagallo，2013）。在大多数法律体系中，无论监护人、雇主、动物饲养者主观意图、是否存在过错，都要对被监护人、雇员、动物对第三者行为的损害承担责任。无过错责任机制同样适用于产品制造领域、在危险活动领域和有缺陷产品的责任领域。即使责任人没有违法故意或违法行为，但由于缺乏有关告知义务而承担责任。

迄今为止，无过错责任规范了所有可能被视为危险的机器人应用程序的设计、生产和使用，例如自动或半自动无人驾驶地面车辆。在法律上，危险性取决于，最先进的技术与机器是否能够被侵权法中规定以与理性人相同的方式行事，即防范可预见的伤害（Pagallo，2013）。对于产品而言，无过错责任在于制造者；对于被监护者而言，由于理性不健全，如未成年、精神疾病患者，无过错责任在于监护者；对于雇员而言，他的行为是雇主主观意思的客观落实，无过错责任在于雇主，超过这个界限则不适用无过错责任原则。任何具有法律识别能力和法律行为能力的人都能够识别这个门槛，并知道迈进这个门槛的责任后果，在法律面前它们被视为法律代理人。在大多数情况下，无过错责任的责任是事先确立的，并不是事后知道的，所以不需要受害人举证。受害人只需要证明自己没有过错即可，这与过错责任举证正好相反。

关于人工智能如何适用无过错责任原则？在回答这个问题前，还有一个问题需要解决，即主观上的故意和过失确定对明确责任归属有直接影响，但机器理性所产生的伤害明显不属于人工智能自身主观故意和过失的范畴。

在美国侵权法体系下，产品的制造商和销售商应对三种产品缺陷，即制造缺陷、设计缺陷和未能提出警告负责。类似的，我国《产品质量法》对产品适用无过错责任的范围、无过错责任者、赔偿范围与赔偿金额给予了明确。产品存在缺陷造成人身损害的，生产者应当承担赔偿责任；因产品存在缺陷造成人身、他人财产损害的，受害人可以向产品的生产者要求赔偿，也可以向产品的销售者要求赔偿。因产品存在缺陷造成受害人人身伤害的，侵害人应当赔偿医疗费、治疗期间的护理费、因误工减少的收入等费用；造成残疾的，还应当支付残疾者生活自助费、生活补助费、残疾赔偿金以及由其扶养的人所必需的生活费等费用；造成受害人死亡的，并应当支付丧葬费、死亡赔偿金以及由死者生前扶养的人所必需的生活费等费用。因产品存在缺陷造成受害人财产损失的，侵害人应当恢复原状或者折价赔偿。受害人因此遭受其他重大损失的，侵害人应当赔偿损失。《民法典》也明确了相关义务和责任分配。

对于机器理性所造成的伤害，适用无过错责任归责可能有些困难。人工智能具备的最重要法律特征就是机器理性。如果将机器理性视为产品缺陷等于吊销了人工智能的出生证。但即便如此，人工智能机器理性的确又可能产生伤害，因为人工智能是任务主导型和知识主导型。如果非封闭的知识包没进入“if－then”逻辑，即使价值判断为真，情况也可能像日本的杀人人工智能一样，任务外的对象被人工智能视为障碍被清除掉。人工智能没有承担法律责任的能力，这是对机器理性进行法律处理时出现错误的根本原因。人工智能的程序员不能预先穷尽知道可能出现的条件，所以也不完全适合告知义务的原则。

在排除人工智能交互者们的主观故意、过失条件下，纯粹由于机器理性所产生的侵害，现有的过错责任归责、无过错责任归责可能会不适用。同样地，采用全额保险的办法也解决不了问题。无论谁承担保险成本都不合适。由生产者承担不利于调动投资者积极性，由消费者承担不利于市场推广。机器理性所产生的伤害须有新的拟制责任归责原则，也许公平原则会好一些，但前提是生产者、销售者对于人工智能实体产品的消费者因机器理性造成的伤害必须做到责任的充分分担。

（二）过失责任

诺贝尔经济学奖与图灵奖双料得主赫伯特·西蒙（Herbert Simon）提出了用有限理性的管理人代替完全理性的经济人理论。这一理论修正了完全理性的人类决策者的概念，并最终开创了行为经济学领域。有限理论的一项核心主张在于，人们往往缺乏必要的信息，以确定最安全的可能的行动方针，即使他们有，他们也不能处理所有的信息，并纳入自己的决策中。由于对理性的信赖，“几乎任何结果，通过某种想象力的延伸，都是可预见的”（Cardi，2005）。换句话说，有限理性包含两个方面问题：一个人知道什么是合理的？以及，一个人能被合理期望地处理多少资料？如果满足完全信息和合理性可能，可预见性限制就没有必要（Selbst，2020）。按照西蒙观点，我们可以认为，如果具备完全理性，人就不会犯错误，因为完全预见代替了预见，正是有限理性，才会导致过失的存在。过失行为就会产生伤害，这是救济的根源。造成伤害结果的行为可能来自有限理性的两个表现，一个是过失，一个是主观故意。过失很好理解，那么如何理解主观故意是有限理性的表现呢？如果把西蒙的完全理性理解成为人才能具有，那么每个个体都会只是有限理性。当个体用有限理性进行价值判断，其结果与社会价值判断不相容时，就会被社会定义为主观故意。

1. 主观故意

对人工智能而言，人工智能的内嵌程序和“if－then”结构决定了其是否具有主观故意存在。如果程序员将与社会法律所不容的价值观程序化，嵌入在模型中，实施犯罪或故意伤害，人工智能就具有了主观故意。这样，人工智能实体的主观故意就会给法律实施带来一点困难，因为法官可能不能判断出程序员是否实施了主观故意行为。

2. 过失责任

对人工智能而言，两种情况可能引发其过失。一种是程序员误用法律规则条款，例如将条款 A 当作条款 B 使用，或将条款位序颠倒，引发过失责任。例如，将左侧通行交通规则的人工智能无人驾驶汽车使用于在右侧交通通行规则的道路中，人工智能对规则适用而产生的伤害。另一种是人工智能训练员、所有者、用户等与人工智能交互的人员把不守规则的习惯传递给人工智能，使得人工智能对第三者造成伤害。

各法律体系都或多或少对一些道德问题进行了掩盖。“我们不会告诉全世界，一条人命值多少钱。我们每天都在这个问题上作出判断，但是我们做得很随意，也很间接，通常我们否认自己在做这样的事情。”（Lemley et al.，2019）但即便这样，我们也接受了这样的一个法律体系，即由自然人通过价值判断形成的决策。每个人都承认或承受着这样的一个体系，愿意承担着这种法律体系中赋予的责任，这就是理性在法律责任中的含义。

值得注意的是，机器理性不等于有限理性，有限理性不排除价值判断，只因信息不足或者对信息取舍，而机器理性的核心是不包容价值判断的。当人工智能与自然人遇到同样从没有遇到过的问题时，自然人的决策过程是依据自身的理性在推理过程中运用价值判断，通过推理产生行动意志而有行为；但人工智能的决策过程是依据任务导向，通过“if－then”产生行动意志而行为。法律与社会需要的就是经过规范过程的推理，而不是机器推理，由人类自愿为经过规范过程的推理而负责。人工智能不在乎是否负责，不具备也不承受任何感受。

第二节　人工智能法律责任学说与评价

现行法律没有规范机器理性的人工智能法律责任，人工智能系统与制品投入使用都应需要法律予以准许，例如，智能无人机、智能无人艇、自动驾驶汽车等智能运载系统。确立人工智能实体的法律地位以及其与研发人员、生产者、销售者、所有者、使用者以及除此之外第三者之间的法律关系，是研发人工智能系统投入使用的前提。

随着人工智能技术的发展和广泛应用，人工智能法律责任难题已经成为当今社会的一个现实问题。人工智能侵权责任主要集中在两个方面：一是人工智能在知识产权领域的侵权，二是人工智能其他一般损害行为的刑事责任或民事侵权责任。关于这些侵权问题，现在所累积的人工智能侵权归责的学术研究主要表现为技术流派、法律流派，且每一派下有很多不同的学术观点。目前学术研究现状是：法律学派不与技术流派结合，生搬硬套所谓法理，其结果是法律不能适用；技术流派只注重技术特征，试图用技术特征直接改造法律，其结果是进入不了法律体系。人工智能治理的法律规范既是一个涉及自身技术特征、法律规范和社会伦理道德的问题，又是一个关涉全球治理的问题，对它的研究还需要在系统化、科学化、开放化上下功夫。

一、刑事责任分配理论

会思考的机器受刑法管辖吗？这样的问题引发了对人工智能的刑事责任分配的学术研究。关于人工智能造成损害的刑事责任分配，以色列法学教授加布里埃尔·哈列威（Gabriel Hallevy）提出了人工智能的三种刑事责任模式（Hallevy，2010），对国内学者产生了巨大影响（李婕，2019）。哈列威提出的第一种模式是“代理人刑事责任”模式；第二种模式是“自然—可能—结果责任”模式；第三种模式是“智能机器人直接承担犯罪刑事责任”模式。这三种模式可以分别适用，但在许多情况下，为了完善刑事责任的法律结构，需要将它们（全部或部分）协调地结合起来。

哈列威是这样认识人工智能的：人工智能实体具有交流功能，人类可以与人工智能实体交流；人工智能具有内部知识，人工智能了解自己；人工智能具有外部知识，人工智能知道外部世界，会使用外部信息；人工智能具有目标驱动行为；人工智能具有创造力（Schank，1987）。哈列威通过对这些特征的解读，实质上已将人工智能实体类比于人类或有时是优秀的人类。哈列威通过对人工智能赋予这样的本质特征及法律实体承担刑事责任的内在和外在的因素，提出了人工智能刑事责任的三种模式。

哈列威提出的第一种模式是“代理人刑事责任”模式。这种模式是将智能机器人作为人的工具，当智能机器人实施刑事犯罪时，应该追究被代理意愿者的刑事责任，哈列威将人工智能程序员和人工智能使用者列入了可能的被代理人。根据这个模型，不能认定人工智能实体能够形成犯罪，而把人工智能的能力类比于一个有心理限制的人的类似能力，例如孩子、有心理障碍的人或者没有犯罪行为意图的人。在这种模式下，人工智能实体仅仅被视为是一种工具，尽管是一种复杂的工具，而策划犯罪、通过他人实施犯罪的一方才是真正的罪犯，应对无辜代理人的行为承担责任。这种模式是基于人工智能是工具或是精神状态不健全而演绎出的，并把责任赋予程序员或使用者。

这种代理人模式存在三个缺陷。第一个缺陷是将人工智能视为工具或以精神状态作为前提而派生出刑事责任人，或是类比的方法。第二个缺陷是即使不考虑第一个缺陷，没有讲清楚程序员与使用者之间的责任如何分配，为什么这样分配，这样会使致使责任追究流于空文。可以说只给出了原则而没有规则，与刑法的罪刑法定有冲突。第三个缺陷是代理人模式自身会陷入逻辑悖论。哈列威认为代理人模式可能适用于两种情况。第一种情况是使用人工智能但不发挥其先进能力而实施犯罪。第二种情况是使用一个非常古老的人工智能实体，它缺乏现代人工智能的先进性能。如果真是这样，可能是出于一个幼稚的想法，即人工智能实体实施的犯罪而隐藏了其能力，这形成了一个悖论，人工智能由于理性不足实施了犯罪行为，需要人类负责，但它是故意这样做的，而故意遮掩需要足够的理性。

哈列威提出的第二种模式是"自然—可能—结果责任"模式。这种模式是在排除代理人刑事责任模式的基础上提出的。"代理人刑事责任"模式的假设是程序员或使用者有犯罪故意，"自然—可能—结果责任"模式是假设程序员或使用者没有犯罪故意，但是事实上人工智能实体实施了犯罪。这种模式的第一个可能追责情况是程序员或使用者过失，人工智能实体不知是程序员或使用者的过失而执行了任务产生的犯罪，程序员或使用者承担过失犯罪责任。第二个可能追责情况是程序员或使用者计划让智能机器人实施一项侵权，智能机器人偏离了计划，超过了人类的概括故意范围，实施了侵权甚至犯罪。

"自然—可能—结果责任"模式是借用共同犯罪的模式直接用在了人工智能实体侵权伤害中。这个模式的缺陷在于在侵权伤害时将人工智能实体直接等同于自然人实体，这是将人工智能不加推敲地赋予自由意志理性，并在追责中又把人工智能实体分成两种情形，一种是人工智能也不知情，将其归属于第一种追责情况；另一种是人工智能作为法律实体实施犯罪而直接承担责任，并进入第二种追责情况。问题出现在第二种追责情况中，因为这里讨论的是与人工智能的责任分配，但实际却分析的人工智能刑事责任人即程序员、使用者的动机，一方面打破了该模式的人类"被代理人"无主观意识的假设，另一方面并没有直接对人工智能行为所产生的自身责任进行回应。

哈列威提出的第三种模式是"智能机器人直接承担犯罪刑事责任"模式。在这种模式中，智能机器人直接承担犯罪刑事责任，对于程序员或使用者没有责任分配的关系。与这种模式接近的还有刘宪权提出的共同犯罪责任模式，在追究机器人的刑事责任的同时，还可以追究自然人共犯的刑事责任（刘宪权，2018）。在这两个模型中，问题的实质是赋予了智能机器人法律主体地位，因此这两个模型并不可能得到实际应用。

总的来看，当这些理论与刑法罪刑法定原则相结合时，人工智能实体刑事责任的发展可能存在三种模式。第一种模式是代理人模式，人工智能实体充当理性人的代理工具，由法律人承担人工智能实体的刑事责任。第二种模式是人工智能具有自然人属性，可以赋予类似于电子人的法律人格，将其设定为法律主体，自己承担自身行为产生的刑事法律责任。第三种模式是人工智能不具有自然人属性，但具有所谓的“自主”和“自治”，被拟制为法律人格，像拟制公司法人那样，承担刑事法律责任。

二、民事责任分配理论

人工智能实体的民事侵权责任主要体现为人工智能在执行任务过程中对他人或社会造成了严重伤害所必须承担的民事责任。主要包含两类，一类是知识产权侵权，这在人工智能与知识产权法律分析章节已经讨论过。另一类是非知识产权侵权类的伤害责任。人工智能实体侵权及责任分配，研究最集中的就是智能机器人和自动无人驾驶汽车发生交通事故的责任归责。其中，学界已经重点提示，这个问题的核心重点不是事故双方责任的归属，而是机器人和自动无人驾驶汽车承担责任后的责任分配（江溯，2018）。

三、自动驾驶汽车

传统汽车的交通事故中，绝大多数的车祸都是人为失误造成的。自动驾驶汽车上路会越来越多，因此，自动驾驶汽车发生交通事故时分清责任是一项极其重要的工作，也是法律的一项重要功能。责任分配问题一直是学者们所关注的问题，因为到目前为止还没有一部关于自动驾驶汽车交通责任分配的法规。

传统上人们会认为，自然人作为汽车驾驶员是安全的驾驶员，而对于自动驾驶汽车则在所谓的安全驾驶员方面产生了疑问。这类问题的本质在于发生交通事故时，有人驾驶汽车依据交通法规容易进行责任分配，而对无人驾驶汽车就不那么容易了。许多涉及道德理论的法学学者认为，产品责任是解决无人驾驶汽车事故的最佳选择（Carroll，2021）。

目前，国际上比较有效的产品责任划分制度依托于自动化驾驶分级制度。在我国，工业和信息化部 2021 年发布在 2022 年实施的《汽车驾驶自动化分级》将自动驾驶汽车在技术分级上分为 0 至 5 共六级。其中，2 级及以下自动化系统对驾驶行为没有能力进行实质性干预，3 级及以上的自动化系统可以参与驾驶行为。

0 级驾驶自动，也是应急辅助。它不是无驾驶的自动化，而是需要驾驶员驾驶，但自动化系统可感知环境，并提供报警、辅助或短暂介入以辅助驾驶员，具有如车道偏离预警、前碰撞预警、自动紧急制动等应急辅助功能。1 级驾驶自动化，也是部分驾驶辅助。这个层级上，驾驶员和驾驶自动化系统共同执行动态驾驶任务，并由驾驶员监管驾驶自动化系统的行为和执行适当的响应或操作。2 级驾驶自动化，也是组合驾驶辅助。一方面，它是 1 级驾驶自动化的提升，自动化系统可以适应更多驾驶场景。另一方面，它与 1 级驾驶自动化类似，驾驶员和驾驶自动化系统也是共同执行动态驾驶任务，并由驾驶员监管驾驶自动化系统的行为和执行适当的响应或操作。3 级驾驶自动化，也是有条件自动驾驶。这个层级上，动态驾驶任务可以接管用户，并以适当的方式执行动态驾驶任务接管。4 级驾驶自动化，也是高度自动驾驶。在这个水平上，当系统发出接管请求时，若乘客无响应，系统具备自动达到最小风险状态的能力。5 级驾驶自动化，也是完全自动驾驶。在这个层级上，当系统发出接管请求时，乘客无须进行响应，系统具备自动达到最小风险状态的能力。此外，5 级驾驶自动化在车辆可行驶环境下没有设计运行条件的限制（商业和法规因素等限制除外）。

在标准的层级划分上，中国无人驾驶汽车技术分级标准与美国在 2016 年发布的 SAE J3016 自动驾驶标准在思路上一致。例如 3 级及以上都有能力由人类接管转为自动驾驶系统执行。但在 0 级至 2 级上，美国标准要求完全驾驶活动由人类司机进行操作，自动驾驶系统的功能集中于提升安全的制动功能上，而中国标准则定义为由自动驾驶系统和人类共同操作，表面上还赋予了自动驾驶系统一些发展空间。在 3 级上，美国标准的表述强调了对人接管的要求，而中国标准的表述侧重于驾驶自动化系统能力的表述。造成这部分区别的一部分原因也是，由于美国在 2018 年为量化自动驾驶汽车和提升自动驾驶汽车安全性而在标准上作出的清晰化表述的努力，但两套标准整体上是可以一一对应的。

对于人工智能而言，自动驾驶汽车 3 级驾驶自动化可以归属于人工智能自动驾驶汽车。由此，人工智能自动驾驶汽车交通事故责任的重点不在事故的双方，而在于人工智能自动驾驶汽车承担责任后机动车内部一方的责任分配。对于 3 级以上级别的责任划分难点在于，产品责任的构成要件条件是什么？驾驶员责任的构成要件条件是什么？如果归属于产品责任，生产商的责任分配又是如何进行的？什么条件是自动驾驶汽车的人工智能责任归属的条件？什么条件是组件合成者的责任的条件？这个问题如果不能解决好，自动驾驶汽车的产品责任可能会引起昂贵的诉讼。对于3级以上级别的自动驾驶汽车，如果加载了人工智能系统，驾驶人可能难以声称制造商负有产品法律责任，而驾驶人或乘坐人工智能自动驾驶汽车的乘客却要承担乘坐由无人驾驶汽车的风险。制造商可能将责任推给驾驶者或人工智能自动汽车本身。

虽然现在没有任何法律赋予自动驾驶汽车法律人格，但对人工智能型自动驾驶汽车赋予法律人格的学术观点一直都通过由人工智能承担法律责任的主张在被不断表达。然而，在强人工智能出现之前，或是本书所认为的人工智能囿于机器理性的范畴，人工智能型自动驾驶汽车也只能作为法律客体。本书其他部分介绍过，欧洲议会曾直接讨论了背离“传统责任理论”的必要性，例如无过错责任、产品责任、过失概念、车辆杀人或过失杀人等，试图为自动驾驶汽车纳入电子法人，但最终并没有形成可执行的法律。总的来说，赋予人工智能型自动驾驶汽车合法电子人格的想法，仍然需要创建一个对人类问责制的责任体系。

四、智能机器人

虽然“机器人”这个词已经出现了近一个世纪，但现在还没有一个世界普遍接受的机器人定义。《牛津词典》将机器人定义为能够完成人类能够完成的任务，并且能够自动工作或者由计算机控制的机器（Hornby，2010）。国际标准化组织（ISO）通过ISO8373对“机器人”进行了定义，将其描述为“自动控制、可重新编程、通过多功能操作臂可编程在三个或三个以上轴上，可以固定或移动，用于工业自动化应用”的设备。华盛顿大学法学院的瑞安·卡罗教授（Ryan Calo）认为，机器人至少展现出三种“基本特性”，为具象化（embodiment）、脱颖而出（emergence）、社会价值（social valence）（Calo，2015）。这些特点的提炼也基于现代复杂机器人作为一项复杂产品的有关技术特征：“大小”“移动性”“连接性”“自主性”和“智能”（Hubbard，2014）。总而言之，智能机器人是一种具有一定程度自主性和人工智能的机器，在人类劳动的特定领域，根据程序设计，它们的行为与人类相似。

学界探讨机器人的法律地位已经近40年了。最近一次争执的巅峰是在欧盟议会2017年建议赋予智能机器人电子人地位的决议上。要求机器人为其行为承担法律责任的说法，引发了广泛的学术辩论。一种论点认为，无论是自然人或法人还是人工智能的法律代理在法律上是等同的。例如，在合同领域为他人利益行事的能力，需要行为主体具备法律人格。另一种论点是规范性的，主张一旦人工智能机器人被视为合同和商业法中的代理人，那么它们就应该被视为法人。最后一种论点是把人工智能机器人的地位比作公司的合法人格。这也是最棘手的，如果人工智能机器人是不负责任的侵权人，那么它们就不应该被授予任何法律人格（Pagallo，2018）。欧盟相关建议最终并没有成为可被实施的法律。2018 年 4 月欧盟委员会发布了文件《人工智能：欧洲促进投资和制定道德准则的方法》（*Artificial Intelligence*：*Commission owtlines on European approach to boost investment and set ethical guidelines*）。它的总体目标是确定“人工智能”是否以及在多大程度上可能引起新的伦理和法律问题，涉及责任或可能的偏见决策。这又将问题抛回给了我们，我们应该采用哪种治理模式？并在 2022 年向全球征求意识，并进行实质性推进。

莱姆利与凯西在《机器人救济》（Remedies for Roberts）一文中曾分析过六种现代机器人侵权伤害的情形：①不可避免的伤害；②蓄意的最低成本伤害；③缺陷导致的危害；④滥用危害；⑤不可预见的伤害；⑥系统性危害（Lemley et al.，2019）。这种从结果上来考量责任定位的思路远比纯逻辑游戏有意义得多。

本书作者认为，在人工智能的法律责任问题上，无论是刑事法律责任还是民事法律责任，之所以引发广泛辩论，甚至是意识形态的辩论，最核心的是没有抽象出人工智能的机器理性。因为，现有的法律体系从没有规范过具有机器理性的实体法律责任。辩论的基本点是把人工智能表现出的“自主”“自治”等同于自然人的自主和自治。而本书作者一直秉承的观点是，划分了人工智能型机器人和非人工智能型机器人的机器理性作为责任划分基础。机器理性是两条区分线的交叉点。一条线是区分了自动化系统与人工智能系统，具有机器理性的系统为人工智能系统；不具有机器理性的系统，无论自动化水平有多高，终究是自动化系统。另一条线区分了人工智能与人类。只有自然人才可能具有理性，人造物具有机器理性。

总的来说，侵权责任分配归结起来就有以下两类学术观点。第一类观点下，人工智能实体不具有法律主体。不究其原因，仅要找到一个替代者承担侵权责任并作出赔付。替代者可以是人工智能实体的生产商、使用者、保险商等人类（Iozzio，2016）。这种观点由于没有进行责任分配的法理研究，更没有进行侵权构成要件条件的分析，还需要确定的法律实施细则，才能够得以落实。第二类观点下，应采用拟制法人的方式，赋予人工智能实体法律主体地位

(Carroll, 2021)。这种观点是由于对于拟制法人的出台背景及拟制法人的本质研究不足所致，或对人工智能的机器理性特点没有充分认识，将人工智能表现的智能与人的智能混为一谈。

第三节 人工智能法律责任归责构建

法律的主要规则旨在直接管理社会和个人行为，包括自然人和拟制人，例如公司。对人工智能实体而言，这就要对人工智能实体的产生、培训、使用和行为进行规范。

对于人工智能的生产者，尤其是程序设计者，要实施制造者的责任规范。例如，严格禁止非法的行为算法和模型框架，必须严守伦理道德的法律关口，通过使用禁令限制故意责任的继续性损害在设计中嵌入规范性约束；可对与自然人和社会有物理交互的人工智能实施反向验证，以法律规则的反向验证来确认生产者与程序员的过失责任。对于人工智能培训者，要规避其利用人工智能依赖其文化对不同文化环境使用者形成殖民征服。对于人工智能产品用户，法律规范应要求明确知晓可能面临或分担的纯粹机器理性形成的风险。对于责任人而非第三方，法律要明确规范生产者、使用者以及纯粹机器理性的责任与归责。

一、保证人模式

随着人工智能技术的发展与普及，人工智能在与世界交互的过程中，侵权不可避免发生。无论是普通法还是成文法，在涉及侵权责任承担时总是在公共利益、结构环境、法律主客体的情形中作出平衡裁决。

在人工智能实体的法律责任模式中，本书前几章节已对拟制法人、电子人的法律责任模式进行了充分讨论，并否定了对人工智能实体给予拟制法人、电子法人的法律地位。本部分结合代理人与产品责任的法律原则提出人工智能实体法律责任的保证人模式。

（一）模式的提出

人工智能的理性是机器理性而不是人的自由意志理性，机器理性不能感受到受到伤害的痛感，也不具有承担责任的心智与能力，所以纯粹由人工智能来承担侵权责任的后果是人类社会自己创制的规范所不包容的。具有机器理性的人工智能法律实体属性确立了人工智能的单一法律客体地位，这实际已经解决了人类与人工智能之间侵权责任的整体分配，但法律基于自由意志理性与机器理性的协同程度对不同人群的侵权责任作出怎样的具体安排还未明晰。

因此，在充分研究人工智能本质属性和法律规范的基础上，本书作者提出如下人工智能侵权责任承担的保证人模式：首先，人工智能实体在被使用的过程中发生的侵权责任由它的保证人来承担；其次，使用中，人工智能身份与保证人身份需使用同一身份证件或信息，并对外明示；最后，法律应明确没有明示身份的人工智能实体不予使用。

保证人模式的基础是人工智能与人类交互的工作模式。依据人工智能在工作过程中是否有人实施干预，可以将人工智能工作模式分为闭环工作模式和开环工作模式（Canellas et al.，2017）。这样以交互为基础的分类模式对于人工智能侵权时分析哪个环节出了问题十分重要。闭环工作模式为无人工干预时实施的工作模式，或称为人与人工智能实体没有互动的工作模式，开环工作模式为有人工干预时实施的工作模式，或称为人与人工智能实体互动的工作模式。这里提出开环模式和闭环模式与控制工程的开环和闭环的概念不同。控制工程中，控制操作可以是闭环或开环的。关键的区别在于反馈是否参与循环。完全基于输入的开环控制系统也被称为非反馈系统，其输出对控制动作没有影响。一个闭环控制系统监测当前的输出并将其修改为所需的条件，也称为反馈系统，这些系统的控制操作是基于输出的。人工智能的开环和闭环是指在人工智能执行任务过程中是否与人进行互动并对执行产生影响，如果有人参与了互动则称为开环，如果没有人参与互动则称为闭环。

在控制工程中，高度自动化的系统也可以实施闭环工作模式。此时，机器理性成为区分高度自动化系统和人工智能系统的标准。不具有机器理性的自动化系统划为高度自动化系统，具有机器理性的自动化系统划为人工智能系统。这样，高度自动化系统就归属于正常的产品范畴，它的侵权责任承担不在我们讨论的范围内，而应在既有法律体系的产品责任范畴中。

保证人模式可以解决三个问题。首先，它可以解决没有法律主体资格的人工智能实体系统在使用过程中所遇到、需要由哪个法律主体承担法律责任的问题。人工智能实体的保证人行使其法律主体权利与履行义务，在这一点上吸收了代理人思路的理念。其次，同一身份并明示的要求解决了人类冒充人工智能以逃避责任的问题，因为没有明示身份的人工智能实体将不被允许以人工智能名义使用。最后，它可以解决人工智能冒充人类对被冒充人侵权的责任不明问题。

（二）如何寻找保证人

谁有资格成为且应被视为人工智能法律责任的保证人？依据人工智能的开发与使用离不开数据交互的特点，且产生数据交互是由于存在对人工智能系统或产品的利益期待，四类人群应被授予保证人资格（见图 6.2）。

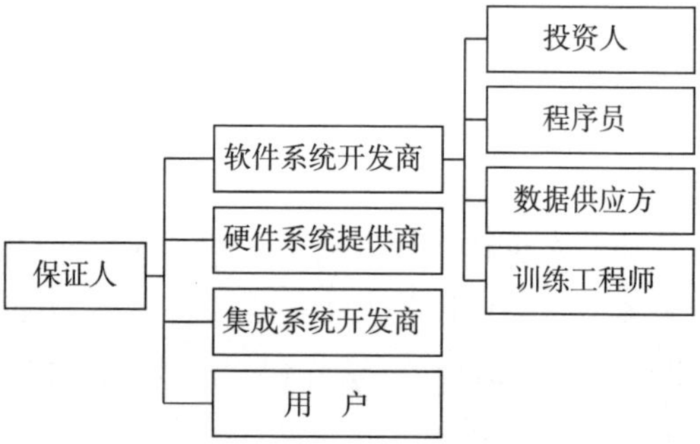

图 6.2 保证人的可能组成

第一类是人工智能开发的投资人、程序设计人员、数据供应方、人工智能训练工程师，这一类人就是人工智能开发过程中与其产生交互的人，我们称这一类人为软件系统开发商。第二类是硬件系统提供商，提供人工智能型产品的硬件，如雷达、数字摄像机、数据记录仪、机械组件等。第三类是集成系统开发商，将软件系统与硬件系统集合在一起，构成人工智能型产品。这三类人群可以被合并简化为人工智能实体生产商。第四类是人工智能的用户或人工智能实体拥有者，这一类人与第一类人可能有时重合，有时不重合，尤其是在市场流通中使用人工智能实体的情况下。例如，自动无人驾驶汽车的厂家与购买者就不重合。

（三）侵权责任分配

人工智能系统在工作过程中由于与其交互者的过错而产生系统过错和侵权行为。这其中，软件系统开发商、硬件系统提供商、集成系统开发商与用户这四类交互者根据自身过错成为侵权责任人。

软件系统开发商发生过错主要表现在以下四方面。第一，软件开发者算法规则适用错误，如自动无人驾驶汽车交通规则的法律适用错误。第二，交互数据的安全性和有效性检验、稳健性问题的解决能力，是人工智能使用安全的一个大问题。第三，人工智能培训产生的错误。人工智能的文化性使得人工智能具有价值观，数据交互群体的行为价值观由人工智能承继，从而使得该人工智能行为秉性不能被用户群体接受，如公序良俗问题、公共利益问题等，这些问题产生的根本原因出现在软件系统。第四，开发者主观故意，如使用算法进行垄断、侵权，甚至诱使人工智能发生反人类问题。知识驱动决策与数字驱动决策基础的算法内置化是软件系统开发商承担责任的根本原因。

硬件系统提供商发生过错主要表现在由硬件产生、收集的数据不真实、不实时、不全面，不足以产生数据交互所需的有效数据，例如，雷达、摄像机满足不了要求，硬件系统发生执行故障，数据稳健性等问题。这些问题都是硬件系统提供者不可转移的风险责任。数字驱动决策能力是人工智能一大特征，硬件产生的数据造成人工智能过错是硬件系统提供商承担责任的根本原因所在。

集成系统开发商发生过错主要表现在软件系统与硬件系统数据交互的即时性、不失真、无数据噪音得不到保障。这些问题不仅仅是通信标准的问题，联结软、硬件系统的数据在传输中的安全、有效是集成系统开发商承担责任的根本原因所在。

用户发生过错主要表现在开环过程中，对人工智能产品非正常使用，对人工智能系统产生干扰，使系统产生稳健性问题方面。在开环过程中通过数据交互，用户将自身的不良嗜好继受给人工智能，使其产生违规侵权行为等。

以上四类群体与人工智能实体交互的每一个环节或可单一作用，或可组合作用，出现错误时都可能使人工智能实体产生侵权行为，具体责任分配参见表6－1。

表6－1　人工智能环路侵权责任分配表

类型	AI实体生产商	AI实体用户
闭环	√	×
开环	√/×	√/×

（四）优化的保证人模式

人工智能侵权责任承担要解决的一个核心问题是，内在具有自主性与机器理性，外在又具有类人智慧，同时又不能赋予法律主体资格的人工智能在侵权时其责任由谁承担。“拟制法人说”的核心是在法律主体资格赋予与不赋予上下功夫，与人类中心主义主导的法律主体预定论的法律规范产生根本冲突，所以该学说解决不了这个问题。“替代者说”没有关注到机器理性，只是硬性地规定拥有者承担侵权责任，同时没有厘清内部责任。相对这两种既有模式，人工智能保证人模式从行为客体本身的特有属性、法律责任承担、社会价值观的平衡来划分责任承担，可以解决这个问题。米勒曾表述说，“每一个机器人背后都有一个好人”（Miller，1993）。这代表了美国和欧洲对人工智能的传统看法，默认支持程序员的创造者，即程序员有权拥有他们编程的人工智能系统所创造的作品。这说明这种做法是有国际共识基础的。保证人模式吸收了人工智能的技术特征和法律实体特征，具有其他模式不可比拟的优势，便于与现行法律联结。

（五）环路模式下分配侵权责任

保证人模式采用了环路模式，对各类保证人的内部责任予以厘清。就闭环和开环模式而言，适用于自动驾驶的技术分级只是与人工智能系统产生交互的人群对自身风险承担意愿的高低（Smith，2013），而不是分析出现原因所在。相比之下，基于环路模式比适用于自动驾驶的技术分级更能清晰分辨出责任承担归属的原因。

根据环路模式以及人工智能自身可能出现过错的特性，人工智能导致的侵权可被归为四类，区别于其他法律客体导致的侵权。第一类是稳健性过错导致侵权。其中，四类保证人均可承担无过错责任，数据记录仪（event data recorders，EDR）可以说清楚是哪个保证人出了稳健性问题，这是普通法侵权规则中“事实自证原则”（res ipsa loquitur）的体现。第二类是数据本身过错问题导致侵权。同样地，四类保证人都有可能使人工智能产生数据过错而导致侵权，这也需要数据记录仪划分具体的责任者。第三类是算法规则错误导致侵权。其中，责任者应当为软件系统开发商，可用人工智能的行为结果是否为法律所包容来判断。第四类是价值观错误导致的侵权。例如，违背公序良俗、反人类的人工智能出现，其中的责任者是软件系统开发商。

这四类过错导致的侵权行为可归类为主观故意或过失。因此，在侵权责任承担划分时，环路模式下的闭环模式比技术分级模式更有利于法律适用。如果人工智能表现出主观故意，使用邪恶或反人类价值观的行为完成任务，在人类中心主义的法典中就必须将之删除、禁止对其投资、开发或使用，由保证人承担全部后果。

（六）保证人外第三人的侵权责任

除了四类人工智能侵权责任保证人外，人工智能产品侵权事件中可能还会出现保证人以外的第三人干预。第三人是除保证人之外临时对人工智能实施了干预的人，例如，自动无人驾驶汽车非所有者使用的情形，未获得授权的汽车使用人并不构成用户保证人。当人工智能实行闭环工作时，由于没有其他人类的干预，侵权责任承担应该在软件系统开发商、硬件系统提供商、集成系统开发商之间依故意或过错类型承担。闭环模式分析将改变现行的法律责任分析，使得第三人与保证人的责任分开（Lemley et al.，2021）。闭环模式是划分第三人责任、保证人责任及保证人之间责任的界限。在开环工作状态，非用户的第三人未得到授权而对人工智能实施了人工干预，出现损害后果时，应由该第三人承担未授权的故意或过错责任。若第三人得到授权实施了人工干预，该第三人与用户共同承担责任。应保障人类拥有充分自主决策权，有权选择是否接受人工智能提供的服务，有权随时退出与人工智能的交互，有权随时中止人工智能系统的运行，确保人工智能始终处于人类控制之下。这里的人工干预指确认的实际干预，排除假干预，即表面实施了干预但人工智能实际未予采纳。这一思路也符合国家新一代人工智能治理专业委员会在2016年制定的《新一代人工智能伦理规范》。

（七）自由意志理性决定故意与过失

人工智能实体本身无法产生刑事犯罪或一般民事损害的故意与过失。虽然人工智能实体具有机器理性，能够胜任很多人类自身不能承担或不宜承担的任务目标，但这个机器理性是植入式的，具有外部依赖性，不是自由意志理性。机器理性不会产生故意，故意是自由意志理性的选择结果。

但是保证人可以具备刑事犯罪或一般民事损害的故意与过失。在人工智能实体生产或使用过程中，无论是哪类保证人，只要将故意损害的目标作为任务植入人工智能实体中，人工智能就会实施并完成任务，这体现出的就是保证人实施损害的故意。在生产或使用人工智能实体的过程中，无论是哪类保证人，没有将人工智能实际工作环境的规范要求进行内置，而是将环境之外的规则要求进行内置，或在异地环境使用具有环境限制的人工智能实体，保证人就有可能构成过失责任。这种情形下，人工智能实体通过质量检验标准不应是这类保证人的免责事由。相比之下，当保证人无法与人工智能实体产生实质性交互时，人工智能实体符合质量标准的合格概率可以成为保证人免责的理由。人工智能实体侵权结果如果不属于任何保证人的故意与过失，则进入意外事件的范畴。

（八）无过错责任归属

许多人工智能实体在没有软件缺陷、硬件错误或工程预防失败的情况下工作，仍然会伤害到其他人。毕竟，有些危险是产品或服务所固有的。在这种情况下，要求彻底消除危险就等于要求禁止某种产品或服务本身。在保证人责任分配体系中，硬件系统提供商承担人工智能实体物理组件的无过错责任，集成系统开发商承担硬件系统提供商和程序员之外的产品无过错责任。

（九）机器理性造成的损害及责任归属

在既有的认知能力范围和无过错责任之外，人工智能实体还会不会对人和社会实施伤害？这种可能性是存在的，这就落入了纯粹机器理性造成伤害的范畴。虽然发生的概率可能很低，但在新的复杂环境中就有可能发生。这种情况应该由法律本身负责，可能公平责任分配比较适合，因为侵权行为分析构成要件的两个因素条件不具备，连接主观情节、行为与事实结果的因果关系分析也不再有效。

二、保证人模式的意义

保证人模式解决了具有机器理性且无法律主体资格的人工智能实体侵权责任承担与分配的问题，理论意义主要体现在以下几个方面。

（一）支持鼓励可持续创新

与拟制的现有知识产权法的基本初衷一致，对于人工智能的规制应鼓励社会投资从事新知识产权成果的开发。保证人模式的基础在于保证人在与人工智能实体交互时收割人工智能带来的经济收益。无论是成文法还是普通法，侵权责任认定中都是，在保护个体权益与维护公共利益或大多数人利益间找到一个社会能普遍接受的平衡点，实现有效维护社会秩序与共同发展。保证人模式的目的就在于通过确立保证人身份，使得实质获利群体不脱逃责任。

因此，保证人模式这种以权利为基础划分责任的模式，除了在侵权责任划分方面充分考虑了人工智能的自主性及机械理性外，也为无法律主体资格的人工智能实体的经济收益明确了归属，即保证人。保证人可以理性支配这份财产，其结果是鼓励了投资人对人工智能形成与使用过程中各阶段的投资，并在确保公共利益的基础上实现可持续创新发展。

（二）降低人工智能的交易成本

保证人模式符合科斯定理对高效法律的预期。根据科斯定理，高效的法律应被设定为可降低交易成本，因此舒斯特教授建议将人工智能产物的专利权分配给人工智能的使用者（Schuster，2018）。保证人模式全面拓展了这一建议的可适用性。它同样可以实现降低人工智能在侵权责任中的法律制度交易成本，如排除了全额商业保险，排除了在任何结构环境下认定人工智能适用无过错归责，更加便捷地加大人工智能的使用宽度，发挥人工智能的红利。

（三）平衡公平与责任

人工智能作为法律主体，在承担侵权责任时无法实现有效赔偿，但保证人模式解决了这一顾虑。人工智能仅有的机器理性不能使它感知到侵权受害人的感受，也无法抚慰受害人的心灵，但由保证人承担侵权责任可以解决相关问题。保证人可以对受害人进行经济赔偿，同时理解受害人所受痛苦后，由于同理心作用会规避此类行为，甚至还会对受害人道歉，起到心理与名誉双重补偿的作用。

保证人模式的思路同样在设定人工智能权利上考量了公共利益。由于人工智能技术在创新能力上相对人类的天然优势，学者们更多的是担心为它的研发成果提供知识产权保护会引起“公地悲剧”，阻碍人类自身的创新动力，侵害公共利益（Erickson，2016）。这也是部分学者不同意授予人工智能法律主体资格的一项原因。保证人模式下明确了人工智能仅享有法律客体的地位，不仅确认了由保证人享受人工智能在各开发和应用阶段的收益，更确认了由保证人作为法律主体，有充分维护公共利益的基本义务，应预先规避由自己与人工智能交互而产生的潜在损害。

（四）维护法律规范根基

现代法律规范的根基是“主体预定论”（龙卫球，2000）。无法律主体资格的人工智能如何纳入这一现代法律规范，一直是一个令人既兴奋又棘手的问题（郭剑平，2020）。保证人模式解决了人工智能参与社会活动的主体权利和义务承担问题，这样人工智能技术参与社会活动的行为法律规范就纳入了现代法律体系的栅栏，受到现代法律体系的调节，为培育、鼓励、发展、使用人工智能扫清了法律障碍。

（五）解决人工智能全球治理的问题

人工智能作为新时代的产业基础，发展、使用一定是全球化的，而非区域化的。人工智能的文化性决定了其价值理念和民族特性，人工智能的程序编辑者、数据交换者的社会行为必然遗传给人工智能，数据是人与自然交互行为的抽象提炼，必然反映行为人的常识和习惯。即使人工智能使用的算法、计算力完全一致，不同群体训练出的人工智能也会表现出不同的习性，这是人工智能技术国际化遇到的必须解决的问题。保证人与人工智能实体使用同一识别码有助于解决这个问题。

举一个简单的例子，在自动无人驾驶汽车开发中，如果使用的交通规则是左侧通行规则，但是在右侧通行规则的环境中使用，并且因通行规则发生碰撞造成损害结果，这属于自动无人驾驶汽车对规则的适用而发生侵权行为与后果，则应归属于人工智能主观过错范畴。如果没有身份明示与身份同一，就很难进行归责划分，在人工智能实体进行国际贸易时就会出现大量这类问题，使用身份标识码就可以更容易解决人工智能型产品国际贸易中侵权归责纠纷问题。

第四节　人工智能法律问题的回应

人工智能是新时代社会产业基础的基础，将给人类带来巨大的红利，同时也会对人类中心主义的现代社会产生伦理道德的冲击和挑战。谁拥有人工智能的发展权，谁就拥有了未来社会的发展权。一味放纵人工智能的野蛮发展必然会自食恶果。因此，在法律规范中，要充分考虑人工智能对人类社会活动的介入，并积极回应它所产生的问题，引导其进一步发展并积极应用于造福人类社会。

人工智能实体的本质是人造物，所表现出的属性归结为一个根本点就是机器理性，机器理性是人工智能的哲学本体和法律属性。它区分了人和人工智能，也区分人工智能和除人之外的实体。具有机器理性的人工智能受具有理性的人的支配，是法律的客体。具有机器理性的人工智能没有超越具有唯一、神圣理性的人，人工智能与人和社会的交互要服从于人的伦理道德规范。现有法律必须调整以将人工智能实体纳入法律规范之中，要从人工智能设计、训练、使用、社会交互四个方面规范。

人工智能可形成多种服务于人的实体形态。它作为法律客体，可以加入世界贸易体系中，但有关人工智能实体的贸易规则必须调整，防止人工智能的文化性形成殖民性。由于人工智能属性所在，人工智能实体商品的贸易必须进行归责审查，包括事前审查和事后审查。这样既可以提高法律效率，又可以让人工智能实体在法律规范下服务于人和社会。

第七章 人工智能在现行法律体系中的司法判例

前面六章从哲学、法律、伦理、经济、学术等综合层面对人工智能进行了法理分析，本章从涉人工智能的司法判例中来窥视现行法律是如何应对的，从专利法、著作权法及人工智能侵权伤害三方面各选用两个案例。通过这些案例来加深对人工智能法律特征与法律关系的表达与呈现。

第一节 专利法诉讼司法判例

在专利审查中，对实用性、新颖性、创造性（非显而易见性）进行比较的主体是“具有一般技术水平的人”。“具有一般技术水平的人”的基准用于大多数专利法，涵盖从专利有效性到侵权，但人工智能在发明中越来越重要的作用也可能颠覆“具有一般技术水平的人”的概念。如果无须声明人工智能在发明过程中的作用，同时，根据人类能力可能发现的新颖性或不可预见的有限范围来判断申请人的创造能力水平，那么这些申请人必然享有相对于“具有一般技术水平的人”技术的优势。这样的人工智能与人类发明人在专利制度中同等竞争是不公平的。

世界上大多数国家既没有涉及计算机发明的现行成文法，没有直接涉及该问题的专门判例法，也没有相关的专利行政政策。虽然前景理论对于人工智能的激励有限，但直接的奖励激励可能特别重要，因为发展这样的软件资源密集型行业需要激励计算机科学家开发创意机器。

本节选择两个案例。第一个是对世界各国涉及人工智能的专利审查产生重大影响的美国爱丽丝案。在爱丽丝案之前，美国法院及专利商标局使用“三步法”进行实质性审查识别（*KSR Int'l Co. v. Teleflex Inc.*, 550 U. S. 398 (2007)）：①确定现有技术范围和内容；②比较技术方案与现有技术和有争议的权利要求之间的差异；③评估相关技术的普通技能水平。爱丽丝案采用了两步法：①识别专利申请资格；②识别创造性概念。爱丽丝案对人工智能的影响巨大，它没有降低人工智能涉专利的门槛，同时对专利实质性审查没有改变。第二个是澳大利亚联邦法院曾否决了其专利局否定人工智能作为发明人的裁判。虽然澳大利亚联邦法院曾作出过这样的司法裁判，但这些裁判也最终在上诉阶段被彻底否定，被视为不符合澳大利亚现行专利法规定。

一、人工智能生成物创造性专利要求没有改变

爱丽丝诉 CLS 国际银行案
134 S. Ct. 2347（2014）

上诉申请人：爱丽丝公司
上诉被申请人：CLS 国际银行
审理法院：美国最高法院

◎案件基本情况

爱丽丝公司（以下称“爱丽丝”）是几项专利的受让人。这些专利披露了一项减轻“结算风险”的方案，即只有一方在商定的金融交易所履行其义务的风险。具体而言，专利权利要求旨在通过使用计算机系统（人工智能）作为第三方中介，促进双方之间的财务义务交换。诉讼中的专利要求保护：（1）交换金融债务的方法，（2）配置为执行债务交换方法的计算机系统，以及（3）包含用于执行债务交换方法的程序代码的计算机可读介质。

CLS Bank International 和 CLS Services Ltd.（后合称“CLS 国际银行”）运营着一个促进货币交易的全球网络。它们对爱丽丝提起诉讼，辩称所争议的专利权利要求无效、不可执行或未被侵犯。爱丽丝反诉，指控对方侵权。

在 *Bilski v. Kappos*（561 U. S. 593，130 S. Ct. 3218，177 L. Ed. 2d 792）案之后，地区法院认为，根据《美国法典》第 35 章第 101 条，所有权利要求都没有资格获得专利保护，因为它们都是针对抽象概念的。联邦巡回法院（全院庭审，10 名参与审判的法官中有 7 人同意上诉人的方法和介质的主张不具备专利资格）给予确认。

本案中涉及的专利披露了一种计算机实施的方案。该方案通过使用第三方中介机构来减轻“结算风险”（即金融交易中只有一方将支付其欠款的风险）。

所提出的问题是，这些权利要求是否符合《美国法典》第 35 章第 101 条规定的专利资格，或者是被引向了一个不符合专利资格的抽象概念。美国最高法院认为，有争议的权利要求是针对中间结算的抽象概念，仅仅要求通用计算机实现并不能将该抽象概念转化为符合专利条件的发明。因此，美国最高法院确认美国联邦巡回上诉法院的判决。

爱丽丝诉讼中的专利要求保护：①上述金融交易中交换义务的方法（该方法权利要求），②配置为执行交换义务的方法的计算机系统（该系统权利要求），③包含用于执行交换义务的方法的程序代码的计算机可读介质（该介质权利要求）。所有权利要求均使用计算机实现；系统和介质权利要求明确规定计算机，并且双方已规定方法权利要求也需要计算机。

2007 年，CLS 国际银行对爱丽丝提起诉讼，要求作出宣告性判决，认定争议主张无效、不可执行或未被侵犯。爱丽丝反诉，指控对方侵权。根据美国最高法院对 *Bilski v. Kappos* 案的判决，双方就所主张的权利要求是否符合《美国法典》第 35 章第 101 条规定的专利保护条件提出了交叉动议，以进行简易判决。地区法院认为，所有这些权利要求都是不符合专利资格的，因为它们都是针对“借用一个中立的中介机构来促进义务的同时交换，以尽量减少风险”这一抽象概念的。

美国联邦巡回上诉法院的一个意见分歧小组推翻了这一说法，认为爱丽丝的主张是针对一个抽象的想法，这“显然不明显”。联邦巡回上诉法院同意（全体庭审）重新审理，撤销了专家组的意见，并以一段话确认了地区法院的判决。10 名参与审判的法官中有 7 人同意爱丽丝的方法和介质主张不具备专利资格。艾伦·达文·劳里（Alan David Lourie）法官及其他大法官共五名成员的多数通过了书面陈述，得出结论认为，所有有争议的权利要求都没有专利资格。根据美国最高法院在 Mayo 案的判决，多数人认为，法院必须首先“确定权利要求中所代表的抽象概念”，然后确定与平衡权利要求是否显著添加了更多内容（《联邦法院判例汇编》）。多数人认为，爱丽丝的主张“借鉴了通过第三方中介进行交易来降低结算风险的抽象理念”，而使用计算机来维护、调整和核对影子账户并没有给这一抽象理念增添任何实质内容。

首席法官兰德尔·雷·雷德（Randall Ray Rader）部分同意，部分反对。在只有金伯利·穆尔（Kimberly Moore）法官加入的部分意见中，首席法官雷德同意多数人的意见，即请愿人的方法和介质的权利要求是被抽象的想法所引导的。在理查德·林（Richard Linn）、穆尔和凯瑟琳·奥马利（Kathleen

O'Malley）法官加入的部分意见中，首席大法官雷德认为，系统权利要求符合专利要求，因为它们涉及“专门为解决复杂问题而编程的”计算机“硬件”。摩尔法官撰写了一份单独的意见书，部分表示反对，认为该系统的权利要求符合专利资格。法官保利娜·纽曼（Pauline Newman）提交了一份部分同意部分反对的意见书，辩称申请人的所有权利要求都符合专利资格。法官林和奥马利分别提出了不同意见，但都得出了相同的结论。

于是，基于以上复杂的争议，最高法院同意接收此案。

◎法院审理思路

专利法第 101 条定义了符合专利保护条件的主题。它规定了：任何人发明或发现任何新的和有用的工艺、机器、制造或物质组成，或任何新的和有用的改进，均可在符合本编条件和要求的情况下获得专利（《美国法典》第 35 章第 101 条）。“我们长期以来一直认为，这项规定包含一个重要的隐含例外：自然法则、自然现象和抽象概念不可申请专利。”美国最高法院的大法官已经将使这一排除原则让人担忧的描述为先行适用原则之一。

美国最高法院的大法官谨慎地解释这一排除原则，以免它吞没了所有专利法。在某种程度上，“所有发明……体现、使用、反映、依赖或应用自然法则、自然现象或抽象概念。”

因此，一项发明不会仅仅因为涉及抽象概念而被视为没有专利资格。美国最高法院的大法官已经说过，“将这些概念应用到一个新的有用的目的”，仍然有资格获得专利保护。

因此，在适用第 101 条排除法时，美国最高法院的大法官必须区分要求保护人类智慧的“构建块”的专利和那些将构建块集成到更多东西中的专利，从而将其“转化”为符合专利要求的发明。前者“可能会不成比例地束缚潜在”思想的使用，而没有资格获得专利保护。后者没有先占的风险，因此仍有资格获得美国专利法授予的垄断权。

美国最高法院的大法官提出了一个框架，用于区分要求保护自然规律、自然现象和抽象概念的专利与要求保护将这些概念的专利合格应用的专利。首先，我们确定有争议的权利要求是否针对那些专利不合格的概念之一。如果是这样，我们就会问，“在我们面前的权利要求中还有什么?”为了回答这个问题，我们考虑每个权利要求的要素，包括单独的和“作为一个有序的组合”，以确定附加的要素是否“将权利要求的性质”转化为符合专利资格的申请。我们已经将这个分析的第二步描述为搜寻“创造性概念”，即一个元素或元素的组合，它“足以确保实践中的专利数量远远超过不合格概念本身的专利数量”。

美国最高法院的大法官必须首先确定有争议的权利要求是否针对不符合专利资格的概念。他们得出的结论是：这些权利要求被抽象的中间结算理念所引导。“抽象概念”范畴体现了“一个概念本身不能申请专利的长期规则”。他们认为，计算催化转化过程中“报警限”的数学公式也是一个不符合专利要求的抽象概念。

爱丽丝的权利要求涉及一种利用第三方中介机构在双方之间交换金融债务的方法，以减轻结算风险。中介机构创建并更新“影子”记录，以反映各方在“交易机构”持有的实际账户的价值，从而仅允许各方以拥有足够资源的交易。每天结束时，中介机构向交易所机构发出不可撤销的指示，以执行许可的交易。

从表面上看，摆在美国最高法院的大法官面前的权利要求都是基于中间结算的概念，即使用第三方来降低结算风险。中间结算的概念是“长期以来在我们的商业体系中流行的一种基本经济实践。使用第三方中介机构（或清算所）也是现代经济的组成部分。因此，与套期保值一样，中间结算是一个超出第 101 条范围的“抽象概念”。爱丽丝承认其权利要求描述了中间结算。

无论如何，在这种情况下，大法官们不需要努力划定“抽象概念”范畴的精确轮廓，中间结算概念完全属于“抽象概念”的范畴。

由于争论的权利要求针对的是中间结算的抽象概念，美国最高法院的大法官转向 Mayo 判定法的第二步。结论是，只需要通用计算机实现，不能将这个抽象的想法转化为专利资格的发明。

在 Mayo 第二步中，必须检查权利要求的要素，以确定它是否包含一个“发明概念”，足以将所声称的抽象概念“转换”成一个专利合格的申请。列举抽象概念的权利要求必须包括“其他特征”，以确保“该权利要求不仅仅是旨在垄断抽象概念的初始工作”。Myao 明确表示，转化为符合专利条件的申请需要“不仅仅是简单地陈述［抽象概念］，同时还须加上‘应用它’”。简单地附加常规步骤，在高度概括性的层面上具体说明，并不“足以”提供一个“创造性概念”。

在权利要求中引入计算机并不会改变 Myao 第二步的分析。权利要求必须提供一个“新的和有用的”应用的想法，以便获得专利资格。但是计算机的实现并没有提供必要的发明概念；这个过程可以“在现有长期使用的计算机中进行”。因此，美国最高法院的大法官“认为，仅仅在物理机器，即计算机上实现一个数学原理，不是该原理的专利应用”。

美国最高法院的大法官拒绝了“以某种特定方式实施某项原则”将“自动落入第101条专利主题范围内”的论点。仅仅列举一台通用计算机并不能将一个不符合专利要求的抽象概念转化为符合专利要求的发明。陈述一个抽象的想法“同时添加‘应用它’”并不足以满足专利资格要求。陈述一个抽象的想法，同时添加“将其应用于计算机”这两个词，这两个步骤只是简单地结合在一起，结果相同。因此，如果一项专利对一台计算机的叙述仅仅是“在……一台计算机上实现”一个抽象概念的指示，那么Mayo对该添加不能赋予专利资格。这一结论符合作为第101条判例基础的先占问题。

对于本案来说，计算机“必然存在于物理领域，而非纯粹的概念领域”，这一事实与此无关。计算机是有形系统（在第101条术语中称为“机器”），或许多计算机实现的权利要求直接针对符合专利条件的主题，这一点没有争议。但如果第101条调查到此结束，爱丽丝可以通过列举配置为实现相关概念的计算机系统来主张任何物理或社会科学原理。这样的结果将使专利资格的确定“仅仅取决于绘图人的技能”，从而废除了“就自然、自然现象和抽象概念不可申请专利”的法律规则。

本案中的代表性方法权利要求叙述了以下步骤：①为交易的每个交易对手“创建”影子记录；②根据双方在交易所机构的真实账户“获取”日初余额；③在输入交易时“调整”影子记录，仅允许各方拥有足够资源的交易；以及④向交易所机构发出不可撤销的日终指示，以开展获准交易。爱丽丝主要辩称，这些权利要求符合专利资格，因为这些步骤“需要计算机发挥实质性和有意义的作用”。爱丽丝按照规定所要求保护的方法要求使用计算机创建电子记录、跟踪多项交易并同时发出指令，换句话说，“计算机本身就是个中介”。

鉴于上述情况，有关的问题是，这里的权利要求是否不仅仅是指示从业人员在通用计算机上实施中间结算解决抽象概念问题。情况并非如先。

将权利要求要素分开，计算机在过程的每个步骤中执行的函数是“完全常规的”。使用计算机创建和维护“影子”账户相当于电子记录保存，这是计算机最基本的功能之一。在使用计算机获取数据、调整账户余额和发出自动指令方面，情况也是如此；所有这些计算机功能都是以前业界熟知的“众所周知的常规功能”。简而言之，每个步骤只需要一台通用计算机来执行通用计算机功能。

被认为是“有序的组合”，爱丽丝方法的计算机组件“没有添加什么……使这些步骤被单独考虑时而有任何不同”。从整体上看，爱丽丝的方法权利要求只是一项简单地叙述了由通用计算机来执行各方理解的概念。

爱丽丝对计算机系统和计算机可读介质的权利要求因基本相同的原因而失效。关于其系统权利要求，爱丽丝强调，这些权利要求列举了配置为执行“特定计算机化功能”的“特定硬件”。但所描述的特定硬件——例如，带有“通信控制器”和“数据存储单元”的“数据处理系统”，纯粹是功能性和通用的。几乎每台计算机都将包括“通信控制器”和“数据存储单元”，能够执行方法权利要求所要求的基本计算、存储和传输功能。因此，该系统要求保护的硬件中没有一个“提供了一个有意义的限制，超出了通常将方法的使用与特定技术环境联系起来的范围”，即通过计算机实现。

换句话说，系统权利要求与方法权利要求在实质上没有区别。该方法权利要求列举在通用计算机上实现的抽象概念，该系统权利要求列举了一些配置为实现相同想法的通用计算机组件。

由于爱丽丝的其他权利要求没有为基本的抽象概念添加任何实质内容，我们认为它们也不符合第 101 条规定的专利资格。基于上述原因，确认美国联邦上诉巡回法院的判决。

◎评论与分析

美国最高法院长期以来一直认为，专利法第 101 条定义了有资格获得专利保护的主题范围，其中包含“自然法、自然现象和抽象概念”的隐含例外。

本案在美国专利领域引起轩然大波。第一，对抽象概念与应用如何转化为符合专利客体资格的主题范围，使用 Myao 两步测试法，提高了对抽象概念的认知门槛，在生物界、电子信息界使人工智能（或计算机）生成物获得专利保护的客体资格越来越难。第二，在识别抽象概念时，是否与计算机硬件结合不会改变相关法律分析逻辑与标准。本案中美国最高法院大法官克拉伦斯·托马斯（Clarence Thomas）认为，本案专利权利要求旨在通过使用计算机系统（人工智能）作为第三方中介，促进双方之间的财务义务交换，这种中间结算的抽象概念不可申请专利，并且要求保护通用计算机实现的方法权利要求未能将中间结算的抽象概念转化为符合专利要求的发明。美国最高法院认为，在使用计算机获取数据、调整账户余额和发出自动指令方面，所有这些计算机功能都是以前业界熟知的“众所周知的常规活动”。这里的“众所周知的常规活动”就是指由外界输入数据、使用指定的算法加上计算力。“简单地在已经‘在本领域中众所周知”的方法中附加以高度通用性规定的常规步骤’并不‘足以’提供进行这种转换所需的‘创造性概念’。”爱丽丝案中，商业方法与计算机的组合模式没有使一项算法脱离开抽象概念的范畴，依然无法具有可专利性。

在人工智能和专利均为发达的美国，本案是人工智能技术在美国获得专利保护的一大顾虑，但也反映出，美国最高法院对人工智能的认知与本书作者对人工智能给出的定义、凝练的特征和法律本质属性是一致的。

二、否决人工智能被裁决为专利发明人

塞勒诉专利局副局长案
[2021] FCA 879

原告：斯蒂芬·塞勒

被告：澳大利亚专利局副局长

审理法院：澳大利亚联邦法院

◎案件基本情况

澳大利亚专利局副局长于2021年2月9日作出将第2019363177号专利申请视为失效的裁定。该申请专利由塞勒博士申请，发明人为统一感知自主引导装置（DABUS），DABUS为一款具有人工神经网络功能的人工智能。塞勒博士对专利局副局长提起诉讼，要求副局长所作出的DABUS不能为发明人的裁定无效。

人工智能、机器学习、人工神经网络、计算机发明、半自主系统、发明家概念、机器是否可以成为发明人？是否只有人类可以发明？

专利局副局长表示，“发明人”的一般含义并不表示非人类行为者。据说，这可以与“计算机”形成对比，例如，“计算机”最初是一个人，主要是历史性的；最近是一种装置。副局长表示，“发明人”的一般含义是指一个人，未来议会可能会认为，人工智能机器可以是专利制度的目的“发明”，其“所有者”应该因这些机器的“发明”而获得奖励，但目前的法定方案中并未反映出这种情况。他还声称，这一结论反映了著作权制度与法律的立场，即确定这些知识产权源自人类智力努力的应用。此外，人工智能机器不能拥有专

利，必然以“发明人”为前提，无论是在授予之前还是在授予之后。在本案中，没有相关的法律行为，也没有除占有权以外的必要法律关系，可以确定一旦授予塞勒博士，将有权获得转让，不能说塞勒博士“从发明人处获得发明的所有权”。

塞勒博士指出，专利法中“发明”的定义包括“被指控的发明”。塞勒博士说，他是通过专利律师提交规定表格。在这些表格中，提供了发明人的姓名，符合专利条例的要求。塞勒博士表示，副局长关于由于其未遵守专利条例指示而导致申请失效的裁定是错误的，根据该法案，“发明人”可以是人工智能系统或设备。而人们普遍认为 DABUS 无法拥有或转让专利。尽管如此，DABUS 作为一个人工智能系统，不是法人，不能合法转让该发明，但这并不意味着不可能从 DABUS 获得所有权。

◎裁判结果

1. 专利局副局长于 2021 年 2 月 9 日作出的将第 2019363177 号专利申请视为失效的裁定作废。

2. 专利局副局长认为被视为发明人的人工智能系统或设备与 1990 年专利案例（Cth）第 15（1）条不一致的裁定应作废。

3. 关于第 2019363177 号专利申请是否符合 1991 年专利条例（Cth）规定手续的事项及其审查应转交给副局长，由副局长根据这些理由依法确定。

4. 如认为必要，任何一方均可在本命令发出之日起 14 天内，通过声明申请补充第 1 至 3 号命令。

5. 没有关于成本的命令。

◎主法官大卫·比奇（David Beach）的审理思路

一、法律问题的提出

专利局副局长认定，第 2019363177 号专利申请不符合 1991 年专利条例（Cth）第 3.2C（2）（aa）条的规定。第 3.2C（2）（aa）条要求申请人（在本案中为斯蒂芬·塞勒博士）必须提供申请所涉及发明的发明人姓名。

种人工智能系统，被描述为统一感知（DABUS）的自动引导装置，被塞勒博士命名为发明者。但副局长已经确定，这样的系统不可能是发明者。

副局长认为，被视为发明人的人工智能机器与 1990 年专利条例（Cth）第 15（1）条不一致，第 3.2C（2）（aa）条也是如此。据称，塞勒博士的申请及其不足之处无法弥补。

此外，已确定塞勒博士未遵守第3.2C（4）条下的指示，其申请已失效。

塞勒博士寻求根据1977年行政决定（司法审查）法（Cth）第5（1）条和1903年司法决定（Cth）第39B条对这些决定进行司法审查。他说，第15条以及该法案和更广泛的规定，并不排除人工智能系统被视为发明人，副局长误解了第15（1）条。更笼统地说，该法案和条例与被视为发明人的人工智能系统不一致。

比奇法官要确定的基本问题是，就法案和法规而言，“发明人”是否可以是人工智能系统。正如比奇法官所指出的，之所以会出现这个问题，是因为第3.2C（2）（aa）条要求《专利合作条约》（1970年6月19日，华盛顿）（PCT）申请的申请人必须提供该申请所涉及发明的发明人姓名。

二、人工智能系统能否成为发明人?

专利局副局长认为，人工智能系统不可能是发明人，因为“第15（1）条很清楚，但在发明人可能是人工智能机器的情况下，无法进行合理的操作，因为无法识别可以授予专利的人”。他的推理结果是，人工智能系统可以发明一些在新颖性、创造性和实用性方面满足所有可专利性要求的东西，但这样的发明将是不可专利的，因为该法案需要人类发明家。

现在，塞勒博士是DABUS源代码的版权所有人，他也是DABUS操作的计算机的所有者、负责人和操作员。但他并不是所谓发明的发明人，也不是本申请的主题。发明人在申请中被认定为“DABUS，这项发明是由人工智能自主产生的”。DABUS不是自然人或法人。DABUS是一个结合了人工神经网络的人工智能系统。

所指控的发明是DABUS的产物。本发明要求保护多种产品和方法，涉及使用凸凹分形元素来吸引更多注意的容器、装置和方法。

综上所述，出于以下原因，比奇法官认为人工智能系统可以是法案的发明人。第一，发明人是代理名词，代理人可以是发明的人或物。第二，如此判决反映了现实中可专利性发明的情形，在这些发明中，不能合理地说人类是发明人。第三，法案中没有规定相反的结论。

因此，比奇法官拒绝副局长的决定和副局长立场。

第一，这一立场混淆了可专利发明的所有权和控制权问题，一方面包括谁可以是专利权人，另一方面又混淆了谁可以是发明人的问题。只有个人或其他法人才能成为所有者、控制者或专利权人。这当然包括一个人类发明家。但从这一点出发，认为发明家只能是人，是一种谬论。发明人可以是人工智能系统，但在这种情况下不能是可专利发明的所有者、控制者或专利权人。

第二，根据副局长的逻辑，如果你有一项可申请专利的发明，但没有人类发明家，你就不能申请专利。因此，通过使用副局长在附属文书中使用程序要求的手段，你将实质上排除为该发明授予专利的可能性。法案中没有任何规定可以证明这样的结果是合理的。

第三，副局长没有坚持"限制和资格不被解读为法定定义也是至关重要的，除非其条款或上下文明确要求，例如，如果有必要实现法案的明显目的"。事实上，该法案的明显目的（其代表是 s 2A）与坚持人工智能系统不能是发明者这一概念的不现实相矛盾。

第四，副局长的大部分论点都归结为字典中对"发明人"的定义。但需要做的不仅仅是求助于这个词在千年前的用法。如果文字只是"纸上思想的图画"，那么需要抓住潜在的想法，认识到可申请专利的发明及其创造者的演变性质。

人类既是被创造的也是创造的。为什么人类自己的创造物不能也创造呢？

三、关于人工智能的技术特征与意义

比奇法官首先要处理一些有关人工神经网络的背景技术问题，尤其是 DABUS。然后，将谈谈人工智能在药物研究中的应用，以举例说明科学在哪里，以及在涉及人工智能的可专利发明方面的进展。这样做是为了证明，除非法案要求，否则对可能发明的代理人和可专利发明的主题的过时观念是不起控制作用的。如果"发明"的概念在制造方式方面有所发展，那么"发明人"的概念为什么不发展呢？

（一）基本价值设定

首先应该说，比奇法官不打算提供"人工智能"的任何定义。关于图灵测试、中国房间思维实验、功能主义等的讨论可以留给其他人。当然，比奇法官处理的不仅仅是一个暴力计算工具。也许人们可以将"人工智能"的标签应用于一个具有演绎推理、归纳推理和模式识别能力的系统，将任何可能的意识、意识或自我意识的体现留给一方。但不管是什么样的立场，比奇法官现在准备将 DABUS 与人工智能等同起来，它以塞勒博士所代表的方式运行，但不将其算法拟人化。

还应该说，不需要从自治系统、半自治系统或非自治系统的角度讨论自治的概念。但在这里要指出两点。首先，自动化和自治之间有一个区别，稍后将继续讨论。其次，正如 DABUS 所描述的那样，它是半自治的，而不是塞勒博士更雄心勃勃的标签，尽管它在人工神经网络操作方面的输出在某种意义上可以说是自动生成的。接下来我谈谈人工神经网络。

（二）人工神经网络

人工智能系统可以包含或由人工神经网络构成。这种人工神经网络可以在机器内实现并自组织，以模拟人脑处理和生成信息的方式。

人工神经网络是机器学习的一个分支领域。机器学习涉及从数据中学习的计算机系统。一般来说，机器学习有三种类型，即监督、无监督和强化学习。

人工神经网络基于数学建模，旨在模拟自然神经网络。在人体中，这是由一个复杂网络连接的数十亿个神经元组成的，神经元之间的相互连接产生了智能。一个神经元的输入由其他神经元的输出信号组成。然后，该输入神经元可能被激发，产生输出信号，然后输出信号成为其他神经元的输入信号，以此类推。

人工神经网络在其软件结构和数学元素中大致模拟了自然神经网络。它们是一种更复杂的机器学习形式。一个简单的例子是对象识别系统，该系统可以为特定项目提供数千张标签图像，以便在图像中找到与特定标签一致关联的视觉模式。

人工神经网络由数千个甚至数百万个紧密连接的简单处理节点组成。神经网络被组织成节点层，这些节点层是前馈的，一般来说，数据只在一个方向上通过它们移动；稍后将讨论反向传播。简单地说，就前馈而言，单个节点可能连接到前一层中的多个节点，从中接收数据，并连接到后一层中的多个节点，向其发送数据。

对于每个传入连接，节点将分配一个称为权重的数字。当网络处于活动状态时，节点通过其每个连接接收不同的数据项（不同的数字），并将其乘以相关的权重。然后将生成的产物相加，得到一个数字。如果该数字低于阈值，则节点不会将任何数据传递到下一层。如果该数字超过阈值，则节点激发，这通常意味着沿着其所有传出连接发送该数字，该数字是加权输入的总和。

当人工神经网络正在训练时，其所有权重和阈值最初设置为随机值。训练数据被输入输入层，然后通过后续的层，以复杂的方式进行乘法和加法运算，直到它以变换的形式到达输出层。在训练期间，不断调整权重和阈值，直到具有相同标签的训练数据始终产生类似的输出。

人工神经网络有各种重要特征。第一，假设神经元同时处理信息，则存在并行处理。第二，神经元具有双重功能；它同时充当存储器和信号处理器。第三，具有数据表示的分布式性质，知识分布在整个网络中。第四，一个人有能力从网络中学习经验。

层网络由多个层组成。首先，有一个输入层，由每个网络输入的神经元组成。其次，有一个隐藏层，由一个或多个隐藏层或中间层组成，中间层由神经元组成。最后，有一个输出层，由每个网络输出的神经元组成。此外，可能存在反馈架构，在相同或先前层的神经元之间存在连接。此外，或者，可能只存在没有反馈连接的前馈架构。

现在可以使用反向传播算法，该算法能够以最小化误差函数的方式修改连接权重。为了使误差函数最小化，可以使用梯度下降算法，该算法从通用数据点开始计算梯度，给出移动方向，以达到最大增加（或减少）。这是不断重新计算的。该算法不断迭代，直到梯度为零。反向传播算法可分为两步。第一，有一个前进步骤，将网络的输入数据传播到下一级，以此类推，然后计算网络错误函数。第二，有一个后退步骤，网络产生的误差向后传播，权值适当更新。

（三）关于 DABUS

DABUS 的 30 位前辈似乎将一种人工神经网络与另一种人工神经网络相结合。比奇法官确定了解这些类型。

一种类型的人工神经网络根据网络连接的自刺激产生输出。它可以被描述为一个发生器，受到内部和/或外部干扰的无序刺激，从而产生所谓的潜在记忆。

另一种类型的人工神经网络感知输出流中的值。第一个人工神经网络产生的潜在记忆由另一个网络评估，该网络评估或预测其新颖性、效用或价值。显然，这一个网络调节第一个网络内的突触扰动水平，以选择性地加强最重要的网络，同时削弱其他网络。

这种结合产生了一个人工智能系统，据说该系统在干扰其神经网络内的连接后会产生新的想法，这两个人工神经网络模拟了人脑的主要认知回路：丘脑皮质回路。大脑皮层产生一系列输出，丘脑使人们注意到感兴趣的想法。

显然，DABUS 的设计是为了克服这些复合人工神经网络的难题。这是早期概念设计的延伸。显然，它使用了多生成器的人工神经网络，这是我上面描述的第一种类型的网络，它并行运行。塞勒博士断言，显然，DABUS 能够将生成组件完全扩展到数万亿计算神经元。

因此，DABUS是神经计算的一种形式，它允许机器生成新的概念，这些概念被编码为人工神经网络中的链式联想记忆。它由人工神经网络集合组成，其中单个网络表示语言或视觉概念。

对连接人工神经网络的随机干扰促进了备选链式拓扑的形成。通过触发随机干扰的收缩，系统能够在人工神经网络中永久化和加强特定拓扑结构作为记忆。

DABUS通过监督和非监督学习相结合的方式进行培训。最初，培训是通过不断介绍基本概念来进行的人工辅助。语言个体网络侧重于一组同义词与各种常见和技术术语的直接关联，例如，对于概念空间“货币”，培训样本是“钱”“货币”“票据”和“资本”。其他个人网络专注于图像。随着各个网络相互连接，系统积累了知识，首先是二元和三元概念组合，然后是更长的概念链。后来，系统生成了一些概念，供人们批准或不批准，然后允许系统自由运行。这是无监督的生成性学习阶段。

在无监督的生成性学习阶段，随机干扰促进了代表不同概念的替代链式拓扑的形成。与系统先前观察到的拓扑不同的拓扑，被系统识别为新颖的拓扑。

这些新的拓扑结构结合了一些也被确定为重要的网络，因为它们结合了某些预先设定的独立网络，即所谓的热键，这些网络被标记出显著的结果，例如愉悦，系统触发了随机干扰的收缩，以加强这些拓扑结构作为其人工神经网络中的记忆。

“见证”神经网络记录包含一个或多个热键的拓扑的记忆。通过上下文输入，这些记忆可以从证人网络以自然语言格式报告。

所有这一切的结果是，DABUS可以被描述为自组织的，是算法协同产生复杂性的累积结果。DABUS生成新的信息模式，而不是简单的关联模式。此外，它能够适应新的场景，而无须额外的人力投入。此外，人工智能的软件是自组装的。因此，它不仅仅是一个人工生成的软件程序，然后生成一系列可能的问题解决方案，并结合过滤算法来优化结果。

此外，从某种意义上讲，DABUS可以说是模仿了人脑功能的各个方面。现在，塞勒博士会断言，DABUS的感知和思考就像一个人，但不需要对这样的描述作进一步的评论。但就目前而言，比奇法官接受塞勒博士的断言，即：DABUS及其潜在的神经范式代表了机器学习的范式转变，因为它基于联想记忆之间形成的瞬时链式拓扑，而不是静态结构中出现的单个神经元的激活模式。从工程的角度来看，使用网络共振来驱动链式拓扑的形成，避免了程序员将一个人工神经网络的输出节点与其他人工神经网络的输入节点进行匹配的痛苦，就像在深度学习方案中一样。实际上，复杂的神经结构只使用标量共振就可以自动将自己连接在一起。

当这些链条使用包含显著后果记忆的特殊热键网络时，就会加强或削弱这些链条。因此，与传统人工神经网络训练中的误差梯度不同，概念链会根据所提供优势的数量和重要性按比例加强。分类不是根据人类定义的类别，而是通过从任何给定概念有机分支的结果链，有效地提供其功能定义。思想通过简单的学习规则（其中的语义部分）聚合成神经模块的“孤岛”，就像洋泾浜语言一样可读。

在继续之前，比奇法官认为自己应该提出一些其他的一般性意见，这些意见将在稍后讨论。

（四）人工智能在药物研究中的应用

根据联合创新政策研究所（Joint Institute for Innovation Policy）2020 年 9 月为欧盟委员会编写的关于《人工智能的趋势和发展：知识产权框架面临的挑战》（*Trends and Developments in Artificial Intelligence*：*Challenges to the Intellectual Property Rights Framework*）的最终报告中的讨论，详细阐述人工智能在药物研究中的应用。

人工智能已被应用于寻找分子靶点，这是一种与活性药物成分相互作用从而触发其作用的分子结构。大多数药物靶点是蛋白质，如受体、酶、转运体和离子通道。核酸和结构蛋白也可以作为靶标。科学家最近开发了一种机器学习算法，能够预测潜在药物分子的生物靶点。一个例子是用于确定药物相互作用靶点的贝叶斯分析（BANDIT），该分析旨在使用任何潜在药物的几乎所有可用数据来预测其与细胞中的哪种酶或受体或其他靶点相互作用以实现其治疗效果。BANDIT 可以通过将可能性限制在一个或两个目标来简化目标识别过程，然后对其进行研究。

人工智能已被应用于寻找“热门”或“潜在客户”。自动化高通量筛选是一种寻找所谓命中率的方法，从而找到潜在客户结构的候选人。人工智能已被用于药物再利用。许多药物是小而灵活的分子，它们不仅与最初确定的靶结构相互作用，还可以与其他生物结构相互作用。此类相关影响可导致识别新的应用程序。

人工智能可以通过筛选现有数据库帮助识别候选物质。科学家已经应用机器学习模型来识别全新的抗生素活性物质。机器学习模型可以分析分子结构，并将其与某些属性关联，例如杀灭细菌的能力，并将其转换为算法。

人工智能已被用于多药理学。近几十年来的药物开发一直遵循“一种药物－一种靶点结构－一种疾病”的范式。这一原则基于这样一种方法，即使用药理学试剂选择性地处理体内的靶结构，以治疗特定的疾病模式。许多严重疾病，如癌症、精神障碍或心血管疾病，往往不能用一个单一的生物学缺陷来解释，而只能用复杂的、通常是网络化的故障相互作用来解释，这些故障共同产生了临床图景。人工智能可以提供帮助。

人工智能是开发疫苗的有用工具。人工智能可以帮助进行基因测序，从而解码病毒的遗传物质。人工智能也可以帮助模拟疫苗。在模拟中，可能的疫苗可以“释放”到病毒上。有关病毒和疫苗性质的数据可能足以模拟它们如何相互反应。这使得甚至在实际测试开始之前就可以排除前景较差的疫苗。

人工智能可以帮助确定蛋白质的三维结构，包括其折叠形式。字母表子公司 DeepMind 利用机器学习的一个分支——深度学习开发了字母折叠系统，该系统根据蛋白质的基因序列生成蛋白质的 3D 模型。AlphaFold 已被用于预测 SARS－CoV－2 病毒的蛋白质结构。这在疫苗研究中很重要。为了中和病毒，疫苗的抗体必须精确作用于病毒的蛋白质。

有许多数据库可用于整合分子途径、晶体结构、结合亲和力、药物靶点、疾病相关性、化学性质和生物活性的各种信息。人工智能可以用来从这些数据库中获取信息，从而设计出新的化合物，既可以用于单一靶点，也可以用于多重药理学。

人工智能还可以用于支持临床试验，通过检测患者的疾病，识别基因靶点，预测所设计分子的作用以及靶向和非靶向作用。此外，患者选择是临床试验中的一个关键过程。在临床研究中，人类生物标记物与体外表型之间的关系至关重要。它能够对给定患者治疗反应的不确定性进行更可预测、量化的评估。识别和预测人类相关疾病生物标志物的人工智能方法的发展，使得在Ⅱ期和Ⅲ期临床试验中招募特定患者群体成为可能。因此，在选择患者群体时使用人工智能进行预测建模，可以提高临床试验的成功率。

如报告所述，一般而言，人工智能的最新进展有两个关键驱动因素，可以显著加快药物发现。首先，现有科学知识的数字化使人们能够发现可以解决某些疾病目标的新化合物。例如，人类基因组数字化极大地扩展了新化合物的搜索空间。丰富的多模式数字数据（如化学结构、X 射线成像）进一步扩大了搜索空间。然而，数据的大小和形式也增加了在搜索空间中导航的复杂性。其次，人工智能的最新进展——特别是在机器学习领域——有助于管理潜在药物的巨大搜索空间的复杂性。人工智能可以自动、智能地收集、消化、分析和检测人体内现有化合物和生物反应数据中的复杂模式。机器学习算法可以生成一个大的特征空间来发现隐藏的联系，这对于医学专家来说是一个劳动极其密集的过程。它们还可以进行系统的搜索，预测新药是否能治疗靶点，并比科学家更快地提出新的假设。因此，通过克服计算和数据管理方面的障碍，人工智能技术可以降低寻找药物——靶标对的搜索成本，即使搜索空间已经扩大。由此产生的候选药物可以作为有用的起点，检验它们在治疗疾病靶点方面是否安全有效。

一旦确定了药物化合物的潜在候选列表，人工智能还可以用来选择哪些分子具有合适的特性，以解决感兴趣的生物靶点。例如，人工智能可以找到最佳的化学结构来降低毒性和满足代谢需求，这两种搜索都可能成本高昂且数据密集。同样，如果发现过程主要由算法驱动，则已证明在发现过程中构成障碍的人为错误也不太可能发生。通过促进候选药物的发现和验证，人工智能有望对药物开发的早期阶段（临床试验之前）产生强大的影响。

比奇法官谈到了专利律师感兴趣的一个科学研究领域，这些例子可以成倍增加。但这一切表明，对于“发明人”的概念，不应狭隘地看待。这样做不仅会阻碍计算机科学领域的创新，还会阻碍所有其他可能受益于人工智能系统输出的科学领域创新。

◎**裁判结论**

谁可以被授予专利？现在没有要求副局长决定这个问题。问题是目前是否提交了有效的 PCT 申请。唯一的障碍似乎是第 3.2C（2）（aa）条和副局长对该要求的解释。

首先，在比奇法官看来，发明家的名字可以是非人类的。副局长说不能有非人类发明家是不正确的。其次，如果副局长认为第 3.2C（2）（aa）条要求使用人类发明家的名字，那么这不是法案规定的。因此，如果副局长是正确的，比奇法官认为自己会仔细阅读该条例，以避免其越权，从而使其实际上读作“人类发明家的姓名（如适用）”。最后，在以下情况下，副局长不应使用附属立法来简要排除对塞勒博士的申请进行实质性审议和审查：（a）塞勒博士是一位有效的申请人；（b）表面上看，他的申请并不是说没有披露可申请专利的发明；（c）未发现其申请的其他困难；（d）授予问题还有几年的时间；

和现在还不能说，塞勒博士以后不能在第15（1）（b）条和或第15（1）（c）条规定的范围内获得补助金。

在这方面，如果有必要这样说，比奇法官同意自己前面提到的塞勒博士的程序观点。

总之，在比奇法官看来，法案认可的发明人可以是人工智能系统或设备。但这样的非人类发明人既不能成为专利申请人，也不能成为专利的受让人。因此如此判决与当前的科技现实所一致。这与《专利法》是一致的，与促进创新是一致的。

比奇法官撤销副局长的决定，并根据这些理由将此事转交复议。各方已经同意，鉴于这一问题的重要性，无论谁获胜，都不应下达费用命令。

◎评论与分析

比奇法官判决专利局副局长于2021年2月9日作出的将第2019363177号专利申请视为失效的裁定作废。他对神经网络和DABUS谈论很多，但并没有从法理上说清楚为什么赋予DABUS专利发明人身份。比奇法官的依据主要有以下几点：（1）专利法条文没有说清楚，发明人是专指自然人还是包含其他，他认为不能按字典来理解发明人，如果按照词义理解，“or”或“er”结尾的词可以是自然人也可以是物；（2）我们既是被创造的，也是创造的。为什么我们自己的创造物不能创造呢？（3）赋予人工智能发明人会促进创新。

比奇法官存在的问题是未分清问题的根源，即不在于我们自己的创造物可不可以创造，而在于我们自己的创造物以什么法律身份进行创造。

值得我们注意的是，即使比奇法官赋予了DABUS发明人的身份，但进行了限制，“法案认可的发明人可以是人工智能系统或设备。但这样的非人类发明人既不能成为专利申请人，也不能成为专利的受让人”。

比奇法官的判决还会带来新的问题，可能远比这个案件本身的问题更大。人工智能可以作为发明人发明，但既不是申请人也不能是受让人，其他自然人与法人如何合法受让人工智能的发明成果。另外人工智能如果发明免费，这可能使申请人转向商业秘密。比奇法官的判决目的动机非常明确，只是为了给人工智能发明人的身份，这样做的客观效果可能会使一些申请人工智能为发明人的专利集中在澳大利亚，但由于澳大利亚并没有立法明确，且赋予人工智能发明人资格为世界发达国家所拒绝，这样的观点注定走不长远。

2022年4月，DABUS成为专利发明人的短暂美好愿景在澳大利亚正式宣告结束。对本案上诉的裁决中，澳大利亚联邦法院全员通过，明确了人工智能不能被命名为现行专利法意义下的发明人，发明人必须是自然人（[2022] FCAFC 62）。因此，人工智能主导的发明在澳大利亚获得专利保护也就此告一段落。

第二节　著作权法诉讼司法判例

在著作权方面，法律只承认自然人是作品创作的作者，各国的法律在这一点上认知上是一致的。在涉及人工智能参与制作的产品时，作品是否属于著作权保护的作品，需要严格按照著作权的要求来识别。

本节选入两个案例，虽然对产品识别的结论不同，但识别技术原理是一致的。

一、人工智能自动生成的文字内容不构成作品

2019 年 4 月，北京互联网法院判决了一起软件自动生成文字不构成作品的案件，被称为全国首例人工智能生成内容不构成著作权案宣判。

北京菲林律师事务所诉北京百度网讯科技有限公司
（2018）京 0491 民初 239 号

原告：北京菲林律师事务所

被告：北京百度网讯科技有限公司

审理法院：北京互联网法院

◎案件基本情况

原告北京菲林律师事务所诉被告北京百度网讯科技有限公司侵害署名权、保护作品完整权、信息网络传播权。

原告涉案文章于 2018 年 9 月 9 日首次在该律所微信公众号上发表。2018 年 9 月 10 日，“点金圣手”未经许可在被告经营的百家号平台上发布。被告删除了涉案文章的引言、检索概况、电影行业案件数量年度趋势图和结尾的“注”部分，删除了涉案文章的署名。涉案文章文字共计 4511 字，图形共计 15 个。根据《使用文字作品支付报酬办法》第五条的规定，每千字 300 元的

标准（不足千字部分按千字计算），文字部分的稿酬为1500元。图形按照每个200元的标准计算，为3000元。因此，涉案文章的稿酬共计为4500元。根据惩罚性赔偿的有关规定，原告要求应按照稿酬标准的5倍计算赔偿金额，但在本案中仅主张被告赔偿经济损失10000元。另外，原告为本案诉讼支出的相应合理费用，也应由被告负担。

◎争议焦点

原告主张被告侵犯了涉案文章的著作权，被告辩称涉案文章不构成作品，原告不享有涉案文章的权利，被告亦未向公众提供涉案文章。本案的争议焦点为：①原告是否为适格的主体；②被告是否实施了被诉侵权行为；③被告主张不构成侵权的抗辩是否成立。

◎原告诉求

原告向北京互联网法院（以下简称“法院”）提出诉讼请求：①请求判令被告立即停止侵权，删除百家号上“点金圣手”发布的《影视娱乐行业司法大数据分析报告——电影卷·北京篇》（以下简称涉案文章）；②请求判令被告赔礼道歉、消除影响，在“点金圣手”百家号账号上发布道歉声明；③请求判令被告赔偿原告经济损失10000元；④请求判令被告赔偿原告为维权所支出的合理费用30元。

诉讼过程中，原告放弃其第1项诉讼请求；变更第2项诉讼请求为“请求判令被告赔礼道歉、消除影响，在百家号平台上发布道歉声明”；变更第4项诉讼请求为“请求判令被告赔偿原告为维权所支出的合理费用560元”；曾增加“请求确认原告对涉案文章享有著作权”的诉讼请求，后又放弃该诉讼请求。另外，原告曾主张被诉侵权文章由用户“点金圣手”发布，后变更主张为被告发布。

◎被告主张

第一，涉案文章不具有独创性，不属于《著作权法》的保护范围。本案中涉案文章数据并不是原告经过调查、查找或收集获得的，报告中的图表也不是由其绘制所得，而是由威科先行库自动生成的。因此，被告认为，涉案文章不是由原告通过自己的智力劳动创造获得，不属于《著作权法》的保护范围。

第二，原告不是本案的适格主体。本案中，原告没有证明其组织或委派人员创作了涉案文章，没有证明对涉案文章的创作、构思、基调等有其独立意志的体现，不具备《著作权法》上关于法人作品的构成要件。因此，原告无法证明涉案文章是法人作品。

第三，原告没有证据证明百家号平台发布了被诉侵权文章。百家号是信息存储平台，被告不对内容进行实质审查，未实施侵权行为。

第四，原告主张被告赔礼道歉没有事实和法律依据，原告是法人主体，不是赔礼道歉的对象。综上，请求法院依法驳回原告的全部诉讼请求。

◎原被告提交的各项证据

一、原告主张对涉案文章享有著作权的相关事实

原告为证明涉案文章具有独创性，系法人作品，其为涉案文章的作者，向法院提交了如下证据：①涉案文章的网页截图和原始发表链接。②电子数据保管函。北京市国信公证处于2018年9月18日出具《电子数据保管函》（编号为2018091810574881047 4576）。被告对《电子数据保管函》有异议，认为该函并非公证处出具的公证书，且不能证明原告为涉案文章的权利人。③涉案文章创作过程的相关文档。原告提交了工作方案、司法大数据统计表、司法大数据分析报告（大纲）、大数据报告创作过程稿等多份文档，用以证明涉案文章系由原告组织创作并最终完成涉案文章。被告对上述证据的真实性均不认可，认为大数据报告工作方案、影视娱乐行业司法大数据分析报告（大纲）的创作或最后保存时间在涉案文章发表之后，其余证据亦无法证明涉案文章系原告创作完成。

法院主持原告、被告对互联网上相关信息进行勘验，包括以下内容：

（1）原告微信公众号的勘验记录。被告确认该公众号中存在涉案文章，但认为不能据此说明涉案文章系原告创作完成的法人作品。

（2）威科先行库的勘验记录。原告和被告均认可涉案文章在创作过程中使用了威科先行库，故法院主持原告、被告对威科先行库相关功能应用情况进行勘验。

对于上述勘验结果，原告认为涉案文章具有独创性，并非由威科先行库生成，具体理由如下：涉案文章与威科先行库自动生成的大数据报告1、2在内容上并不相同；在图形的类别上，涉案文章使用了正态分布图（折线图），大数据报告1、2使用了曲线图，且威科先行库无法自动生成正态分布图（折线图）；涉案文章的图形系先由威科先行库生成基础的图形，再由人工进行线条、颜色等外观美化。原告主张涉案文章系其原创，通过在威科先行库中按照一定条件检索裁判文书，然后按原告设定的电影行业案件标准，经过人工逐份审阅，剔除不相关的案件，人工筛选出属于电影行业的案件，总计2589件。然后针对上述裁判文书进行统计分析，形成最终的涉案文章。创作过程中使用了Microsoft Excel工作表进行统计分析，使用Microsoft Excel工作表、Microsoft PowerPoint演示文稿绘制图形。

上述事实，有原告主张其权利的证据、庭审笔录、勘验笔录及当事人陈述等在案佐证。

二、原告主张被告侵权的相关事实

原告为证明被告未经授权在其经营的百家号平台发表被诉侵权文章，侵犯其署名权、保护作品完整权和信息网络传播权，向法院提交了如下证据：

（1）百度搜索引擎中检索“影视娱乐行业司法大数据报告”的显示结果、百家号平台发表被诉侵权文章的网页截图及各自相应的公证云平台《电子数据保管函》，用以证明百家号平台于2018年9月10日发表了被诉侵权文章。《电子数据保管函》的基本内容与上文提及的电子数据保管函基本一致，仅网址、电子数据指纹等不同。本案中，原告曾主张被诉侵权文章由用户“点金圣手”发布，后变更主张为被告发布。

（2）百度产品大全、百家号百度百科信息、百家号使用手册等网页截图及各自相应的公证云平台电子数据保管函，用以证明被告是百家号的经营主体。

（3）网页截图，包括公证云平台网站首页和“关于平台”网页截图、公证云平台用户服务协议、北京市国信公证处电子数据保管网页截图。

（4）百家号服务协议，百家号使用手册，百家号商业模式、服务协议及规则的取证过程视频，以及各自相应的IP360取证数据保全证书，连同百家号发布内容审核页，用以证明百家号平台是为内容创作者提供内容发布、内容变现和粉丝管理的平台，且被告作为网络服务提供者，对百家号平台具有极强的控制和管理能力。

（5）在百度搜索引擎中检索“影视娱乐行业司法大数据报告”证明，百度搜索引擎对被诉侵权文章进行主动推荐。

（6）百家号收益指标说明被告对百家号平台用户上传的内容投放广告，与百家号平台用户针对特定内容产生的广告点击量进行广告收入分成，针对特定内容产生的商品订单量进行佣金分成，二者在内容合作、利益分享等方面联系紧密。

(7) 国家版权局《关于规范网络转载版权秩序的通知》、《国家版权局约谈 13 家网络服务商：防止违法转载、洗稿等行为》的新闻网页截图、《中国互联网网络版权自律公约》以及各自相应的 IP360 取证数据保全证书。

原告主张上述证据证明被告从用户上传的内容中获得著作权授权及著作权后续开发利用的权利，该公司为内容提供者，具有过错且应承担侵权责任。

上述事实，有原告提交的主张被告侵权的证据、庭审笔录、勘验笔录及当事人陈述等在案佐证。

三、原告经济损失及合理支出的事实

原告为证明其为本案支出合理费用共计 560 元，向法院提交如下证据：

(1) 公证云平台收费标准的网页截图，显示网页取证每张收费 2.5 元，原告在该平台对 12 张网页进行了取证，共花费 30 元。

(2) IP360 过程取证收费标准及原告已支付的网页截图，显示过程取证每次收费 500 元，原告主张其在 IP360 过程取证花费 500 元。

(3) IP360 快照取证收费标准及原告已支付的网页截图，显示快照取证每次收费 5 元，原告在该平台对 6 份证据进行了快照取证，共花费 30 元。

四、被告意见与提交的事实证据

被告对上述证据不予认可。

首先，被告认为涉案文章不具有独创性，是由威科先行库生成的，具体理由如下：涉案文章与威科先行库自动生成的大数据报告 1、2 在文章结构、图形类别、案件类型、案由分布和审理法院内容、先展示图形后进行文字分析的模式等方面相同或类似；威科先行库的内容是不断更新的，故涉案文章与大数据报告 1、2 会存在不相同的地方；图形及数据来自威科先行库，不是原告经过调查、查找或收集获得的，图形也不是原告绘制；著作权法只保护自然人的创作，不保护人工智能生成的内容。

其次，关于公证云平台，登录原告提供的公证云平台账户，经验证，被告认可原告提交的上述网页截图与其在该平台上保管的相应证据（相应网页内容）均一致。本院对此予以确认。但针对勘验结果，被告认为，公证云平台不是权威的取证、存证机构，原告的行为不符合《最高人民法院关于互联网法院审理案件若干问题的规定》中对电子数据的取证、存证要求；根据《电子数据保管函》的内容，其仅为电子数据保管回执，不作为证明文件使用，需要提出公证申请才能出具公证书；原告可以随意选择存证的公证机构，不具有公信力。另外，经被告核查，百家号平台未发表被诉侵权文章；且被告认为，百家号平台提供的是信息存储空间服务，不对用户上传的内容进行实质审查、编辑整理和推荐，故被告没有实施侵权行为。

最后，被告认为，原告主张被告赔偿其经济损失 10000 元，但未提交证据，其主张涉案文章包含文字 4511 字和图形 15 个，应根据《使用文字作品支付报酬办法》的规定并予以从高认定赔偿数额或予以惩罚性赔偿。

被告为证明该公司不侵权，向法院提交了以下证据：

（1）百度搜索结果页面打印件，显示“文章暂时找不到了”，但未显示文章名称，用以证明百家号平台中未发现被诉侵权文章，且被告表示该文章之前是否存在无法核实。

（2）《北京市文化、体育和娱乐业可视化分析报告》，被告使用 Alpha 法律智能操作系统选定相关搜索关键词生成了该报告，用以证明涉案文章的文字和图形亦采用类似的数据库软件生成，并非原告自己搜集获得或编写而成。

（3）涉案文章截图，文章上显示案例库为“威科先行”，用以主张原告使用该软件自动生成了涉案文章。

（4）北京市国信公证处相关网页照片，显示该公证处的公证流程，用以证明该公证处与公证云平台属于两个机构。

原告认为对上述证据仅能证明被诉侵权文章已被删除，不能证明该文章未经发表，其他内容的报告与本案不具有关联性。

上述事实，有被告提交的证据、庭审笔录及当事人陈述等在案佐证。

◎审理法院裁判观点

一、原告是否为本案适格的主体

《著作权法》所称作品，是指文学、艺术和科学领域内，具有独创性并能以某种有形形式复制的智力成果。原告主张涉案文章构成图形作品、文字作品，法院分别进行审查。

（一）原告主张的图形是否构成图形作品

图形作品是指为施工、生产绘制的工程设计图、产品设计图以及反映地理现象、说明事物原理或者结构的地图、示意图。图形构成作品需具有独创性。工程设计图、产品设计图中包含的技术方案、实用功能、操作方法等以及地图、示意图中包含的客观地理要素、事实等，不受《著作权法》保护。就本案来说，相关图形是原告基于收集的数据，利用相关软件制作完成，虽然会因数据变化呈现出不同的形状，但图形形状的不同是基于数据差异产生，而非基于创作产生。针对相同的数据，不同的使用者应用相同的软件进行处理，最终形成的图形应是相同的；即使使用不同软件，只要使用者利用常规图形类别展示数据，其表达也是相同的，故上述图形不符合图形作品的独创性要求。原告虽然主张对上述图形的线条、颜色进行了人工美化，但未提交证据予以证明。经勘验，法院将涉案文章中的图形与威科先行库生成的大数据报告1、2的相关图形进行对比，涉案文章中北京各级法院审理电影行业案件数量分布图与大数据报告1中“法院”部分的图形均为柱状图，数据均体现出北京市朝阳区人民法院受理案件数量最多，其次为北京市海淀区人民法院。上述2个图形显示的法院数量、每个法院受理案件的数量有所不同。除上述2个图形的差异外，涉案文章中的其他图形和大数据报告1、2的其他图形在图形数据、图形类别上亦存在不同之处。但是，上述差异是不同的数据选择、软件选择或图形类别选择所致，不能体现原告的独创性表达。

因此，涉案文章中的图形不构成图形作品，原告对其享有著作权的主张不能成立，对原告相关诉讼请求，法院不予支持。

（二）原告主张的文字是否构成文字作品

文字作品是指小说、诗词、散文、论文等以文字形式表现的作品。审查相关文字内容是否构成作品，一般考虑如下因素：①是否属于在文学、艺术和科学范围内自然人的创作；②是否以文字形式表现；③是否可复制；④是否具有独创性。就本案来说，涉案文章文字内容涉及对电影娱乐行业的司法分析，属于科学范围的创作，以文字形式表现且可复制。因此，原、被告的争议焦点在于涉案文章的文字内容是否具有独创性。

涉案文章系对一定期间内北京法院受理电影作品案件情况、律师代理情况等方面进行阐述的文字表达，原告主张为创作涉案文章，选定了与创作目的相契合的关键词并利用上述关键词对威科先行库中的数据进行搜索、筛选，再对搜索结果涉及的裁判文书进行梳理、判断、分析，最终形成了涉案文章。但是，被告认为，涉案文章是采用威科先行库“可视化”功能自动生成的，并非原告通过自己的智力劳动创作获得的，涉案文章不具有独创性，不能构成作品。

基于被告的抗辩，法院应先对由威科先行库自动生成的分析报告的性质、该分析报告的权益归属等问题进行分析判断。

1. 关于威科先行库自动生成的分析报告是否构成作品的问题

从分析报告生成过程看，选定相应关键词，使用“可视化”功能自动生成的分析报告，其内容涉及对电影娱乐行业的司法分析，符合文字作品的形式要求，涉及的内容体现出针对相关数据的选择、判断、分析，具有一定的独创性。但是，法院认为，具备独创性并非构成文字作品的必要条件，根据现行法律规定，文字作品应由自然人创作完成。虽然随着科学技术的发展，计算机软件智能生成的此类“作品”在内容、形态，甚至表达方式上日趋接近自然人，但根据现实的科技及产业发展水平，若在现行法律的权利保护体系内可以对此类软件的智力、经济投入予以充分保护，现行阶段不宜对民法主体的基本规范予以突破。

故法院认定，自然人创作完成仍应是著作权法上作品的必要条件。上述分析报告的生成过程的两个环节有自然人作为主体参与，一是软件开发环节，二是软件使用环节。软件开发者（所有者）没有根据其需求输入关键词进行检索，该分析报告并未传递软件研发者（所有者）的思想、感情的独创性表达，故不应认定该分析报告为软件研发者（所有者）创作完成。同理，软件用户仅提交了关键词进行搜索，应用“可视化”功能自动生成的分析报告亦非传递软件用户思想、感情的独创性表达，故该分析报告亦不宜认定为使用者创作完成。

综上，软件研发者（所有者）和使用者均不应成为该分析报告的作者。分析报告系威科先行库利用输入的关键词与算法、规则和模板结合形成的，某种意义上讲可认定威科先行库“创作”了该分析报告。由于分析报告不是自然人创作的，因此，即使威科先行库“创作”的分析报告具有独创性，该分析报告仍不是著作权法意义上的作品，依然不能认定威科先行库是作者并享有著作权法规定的相关权利。

2. 有关分析报告的署名问题

有关分析报告的署名问题，无论是软件研发者（所有者）还是使用者，非创作者都不能以作者身份署名，应从保护公众知情权、维护社会诚实信用和有利于文化传播的角度出发，在分析报告中添加生成软件的标识，标明系软件自动生成。

虽然分析报告不构成作品，但不意味着其进入公有领域，可以被公众自由使用。分析报告的产生既凝结了软件研发者（所有者）的投入，也凝结了软件使用者的投入，具备传播价值。如果不赋予投入者一定的权益保护，将不利于对投入成果（即分析报告）的传播，无法发挥其效用。对于软件研发者（所有者）来说，其利益可通过收取软件使用费用等方式获得，其开发投入已经得到相应回报；且分析报告系软件使用者根据不同的使用需求、检索设置而产生的，软件研发者（所有者）对其缺乏传播动力。

因此，如果将分析报告的相关权益赋予软件研发者（所有者）享有，软件研发者（所有者）并不会积极应用，不利于文化传播和科学事业的发展。对于软件使用者而言，其通过付费使用进行了投入，基于自身需求设置关键词并生成了分析报告，具有进一步使用、传播分析报告的动力和预期。因此，应当激励软件使用者的使用和传播行为，将分析报告的相关权益赋予其享有，否则软件的使用者将逐渐减少，使用者也不愿进一步传播分析报告，最终不利于文化传播和价值发挥。

如前所述，软件使用者不能以作者的身份在分析报告上署名，但是为了保护其合法权益，保障社会公众的知情权，软件使用者可以采用合理方式表明其享有相关权益。

3. 关于涉案文章是否为威科先行库自动生成

本案中，为查明相关事实，法院组织双方当事人对威科先行库“可视化”功能进行了勘验，由被告提供相应搜索关键词，依次自动生成大数据报告 1、2。经比对，涉案文章与大数据报告 1 在分析北京法院审理电影行业案件数量时，均只用一句话进行了文字描述，均传递出受理案件数量最多的是北京市朝阳区人民法院，其次是北京市海淀区人民法院的含义，但是二者的文字表达不同，文字内容所占比例极小。除此之外，涉案文章与大数据报告 1、2 的文字内容及表达完全不同。据此，涉案文章的文字内容并非威科先行库“可视化”功能自动生成，而是原告独立创作完成，具有独创性，构成文字作品。被告的抗辩不能成立。

（三）涉案文章是否系法人作品

我国《著作权法》规定，创作作品的公民是作者。由法人或其他组织主持，代表法人或其他组织意志创作，并由法人或者其他组织承担责任的作品，法人或者其他组织视为作者。在无相反证据的情况下，可以根据作品的署名情况推定权利归属。

本案中，原告主张涉案文章系法人作品，著作权由其享有。法院认为，根据查明的事实，涉案文章在原告经营的微信公众号首次发表，发表时署名为原告，并未提及涉案文章还有其他参与创作的主体；涉案文章系原告策划的系列报告的首篇，在该系列报告的序言、预告部分亦说明涉案文章系原告已完成的工作成果，涉案文章的内容亦是以原告的视角进行的分析、评价。原告提交了创作过程中形成的多份文档，虽然部分文档保存时间在涉案文章发表之后，但从总体上看能够体现该律所对涉案文章的创作过程。故在无相反证据的情况下，法院认定涉案文章是原告主持创作的法人作品，原告是本案适格的主体，有权针对侵权行为提起民事诉讼。

二、被告是否侵害原告享有的著作权

本案中，原告主张被告是百家号平台的经营者，百家号平台是为内容创作者提供内容发布、内容变现和粉丝管理的平台，被告作为网络服务提供者，对百家号平台具有极强的控制和管理能力。被告辩称百家号平台是信息存储平台，法院对此不持异议。本案审理过程中，原告曾主张被诉侵权文章由百家号用户提供，后转而主张被诉侵权文章由被告提供。

法院认为，经营者在提供信息存储空间服务等技术服务的同时，并不能排除同时提供内容服务（作品、表演、录音录像制品等）的可能。在原告变更主张被告提供被诉侵权文章的情况下，本院将根据现有证据全面审查判断被告提供服务的具体情形。

（一）百家号平台是否存在被诉侵权文章

法院认为，原告主张被告实施了提供被诉侵权文章的行为，应当承担举证证明责任，原告初步举证证明通过百家号平台能够获得被诉侵权文章；若被告仍辩称其未实施提供内容行为，应由被告承担相应的举证证明责任。

本案中，原告提交了被诉侵权文章的网页截图，显示被告经营的百家号平台上存在被诉侵权文章。为保证其取证步骤的真实性及相关网页的完整性，原告将相应网址的网页通过公证云平台“静态页面取证”功能进行证据固定，北京市国信公证处对此出具了相应的《电子数据保管函》。

本院认为，原告提交的电子数据证明百家号平台上存在被诉侵权文章，已完成了初步举证责任，被告未提交相反证据证明其未实施上述行为，应承担举证不能的民事责任。本案中，被告以原告未采用公证方式固定上述电子数据为由，对相应电子数据的真实性不予认可。本院认为，原告以何种证据形式提交上述证据，是其根据证据类型、保全程序烦琐与否等因素作出的选择，虽然经公证文书证明的证据具有较高的证明效力，但不能认为只有经公证保全的证据才具备真实性。

被告对上述电子数据真实性提出异议，本院将结合质证情况，审查判断上述电子数据生成、收集、存储、传输过程中是否存在瑕疵。原告提交的电子数据，系利用区块链等证据收集、固定和防篡改技术手段取得的，电子数据的生成主体和时间明确，内容清晰、客观、准确，可以通过电子指纹形式得到验证。关于保管函上所附声明，本院认为，根据声明内容来看，应是公证处表明其承接的是电子数据保管业务，并非公证保全证据业务，应系公证处在开展新业务之初作出的提示性声明，并非指认上述电子数据的真实性存疑。

综上，法院确认在原告取证之时，被告经营的百家号平台上存在被诉侵权文章。

（二）被告向用户提供服务的性质

一般来说，原告提起民事诉讼时，应当明确被告实施了何种侵权行为。本案中，原告起诉时主张百家号用户“点金圣手”提供了被诉侵权文章，在法庭辩论终结前变更主张为被告提供了被诉侵权文章，但其所依据的事实并未发生实质性变化，为查明事实，正确适用法律，法院对被告实施行为的性质进行全面审查。

根据原告提交的网页截图等证据，百家号平台上被诉侵权文章的页面中出现了“点金圣手”的署名及“点金圣手”的简介，但仅凭上述信息不足以认定“点金圣手”系被诉侵权文章的提供者。被告在本案中主张其仅提供信息存储空间服务，应承担举证证明责任。本案中，被告以其平台上不存在被诉侵权文章为由，未提供证据予以证明。本院认为，被告作为网络服务的提供者，持有并管理着相关用户信息及提供相关服务时留存的信息。在原告已提交初步证据证明百家号平台上存在被诉侵权文章的情况下，从便于法院查清事实、便于权利人维护合法权益的角度出发，被告应进一步提供证据或证据线索，如提供证明百家号平台上被诉侵权文章的上传者是否存在的相关证据；若该上传者存在，应提供该上传者的用户名、联系方式及为该上传者提供技术服务时保留的上传 IP 地址、上传时间等上传信息，以供法院全面审查。本案中，被告未提供关于上传者的相关证据，故对被告在本案中仅提供信息存储空间服务的抗辩，本院不予采信。

本院认定被告通过信息网络向公众提供了被诉侵权文章。

本案审理过程中，双方当事人均认可百家号平台上已不存在被诉侵权文章，原告亦不再要求被告停止侵权，本院对此不持异议。

（三）被告是否侵害原告享有的权利

被告未经许可，在其经营的百家号平台上向公众提供了被诉侵权文章内容，供公众在选定的时间、选定的地点获得，侵害了原告享有的信息网络传播权，应承担相应的民事责任。故原告要求被告赔偿经济损失的主张，法院予以支持。关于赔偿数额，法院将根据涉案文章的性质、被告主观过错、侵权情节等因素予以判定。涉案文章文字内容涉及司法分析内容，专业程度较高，字数较多；被告作为业内知名公司，经营的百家号平台服务范围较广；涉案文章在原告微信公众号上发布后次日，被告即向公众提供被诉侵权文章；原告主张对涉案文章中图形享有权利，法院未予支持。综上，原告主张的赔偿数额过高，法院不予全额支持；原告为制止侵权行为支出的合理开支，亦应由被告负担。

原告主张被告侵害了其享有的署名权。法院认为，署名权即表明作者身份，在作品上署名的权利。本案中，原告创作完成涉案文章后，在文章中标注了名称，并注明原创；而在被告提供的被诉侵权文章中，删除了其署名，且出现了“点金圣手”的字样，足以导致相关公众误认为“点金圣手”系作者，侵害了原告享有的署名权。被告应以合理的方式向原告赔礼道歉、消除影响。

原告主张被告侵害了其享有的保护作品完整权。法院认为，保护作品完整权是指保护作品不受歪曲、篡改的权利。本案中，将百家号平台上的被诉侵权文章与原告微信公众号上的涉案文章相比较，前者删除了原告为整个系列作品创作的引言、检索概况，以及电影行业案件数量年度趋势图和结尾的“注”部分，上述内容均非体现涉案文章独创性表达的主要内容，未歪曲、篡改原告表达的思想，故对原告的该项主张，法院不予支持。

◎判决结果

综上，法院依照《中华人民共和国著作权法》第九条，第十条第一款第二项、第四项、第十二项，第四十七条，第四十八条，第四十九条规定，判决如下：

（1）本判决生效之日起七日内，被告北京百度网讯科技有限公司在百度百家号（baijiahao. baidu. com）平台首页上连续48小时刊登道歉声明，为原告北京菲林律师事务所消除影响（声明内容需经法院审核，若被告北京百度网讯科技有限公司拒不履行，法院将在一家全国发行的报刊上刊登判决书主要内容，相关费用由被告北京百度网讯科技有限公司负担）。

（2）本判决生效之日起七日内，被告北京百度网讯科技有限公司向原告北京菲林律师事务所赔偿经济损失1000元及合理费用560元，共计1560元。

（3）驳回原告北京菲林律师事务所的其他诉讼请求。

如果未按本判决指定的期间履行给付金钱义务，应当依照《中华人民共和国民事诉讼法》（2017 修正）第二百五十三条之规定，加倍支付迟延履行期间的债务利息。

案件受理费 64 元（原告北京菲林律师事务所已预交），由被告北京百度网讯科技有限公司负担，于本判决生效之日起七日内交纳。

如不服本判决，可于判决书送达之日起十五日内，向法院递交上诉状，并按对方当事人的人数提出副本，上诉于北京知识产权法院。

◎**评论与分析**

人工智能生成作品，首先涉及两个问题，第一个问题就是人工智能是自己生成物的作者吗。第二个问题是人工智能生成的作品是著作权保护客体吗。

本案中就威科先行库自动生成的内容含两部分，一部分是图形，另一部分是文字。关于本案图形部分，法院认为是非基于创作产生。图形不符合图形作品的独创性要求。这在司法实践再次印证了人工智能生成物即使是在著作权保护的主题，但也要对其进行构成要素识别，只有通过识别的主题才能进入保护的客体范畴。关于本案文字部分，审理法院认为威科先行库自动生成的分析报告具有一定的独创性。但是，具备独创性并非构成文字作品的必要条件。根据现行法律规定，文字作品应由自然人创作完成，自然人创作完成仍应是著作权法上作品的必要条件。分析报告产生过程的两个环节有自然人作为主体参与（软件开发者和软件使用者），但并没有传递其思想、感情的独创性表达，故不应认定（开发者和使用者）为作者。

人工智能自身，即威科先行库利用输入的关键词与算法、规则和模板结合形成分析报告。由于分析报告不是自然人创作的，因此，即使威科先行库"创作"的分析报告具有独创性，该分析报告仍不是著作权法意义上的作品，依然不能认定威科先行库是作者并享有著作权法规定的相关权利。

本案作品，即分析报告，对人工智能自身和开发与使用者都没有给予作者身份，对其报告的文字部分承认有一定的创造性，但没有进入著作权法作品的保护客体。法院表达了"虽然分析报告不构成作品，但分析报告的产生既凝结了软件研发者（所有者）的投入，也凝结了软件使用者的投入，具备传播价值，应给予一定的权益保护。对于软件研发者（所有者）来说，其利益可通过收取软件使用费用等方式获得，其开发投入已经得到相应回报；激励软件使用者的使用和传播行为，软件使用者不能以作者的身份在分析报告上署名，但是为了保护其合法权益，保障社会公众的知情权，软件使用者可以采用合理方式表明其享有相关权益”。

二、人工智能生成文章被认定为作品

2019 年 12 月广东省深圳市南山区人民法院判决一起计算机生成物作品著作权与侵权纠纷的案件，被舆论称为是全国首例认定人工智能生成的文章构成作品的生效案件。

深圳市腾讯计算机系统有限公司诉
上海盈讯科技有限公司侵害著作权及不正当竞争纠纷案
（2019）粤 0305 民初 14010 号

原告：深圳市腾讯计算机系统有限公司

被告：上海盈讯科技有限公司

审理法院：广东省深圳市南山区人民法院

◎案件背景

原告成立于 1998 年 11 月 11 日，系有限责任公司，经营范围包括计算机软、硬件的设计，技术开发，销售（不含专营、专控、专卖商品及限制项目），数据库及计算机网络服务等；被告成立于 2012 年 2 月 29 日，系有限责任公司，经营范围包括投资咨询，设计、制作各类广告，利用自有媒体发布广告等。

2019 年 5 月 13 日原告获得腾讯科技（北京）有限公司许可使用 Dreamwriter 软件，许可证书号为软著登字第 3868479 号《计算机软件著作权登记证书》，登记的软件名称为“腾讯 Dreamwriter 软件［简称：Dreamwriter］V4.0”，登记号为 2019SR0447722。Dreamwriter 计算机软件系统是一套基于数据和算法的智能写作辅助系统，是满足规模化和个性化内容业务需求的高效助手。许可内容为：①许可方许可被许可方在不限于一台的满足授权软件运行条件的硬件中安装运行使用授权软件，被许可方运行使用授权软件所创作的作品的著作权归被许可方。②许可方授予被许可方就制止任何侵犯授权软件著作权的侵权行为采取包括但不限于民事起诉、行政投诉等维权法律措施。许可方确认被许可方自 Dreamwriter 软件开发完成之日（即 2015 年 8 月 20 日）起至本许可书签署日已经获得许可方许可的上述授权软件著作权许可权利。许可区域：中华人民共和国。许可期限：2015 年 8 月至双方协商书面终止本许可书。在工业和信息化部 ICP/IP 地址/域名信息备案管理系统查询 www. qq. com 的备案信息，显示原告是腾讯网（网站域名为 qq. com）的主办单位。

自 2015 年以来，原告主持创作人员使用 Dreamwriter 智能写作助手每年可以完成大约 30 万篇作品。原告于 2018 年 8 月 20 日在腾讯证券网站上首次发表的标题为《午评：沪指小幅上涨 0. 11% 报 2671. 93 点通信运营、石油开采等板块领涨》的财经报道文章（以下简称“涉案文章”）也是原告主持创作人员使用 Dreamwriter 智能写作助手完成的。原告在官网发表涉案文章时采用末尾注明“本文由腾讯机器人 Dreamwriter 自动撰写”的方式表达文章属原告法人意志创作。

涉案文章是一篇股市财经综述类文章，连标题在内共计 979 字，由九个自然段组成，第一自然段对 2018 年 8 月 20 日上午的沪指、深成指、创业板指数及上证 50 指数的涨跌情况进行了介绍；第二、三、四、五自然段分别对盘面、概念股、个股、换手率、资金流向方面的相关情况进行了介绍；第六、七、八、九自然段对人民币对美元中间价、银行业同业拆放利率、融资融券信息、沪深港通南北资金流向的相关情况进行了介绍。

原告发现被告未经原告许可在原告文章发表当日复制了原告涉案文章，并在被告运营的“网贷之家”网站通过信息网络向公众传播。侵权文章的内容与原告享有著作权的涉案文章作品内容完全相同，被告的行为侵犯了原告的信息网络传播权。

原告向广东省深圳市南山区人民法院（以下简称“法院”）提出诉讼请求：①判令被告立即停止通过信息网络对外传播原告享有著作权的涉案文章；②判令被告立即停止违反诚实信用原则和公认的商业道德准则擅自在其网站信息中使用涉案文章的不正当竞争行为；③判令被告连续一个月在其官方网站“网贷之家”的首页显著位置刊登改正其侵权行为的声明、消除侵权行为的不良影响；④判令被告因其实施著作权侵权行为和不正当竞争侵权行为向原告赔偿经济损失人民币 10000 元；⑤判令被告赔偿原告因制止侵权行为所支付的公证费和律师费等合理开支人民币 9000 元；⑥判令被告承担本案诉讼费。事实和理由：Dreamwriter 计算机软件系由原告关联企业腾讯科技（北京）有限公司自主开发的一套基于数据和算法的智能写作辅助系统，于 2015 年 8 月 20 日开发完成，是满足规模化和个性化内容业务需求的高效助手。

原告深圳市腾讯计算机系统有限公司诉被告上海某科技有限公司侵害著作

权及不正当竞争纠纷一案，法院于2019年5月24日立案后，依法适用普通程序，于2019年9月4日不公开开庭进行了审理。

◎**争议焦点**

原告是否为本案适格的主体？被告是否侵害了原告享有的著作权？

◎**原被告的主张及证据**

一、原告主张

涉案文章系由原告主持，代表原告意志创作，并由原告承担责任的作品，原告依法应视为涉案文章的作者，涉案文章作品的著作权归原告。原告发现被告未经原告许可在原告文章发表当日复制了原告涉案文章，并在被告运营的"网贷之家"网站通过信息网络向公众传播。侵权文章的内容与原告享有著作权的涉案文章作品内容完全相同，被告的行为侵犯了原告的信息网络传播权。此外，原告对于财经报道内容的高效产出是原告通过一系列创造性劳动所累积形成的竞争优势，被告未经智力劳动创作，直接复制原告的工作成果用于被告网站获取网络流量攫取竞争利益，违背了诚实信用原则和公认的商业道德，扰乱财经媒体市场的公平竞争秩序，构成不正当竞争行为。

被告在庭审中表示认可原告所主张的事实。

二、原告对关于涉案文章的生成过程的陈述

涉案文章是由原告利用Dreamwriter软件在大量采集并分析股市财经类文章的文字结构、不同类型股民读者需求的基础上，根据原告独特的表达意愿形成文章结构，并利用原告收集的股市历史数据和实时收集的当日上午的股市数据，于2018年8月20日11点32分（即股市结束的2分钟内）完成写作并发表。

Dreamwriter软件由原告组织的相关主创团队主持运行，主创团队包含编辑团队、产品团队和技术开发团队。具体而言，编辑团队主要负责提出需求和提供根据其经验认为比较好的样例文章，参与文章模板升级迭代和设定触发条件，并进行内容复审；产品团队主要负责评估产品需求，设计产品方案，把编辑团队的智能写作需求转变为可实施的产品方案；技术开发团队则负责具体实施系统开发落地、迭代和维护。

涉案文章的创作流程主要有数据服务、触发和写作、智能校验和智能分发四个环节。首先，Dreamwriter软件的数据服务模块会收集多个维度的数据，并通过机器学习算法对数据进行解析，分析其中有价值的数据，并结合历史统计数据等维度的内容，形成一定格式的待检测数据库。其次，Dreamwriter 软件的触发器模块中设定了规则引擎和触发条件，智能化判断待检测数据库中的内容是否满足文章生成要求。当遍历规则引擎设定的各类触发条件时，满足触发条件的便进入写作引擎模块撰写文章。再次，Dreamwriter 软件将前述数据服务模块生成的数据输入写作引擎，写作引擎首先进行数据校验，然后通过模板撰写涉案文章。最后，涉案文章生成后，会进入智能校验模块进行审核校对，审校完成后智能分发到腾讯网等相关平台发表。上述环节中，数据类型的输入与数据格式的处理、触发条件的设定、文章框架模板的选择和语料的设定、智能校验算法模型的训练等均由主创团队相关人员选择与安排。

三、原告指控的侵权行为

在工业和信息化部 ICP/IP 地址/域名信息备案管理系统查询 www. wdzj. com 的备案信息，显示被告是网贷之家网站（域名为 wdzj. com）的主办单位。

2019 年 5 月 17 日，经原告申请，北京市方正公证处工作人员依据原告代理人确认的公证步骤使用公证处网络及计算机进行了操作，该公证处于 2019 年 5 月 24 日出具了（2019）京方正内经字第 03630 号公证书。该次公证中与本案相关的主要内容为：在浏览器地址栏输入“https：//www. wdzj. com/hjzs/ptsj/20180820/745287 - 1. html”，键入回车键，浏览相关网页，页面显示：“网贷之家”网站上发布了标题为“午评：沪指小幅上涨 0. 11% 报 2671. 93 点 通信运营、石油开采等板块领涨”的文章。经比对，该文章与原告在本案中主张权利的涉案文章的标题和内容完全一致。该文章末尾同样标注：本文由腾讯机器人 Dreamwriter 自动撰写。

庭审中，原告对涉案文章已经删除的事实予以确认。

原告提交的“网贷之家”网站的相关网页截图显示该网站“大家都在投”广告栏展示了“和信贷”等金融产品的相关介绍和注册直达按钮。原告提交该证据以证明被告网站存在广告投放，被告转载涉案文章的目的在于吸引相关公众浏览其网站以增加市场交易机会。

四、原告的合理维权支出

原告提交了委托代理合同和律师费发票以证明其为制止侵权行为所支付的律师费，原告在本案中主张律师费支出为人民币 8000 元。原告提交公证费发票以证明其为制止侵权行为支出公证费人民币 1000 元。

以上事实，有计算机软件著作权登记证书、许可书、公证书、相关网页截图、发票、委托代理合同及法院庭审笔录等在案佐证，足以认定。

◎**法院审理过程**

法院认为，本案为侵害著作权及不正当竞争纠纷。原告在本案中主张涉案文章系文字作品、法人作品。

一、原告是否为本案适格的主体

（一）涉案文章是否构成文字作品

《中华人民共和国著作权法实施条例》第二条规定，《著作权法》所称作品，是指文学、艺术和科学领域内具有独创性并能以某种有形形式复制的智力成果。第四条第一项规定，文字作品是指小说、诗词、散文、论文等以文字形式表现的作品。涉案文章是一篇股市财经综述文章，属于文学领域的表达，具备可复制性。因此，涉案文章是否构成文字作品的关键在于涉案文章是否具有独创性。

首先，判断涉案文章是否具有独创性，应当从是否独立创作及外在表现上是否与已有作品存在一定程度的差异，或具备最低程度的创造性进行分析判断。涉案文章由原告主创团队人员运用 Dreamwriter 软件生成，其外在表现符合文字作品的形式要求，其表现的内容体现出对当日上午相关股市信息、数据的选择、分析、判断，文章结构合理、表达逻辑清晰，具有一定的独创性。

其次，从涉案文章的生成过程来分析是否体现了创作者的个性化选择、判断及技巧等因素。根据原告的陈述，原告组织包含编辑团队、产品团队和技术开发团队在内的主创团队运行 Dreamwriter 软件生成包含涉案文章在内的财经新闻类文章。涉案文章的生成过程主要有数据服务、触发和写作、智能校验和智能分发四个环节。在上述环节中，数据类型的输入与数据格式的处理、触发条件的设定、文章框架模板的选择和语料的设定、智能校验算法模型的训练等均由主创团队相关人员选择与安排。涉案文章的创作过程与普通文字作品创作过程的不同之处在于，创作者收集素材、决定表达的主题、写作的风格以及具体的语句形式的行为也即原告主创团队为涉案文章生成作出的相关选择与安排和涉案文章的实际撰写之间存在一定时间上的间隔。

法院认为，涉案文章这种缺乏同步性的特点是由技术路径或原告所使用的工具本身所具备的特性所决定的。原告主创团队相关人员的上述选择与安排符合著作权法关于创作的要求，应当将其纳入涉案文章的创作过程。

根据《中华人民共和国著作权法实施条例》第三条规定，《著作权法》所称创作，是指直接产生文学、艺术和科学作品的智力活动。据此，具体认定是否属于创作行为时，应当考虑该行为是否属于一种智力活动以及该行为与作品的特定表现形式之间是否具有直接的联系。

根据本案查明的事实，显然，本案中原告主创团队在数据输入、触发条件设定、模板和语料风格的取舍上的安排与选择，属于与涉案文章的特定表现形式之间具有直接联系的智力活动。从整个生成过程来看，如果仅将 Dreamwriter 软件自动生成涉案文章的这两分钟时间视为创作过程，确实没有人的参与，仅仅是计算机软件运行既定的规则、算法和模板的结果。但 Dreamwriter 软件的自动运行并非无缘无故或具有自我意识，其自动运行的方式体现了原告的选择，也是由 Dreamwriter 软件这一技术本身的特性所决定的。

如果仅将 Dreamwriter 软件自动运行的过程视为创作过程，这在某种意义上是将计算机软件视为创作的主体，这与客观情况不符，也有失公允。因此，从涉案文章的生成过程来分析，该文章的表现形式是由原告主创团队相关人员个性化的安排与选择所决定的，其表现形式并非唯一，具有一定的独创性。至于 Dreamwriter 软件研发人员的相关工作与涉案文章的独创性之间有无直接的关联，考虑到本案的实际情况以及软件著作权人已和原告约定其使用授权软件所创作的作品的著作权归原告所有，已无查明必要。

综上，从涉案文章的外在表现形式与生成过程来分析，该文章的特定表现形式及其源于创作者个性化的选择与安排，并由 Dreamwriter 软件在技术上“生成”的创作过程均满足著作权法对文字作品的保护条件，本院认定涉案文章属于我国《著作权法》所保护的文字作品。

（二）涉案文章是否构成法人作品

《著作权法》第十一条规定，创作作品的公民是作者。由法人或者其他组织主持，代表法人或者其他组织意志创作，并由法人或者其他组织承担责任的作品，法人或者其他组织视为作者。本案中，原告主张涉案文章系法人作品，著作权由其享有。

法院认为，根据查明的事实，涉案文章是在原告的主持下，由包含编辑团队、产品团队、技术开发团队在内的主创团队运用 Dreamwriter 软件完成，并未提及涉案文章还有其他参与创作的主体。涉案文章是由原告主持的多团队、多人分工形成的整体智力创作，整体体现原告对于发布股评综述类文章的需求和意图。涉案文章在由原告运营的腾讯网证券频道上发布，文章末尾注明“本文由腾讯机器人 Dreamwriter 自动撰写”，其中“腾讯”署名的指向结合其发布平台应理解为原告，说明涉案文章由原告对外承担责任。故在无相反证据的情况下，法院认定涉案文章是原告主持创作的法人作品，原告是本案适格的主体，有权针对侵权行为提起民事诉讼。

二、被告是否侵害原告享有的著作权

被告未经许可，在其经营的网贷之家网站上向公众提供了被诉侵权文章内容，供公众在选定的时间、选定的地点获得，侵害了原告享有的信息网络传播权，应承担相应的民事责任。故原告要求被告赔偿经济损失的主张，法院予以支持。庭审中，原告确认被控侵权文章已经删除，故对于其停止侵权的诉讼请求，法院不再支持。

对于侵犯著作权的行为，法院已经依照《著作权法》的具体条款对原告予以救济，不再符合《反不正当竞争法》的适用条件。因此，对原告主张被告的行为构成不正当竞争行为的诉讼主张，法院不予支持。

关于赔偿数额，因原告无证据证明因涉案侵权行为给其造成的实际损失和被告因此而实际获利的情况，故本院综合考虑作品类型、合理使用费、侵权行为的性质及后果，原告必要、合理的维权支出等因素，酌定被告赔偿原告经济损失及合理的维权费用人民币 1500 元。

至于原告要求被告在其公司网站首页刊登声明以消除影响的诉讼请求，因无证据证明被告的侵权行为对原告的商誉或原告就涉案作品所享有的著作人身权造成损害，故对该项诉讼请求法院依法不予支持。

◎裁判结果

依据《中华人民共和国著作权法》第三条、第十条第一款第十二项、第十一条、第四十八条、第四十九条，《中华人民共和国著作权法实施条例》第二条、第三条、第四条第一项，《中华人民共和国民事诉讼法》第六十四条第一款之规定，法院判决如下：

（1）被告上海盈讯科技有限公司于本判决生效之日起十日内赔偿原告深圳市腾讯计算机系统有限公司经济损失及合理维权费用人民币 1500 元。

（2）驳回原告深圳市腾讯计算机系统有限公司的其他诉讼请求。

如果未按本判决指定的期间履行给付金钱义务，应当依照《中华人民共和国民事诉讼法》（2017 修正）第二百五十三条规定，加倍支付迟延履行期间的债务利息。

本案受理费为人民币 275 元，由被告上海盈讯科技有限公司负担，被告上海盈讯科技有限公司应于本判决生效之日起十日内径付原告深圳市腾讯计算机系统有限公司。

如不服本判决，可在判决书送达之日起十五日内，向法院递交上诉状，并按对方当事人的人数提出副本，上诉于广东省深圳市中级人民法院。

◎**评论与分析**

本案审理法院认为，Dreamwriter 计算机软件系统是一套基于数据和算法的智能写作辅助系统，是满足规模化和个性化内容业务需求的高效助手，具有人工智能的特征与属性。

涉案文章的创作流程主要有数据服务、触发和写作、智能校验和智能分发四个环节。数据类型的输入与数据格式的处理、触发条件的设定、文章框架模板的选择和语料的设定、智能校验算法模型的训练等均由主创团队相关人员选择与安排。说明 Dreamwriter 工作过程需要与人交互。

涉案文章由原告主创团队人员运用 Dreamwriter 软件生成，其外在表现符合文字作品的形式要求，其表现的内容体现出对当日上午相关股市信息、数据的选择、分析、判断，文章结构合理、表达逻辑清晰，具有一定的独创性。

本案中，原告主创团队在数据输入、触发条件设定、模板和语料风格的取舍上的安排与选择属于与涉案文章的特定表现形式之间具有直接联系的智力活动。从整个生成过程来看，如果仅将 Dreamwriter 软件自动生成涉案文章的这两分钟时间视为创作过程，确实没有人的参与，仅仅是计算机软件运行既定的规则、算法和模板的结果。但 Dreamwriter 软件的自动运行并非无缘无故或具有自我意识，其自动运行的方式体现了原告的选择，Dreamwriter 要依赖于原告的数据输入与规则。

虽然本案审理法官以“如果仅将 Dreamwriter 软件自动运行的过程视为创作过程，这在某种意义上是将计算机软件视为创作的主体，这与客观情况不符，也有失公允”，回避了对 Dreamwriter 能否作为作者身份和是否享有著作权的法理分析。但本案从根本上否定了 Dreamwriter 的作者身份，也否定了 Dreamwriter 的著作权人身份。

第三节 人工智能侵权诉讼司法判例

当人工智能对人造成伤害时，是人工智能自身还是其他法律主体承担起侵权赔偿责任。机器人不能被起诉，这是美国司法认识一致的问题。自然人受到人工智能伤害时，只有产品责任的现行民事法则似乎还有很多问题需要解决。本节选择这两个案例提出了对这个问题的思考。

一、智能机器人侵权伤害责任缺乏明确责任分配识别

姆拉泽克诉布林莫尔医院等
610 F. Supp. 2d 401（2009）

原告：罗兰·C. 姆拉泽克（Roland C. Mracek）

被告：布林莫尔医院

审理法院：美国宾夕法尼亚州东部地区法院

◎案件基本情况

2004 年 10 月，罗兰·C. 姆拉泽克进行了前列腺活检，结果前列腺腺癌呈阳性。此后，2005 年 1 月，姆拉泽克会见了布林莫尔医院泌尿学组的大卫·麦金尼斯（David McGinnis）医生，讨论他的治疗方案。姆拉泽克声称，他告诉麦金尼斯医生，他没有患勃起功能障碍，并且非常担心勃起功能障碍是前列腺癌治疗的结果。

2005 年 3 月 31 日，姆拉泽克再次与麦金尼斯医生会面，当时，麦金尼斯医生通知他，达·芬奇手术机器人将用于根治性前列腺切除术，以将勃起功能障碍的风险降至最低。手术计划于 2005 年 6 月 9 日进行。在这一天，姆拉泽克手术开始了，他被置于全身麻醉下，机器人被带进来，并为手术准备就绪。

根据姆拉泽克的投诉，由麦金尼斯医生领导的手术团队在手术进行了一段时间后，“取下膀胱”和“分割脐尿管”。突然，机器人开始显示错误信息。手术小组重新启动了机器，在机器再次开始显示错误消息之前，只取得了少量进展。结果，手术团队被迫“将机器人从套管针上取下”，并多次尝试重新启动。他们还试图致电直觉的技术支持部门。机器人的一名技术代表随后来到手术室，试图协助手术团队解决机器人的问题，包括“重新定位机器人的手臂和多次重装机器人”。然而，它未能发挥作用。

麦金尼斯医生最后一次尝试使用机器人。他在腹腔镜下完成其余手术时，试图用机器人手臂来运行摄像头。然而，当机器不允许团队手动重新定位手臂时，此尝试失败。由于机器出现故障，手术团队放弃了机器人前列腺切除术的

尝试，并引入了腹腔镜设备来完成手术。从团队放弃使用机器人到引进并使用腹腔镜设备，大约已经过了 45 分钟。

手术通过腹腔镜完成一周后，姆拉泽克因在公共卫生间发生肉眼血尿而再次入院，这需要他的女儿在血液从生殖器流出时协助他前往医院。

姆拉泽克现在辩称，由于延迟和随后的腹腔镜手术的直接结果，他现在患有完全的勃起功能障碍，每天都有腹痛，这使他无法长时间舒适地睡觉或坐着。随后，姆拉泽克向费城普通民事诉讼法庭提起诉讼，指控开展手术的布林莫尔医院与达·芬奇手术机器人的制造商直觉外科公司（以下简称“直觉外科”）承担严格的产品责任、疏忽、违反保修条款和严格的故障责任。2008 年 1 月 17 日，该事项被移送至宾夕法尼亚州东部地区法院（以下简称“地区法院”）。

被告直觉外科除了将案件移至地区法院，还提起动议要求进行简易判决。

◎法院审理过程

一、程序法背景

联邦民事诉讼规则第 56（c）条规定，如果任何重大事实没有真正的争议，并且动议方有权依法获得判决，则适用判决简易判决是适当的。法院询问“证据是否存在足够的分歧，需要提交给陪审团，或者一方必须从法律问题上取胜”。动议方有责任将动议的依据告知法院，并确定不存在对重大事实的争议。“如果一项事实在适用实体法后可能影响诉讼结果，则该事实是重大事实。”此外，对一项重大事实的争议必须是“真实的”，即证据必须是“合理的，陪审团可以作出有利于非动议方的裁决”。

法院必须对“未能提供充分证据证明存在对该方案件至关重要且该方将在审判中承担举证责任的一方”作出即决裁判。一旦动议方提出证据支持简易判决，非动议方必须超越其诉状中提出的指控，并反驳提出“表明存在真实问题的具体事实”的证据给联邦调查局人员。非动议方必须提出“多于一丁点对其有利的证据”，以反驳简易判决动议。如果法院确定不存在实质性事实的真实问题，则将作出简易判决。

二、严格产品责任

直觉外科主张，由于姆拉泽克没有提交任何对达·芬奇机器人持批评态度的专家报告，他无法就他所主张的任何责任理论（包括严格责任）履行举证责任。地区法院的法官同意，并发现应出于以下几个原因批准简易判决，下文将对此进行讨论。

根据宾夕法尼亚州最高院的裁判先例，为了在宾夕法尼亚州提起产品责任诉讼，原告必须证明：①产品有缺陷；②产品在制造商控制下存在的缺陷；③缺陷是原告受伤的近因。如上所述，直觉外科认为，姆拉泽克未能履行其严格责任的举证责任，因为他没有提交对达·芬奇手术机器人持批评态度的专家报告。本地区的联邦上诉巡回法院认为，当所审议的事项很简单，明显缺乏一般的谨慎，并且在普通陪审员的理解范围内时，不需要专家作证。该巡回法院在其判决的“oddi 诉福特汽车”案（234 F. 3d 136（3d Cir. 2000））中认为：“虽然在产品责任案件中通常需要专家证据来证明缺陷，但我们从未排除通过非专家证据来确定缺陷状况的可能性。”

因此，缺乏专家证词对产品责任案件而言并非致命。正确的分析是，普通陪审员是否可以在没有猜测的情况下确定所声称的产品缺陷是否足够明显。

一方面，姆拉泽克辩称，没有必要提供专家报告，因为给他做手术的外科医生麦金尼斯医生将在审判中做证，不仅涉及他的术前和术后医疗状况，还涉及达·芬奇机器人的故障。另一方面，姆拉泽克坚持认为，手术机器人的缺陷是显而易见的，因为它的所有部件在反复闪烁“错误”信息后关闭，然后在手术开始后无法重新启动。姆拉泽克辩称，他没有必要为发现明显缺陷而出具专家报告，因为当提交该事实记录时，此类缺陷并不超出非专业人员的权限。

但在直觉外科来看，普通陪审员没有必要的技术背景来判断和得出机器是否有缺陷的结论，缺乏专家证词只会导致陪审团猜测。

地区法院法官对本案分析是基于本地区上诉巡回法院的先例。首先，在这里，姆拉泽克声称，达·芬奇机器人的缺陷是显而易见的，因为它显示了错误信息，在操作过程中不得不被关闭。地区法院法官并不同意。很明显，达·芬奇是一台复杂的机器，在这台机器中，陪审员需要专家证词的协助，才能合理地确定机器人是否有缺陷。手术辅助机器人甚至比奥迪的汽车保险杠更技术、更复杂。

其次，姆拉泽克仅提交了麦金尼斯医生的手术报告，为这一简易判决动议辩护。在这篇文章中，麦金尼斯医生讲述了机器人无法正常工作的故事，但他并不认为机器人有缺陷。据所知，在这场诉讼的现阶段，麦金尼斯医生本可以在之前的几十次手术中毫无困难地使用同一台达·芬奇机器人。

再次，姆拉泽克声称，麦金尼斯医生将被传唤出庭作证。然而，这并没有履行他在此时提出缺陷证据以承担简易判决的责任。麦金尼斯医生在其执行报告中没有作为达·芬奇机器人方面的专家发表意见，姆拉泽克也没有声称自己是这方面的专家。因此，如果没有专家报告，姆拉泽克无法根据严格的产品责任理论确定达·芬奇机器人存在缺陷。

最后，就姆拉泽克的严格产品责任诉讼理由来说，更关键的是，他没有提交任何证据证明达·芬奇机器人在手术室发生的事情与其勃起功能障碍之间存在因果关系。

如上所述，姆拉泽克声称，麦金尼斯医生将被要求在审判中就机器人的故障以及所述故障与手术的关系作证。姆拉泽克还坚持认为，他的治疗泌尿科医生皮特·赛奈科（Peter Sinaiko）医生将为他的手术前后情况作证。姆拉泽克辩称，未在诉讼前聘请的主治医师不需要提交预审专家报告，以证明患者在试验中的医疗状况。姆拉泽克辩称，在本案中，他无须提供关于其受伤原因问题的专家报告，因为将为其手术前和/或手术后状况作证的医生中，没有一位是在诉讼前留下的。

然而，姆拉泽克的论点存在严重缺陷。双方同意，治疗医师在根据其对患者的检查、诊断和治疗进行作证时，无须提交专家报告。因此，麦金尼斯医生和赛奈科医生将能够在试验中就他们的治疗和姆拉泽克的诊断作证。然而，他们可以在审判中就此作证的事实并不能减轻姆拉泽克在为简易判决动议辩护时出示因果关系证据的责任。姆拉泽克也没有任何权威支持这种立场。

如上所述，为了支持他对简易判决的反对，姆拉泽克提交了麦金尼斯医生的手术报告，其中详细说明了达·芬奇机器人的手术程序和机械问题，但其中不包括机器人问题与姆拉泽克勃起功能障碍之间的任何因果关系。此外，姆拉泽克还编写了对赛奈科医生的办公室访问摘要。

对这些报告的回顾表明，赛奈科医生从未在其中任何一份报告中指出，机器人的手术问题导致了姆拉泽克的勃起功能障碍。事实上，在2005年9月1日写给麦金尼斯医生的信中，赛奈科医生表示手术“成功”。赛奈科医生写道：“罗兰·姆拉泽克先生今天在这里。正如你所知，几个月前他做了非常成功的腹腔镜根治性前列腺切除术。他泌尿系统功能正常。他现在唯一的问题是勃起功能障碍。”

如上所述，必须对“未能作出充分证据证明该方案件存在关键要素且该方是将在审判中承担举证责任的一方”作出简易判决。姆拉泽克未能提供任何因果关系证据。因此，将就本产品责任诉讼因由对其进行简易判决。此外，正如将要讨论的那样，在下文中，姆拉泽克缺乏关于因果关系的证据对他的其他行为原因也是致命的。

三、违反保证条款

关于直觉外科所主张的姆拉泽克不具有主张违反保修条款的诉讼理由。证明违反保修条款所需的证明要素与确立严格责任诉讼所需的证明要素类似。直觉外科认为，出于同样的原因，姆拉泽克未能为严格的产品责任确立诉讼理由，也未能为违反保修条款而这样做。地区法院法官同意，并再次发现，出于与对严格产品责任作出简易判决相同的原因，地区法院法官也对违反保修条款作出了简易判决。

四、严格故障责任

姆拉泽克还根据产品责任的故障理论提出了诉讼原因。在原告无法提供产品缺陷状况的直接证据，从而无法确定产品缺陷的确切性质的情况下，原告在适当的情况下可以依赖产品责任的“故障理论”。这一理论允许原告通过间接证据证明缺陷。原告可通过以下方式对缺陷提出可支持的推断：①故障发生的证据；②消除异常使用的证据；③消除事故合理次要原因的证据。如果存在此类证据，原告将免于证明产品中存在的确切缺陷，并且允许事实检验者从故障、否定异常使用和其他合理的次要原因中推断存在缺陷。

根据故障理论建立表面证据案件并不要求原告提供专家证词，以证明产品是如何存在缺陷的，或者缺陷是如何由于制造商采取的行动而产生的。相反，原告可以通过出示：①故障的间接证据，在不明确具体缺陷的情况下承担其责任；②表明产品按预期或合理预期使用，以及无其他合理次要原因的证据。

直觉外科认为，如果“根据原告自己的证据，不止一个原因可以解释事故”，那么简易判决是合适的，姆拉泽克完全未能消除引起投诉事件的任何合理的次要原因。直觉外科断言：这是一个复杂的外科创新问题——一个机器人程序需要外科医生作出大量的医疗决定和判断。与这一创新而复杂的程序相关的各种辅助医疗设备的使用和时间安排，强化了任何数量的合理次要原因都可能或可能对所称的损害负责。

在这里，姆拉泽克没有提供任何证据来消除任何合理的次要原因，因此，他未能根据严格产品责任的故障理论来履行自己的责任。

此外，即使提供了此类证据，姆拉泽克也不能免除提交产品责任诉讼原因其他要素证据的责任。同样，姆拉泽克缺乏关于因果关系要素的证据，这对这一诉讼原因也是致命的，简易判决是适当的。

五、过失

最后，姆拉泽克提出了过失的诉讼理由。根据严格责任原则，即使没有“缺陷”，过失索赔也可以成立。表面上的过失索赔要求原告证明：①被告有义务遵守某种行为标准；②被告违反了该义务；③该违约行为造成了相关伤害；④原告遭受实际损失或损害。

然而，姆拉泽克仍然没有提供因果关系的证据。对于这一疏忽因素，陪审团认为不存在真正的重大事实问题。因此，可以对姆拉泽克的所有诉讼理由作出简易判决。

◎裁判结果

于2009年3月11日，经考虑被告直觉外科有限公司的简易判决动议（第7号文件）和原告罗兰·姆拉泽克的回复以及随附的证据，特此命令批准被告的动议。

◎评论与分析

人工智能发生伤害侵权时，由于其特性，人工智能交互方内部责任识别非常困难。本案原告试图以严格产品责任、故障责任、过失责任、保障条款提起诉讼请求，都没有提供直接因果关系证据而不被法院支持。本案审理法院通在对是否能进行简易裁判问题进行审视的过程中，为人工智能引发的伤害案件梳理了证明和判定标准。

首先，本案被告是机器人制造商和使用该机器人的医疗机构。这体现出司法实践中，在人工智能等机器人损害案件中，技术产品与其交互者在产品责任体系下是使用同一身份的。其次，审理法院认为，一个机器人程序需要外科医生作出大量的医疗决定和判断。这意味着，该法院在价值判断上隐含着，具有机器理性的人工智能不具有价值判断的能力。最后，该法院认为，与这一创新而复杂程序相关的各种辅助医疗设备的使用和时间安排，强化了任何数量的合理次要原因都可能或可能对所称的损害负责。这意味着，人工智能伤害与侵权的内部责任归化与相关的交互人有关。

二、机器人不能被起诉

美国司法部诉阿思隆工业公司等
746 F. 2d 977（1984）

原告：美国司法部
被告：阿思隆工业公司等
审理法院：美国第三上诉巡回法院

◎**案件基本情况**

在我们的半机器人时代，人类已经制造出了无生命的机器，作为击球练习投手的替代品，来与球手对打。在这种情况下，有些机器有缺陷，比不稳定的投手更疯狂。事实上，有些机器是神秘、不可预测的。即使断开与电源的连接，这些机器的弹簧和电缆仍保持着高度的张力，只要有轻微的振动，俯仰臂就会意外地以高速向前和向下摆动，击中其范围内任何毫无戒备的人，据称造成的伤害与颅骨骨折和视力丧失一样严重。

先进机械公司（以下简称“先进机械”）及其全资子公司商业化制造公司制造了自动棒球投手机，再由阿思隆工业公司（以下简称“阿思隆”）购买并由达德利运动公司（以下简称“达德利”）分销。1977 年 2 月，美国消费品安全委员会对先进机械进行了检查，在此期间，委员会获得了有关自动俯仰机可能存在缺陷的信息。1977 年 6 月 29 日，委员会在收到先进机械提供的损害数据后，通过对投球机的工程分析验证了缺陷的存在，并对达德利作出检查。

1977 年 7 月 28 日，美国消费品安全委员会根据消费品安全法，向美国哥伦比亚特区地方法院提起诉讼，起诉阿思隆、先进机械、达德利和其他六名被告，寻求禁令，并声明它们在州际商业中制造和分销的自动棒球投手是具有“紧迫危险”的消费品，造成大量严重伤害。这起诉讼还要求修理所有现有的机器。

美国司法部代表消费品安全委员会对自动棒球投球机制造商提起民事处罚诉讼。美国新泽西州地区法院作出了对制造商有利的简易判决，美国司法部提出上诉。

上诉阶段中，联邦第三上诉巡回法院法官 A. 利昂·希金博特姆（A. Leon Higginbotham，Jr.）认为，在消费者产品安全委员会根据消费者产品安全法，对自动棒球投球机制造商提起的先前声明性和禁令性紧急危险诉讼中，地区法院的判决对随后根据消费者产品安全法提起的民事处罚诉讼没有“索赔排除”效力。

因此，撤销并发回重审。

◎法院审理中的主要观点

由于机器人不能被起诉，但它们会造成毁灭性的破坏，被告阿思隆因各种违反消费品安全法的行为而两次被起诉为最终责任经销商。第一项诉讼可能被称为“紧迫的危险”诉讼。第二项是“民事处罚”诉讼。现在在上诉中，巡回法院被要求确定民事处罚行动是否可以因为即将发生的危险诉讼中的事情而无效。

由于紧迫的危险案件本身并不是民事处罚案件，委员会应该有更多的时间反思和审查针对迫在眉睫的危险案件所作的调查，从而在以后确定是否应提起民事处罚诉讼。无论是基于政策还是法律，都没有理由要求委员会在试图将危险产品从商业流通中撤出时，过早启动或同时提起民事处罚诉讼。

◎判决结果

由于诉讼涉及不同的法规、不同的行为、不同的错误，并且需要不同的证据来支持所指控不同的重要事实，地区法院错误地以既判力为由驳回了这一民事处罚行动。巡回法院将推翻地区法院的判决，并将此事发回重审，以便按照本意见进行进一步的诉讼。

◎评论与分析

此案的意义不在于学习美国法院如何审理公益诉讼案件，而在于以下两点。第一，诉讼当事人双方、法院都明确知道“机器人不能被起诉，但它们会造成毁灭性的破坏”。这说明机器人即使对自然人造成伤害或侵权也不能被起诉，究其根本原因是机器人不具有法律主体资格，因此不能被起诉。现行的法律和社会都没有接纳机器人作为法律主体。第二，当机器人伤害侵权时，必须由具有法律主体资格的人替它承担侵权责任，本案中涉及了制造商、经销商和其他六名被告，这些被告有一个共同特点，就是它们都是半球击球投手机器人的密切交互者。

第八章 人工智能赋能治理分析

21世纪，人类社会已进入新时代，新时代将改变我们生活的世界以及生活方式。新时代最明显的一个标志就是数据大行其道。数据使得人工智能正在像希腊神话中卡俄斯神一般释放锐气，即人工智能以前所未有的方式赋予人类能力，释放了跨越科学、技术、教育、医疗保健、生产、制造、生活、娱乐、自然语言和一切社会关系领域的能力。

具有机器理性的人工智能具有赋能能力，渗透到社会社会生活的各个领域、各个层面、各个节点。凡是有数据的地方，人工智能就有可能产生赋能和渗透。人工智能以软件或智能机器人实体的方式渗透到现实世界和虚拟世界。人工智能赋能通过数字媒介将虚拟世界渗透的效果呈现在现实世界。在现代主体与客体的二元法律世界，数据所凝练的不是主体的抽象就是客体的抽象，我们的生活方式正在转向对数据的依赖。

人工智能赋能渗透使得其与个人、企业、组织、国家的安全联结，对人工智能赋能进行规范的目的就是使人工智能赋能造福人类而不是危害人类。哪里有数据，哪里就有人工智能赋能渗透；哪里有人工智能赋能渗透，哪里就应有人工智能赋能法律治理。因此，本章从安全顾虑与治理方向两个角度出发，对人工智能赋能治理展开分析（见图8.1）。

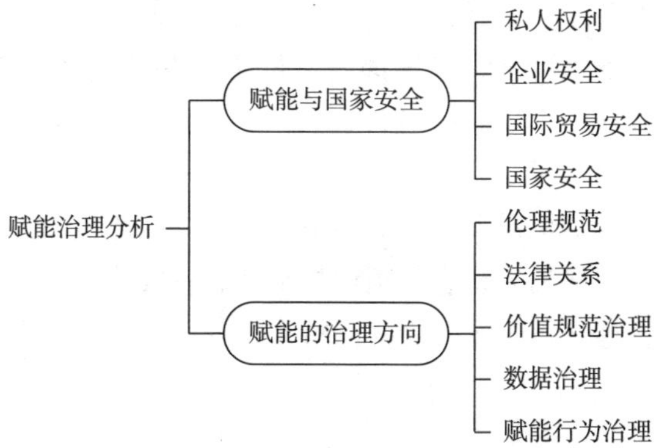

图8.1 人工智能赋能治理分析结构

第一节 人工智能赋能与国家安全

数据是以某种规则表达的某种符号的集合。符号本身是中性的，而在集合数据过程中使用表达的规则是可以有价值取向的。这样，数据就可以用来表达某种规范价值，如果采用对数据篡改、造假、干扰等形式对数据可用性造成污染、侵害，就会形成安全隐患。数据在当今世界的社会各种各样的关系中，起到了不可或缺的裂解与聚合的催化媒介作用。人工智能赋能通过数据这个媒介与私人权益安全、企业权益安全、社区群体秩序安全、各个领域及各个层面相关联，直接关乎国家整体安全。

一、人工智能赋能与私人权利

在数据时代，个人隐私权、财产权完全可被数据抽象。人是社会关系的总和，是要与社会发生关联的，发生关联就必然产生个人数据流动。在万物互联、大数据叠加后，一方面人工智能被人类赋能，另一方面人工智能也对人类进行赋能，使得人类个人数据性权利似乎无所遁形。人工智能对个体个人赋能不平等，强者更强、弱者更弱效应加大。

在人工智能赋能时代，传统物理手段保护已不完全适用，人们总是在软件入侵面前显得力不从心。在人工智能的赋能与渗透使个人私权利数据抽象化后，一个最大的问题就是侵权容易，维权难。个体个人相对于人工智能其保护个人私权利的数据缺乏力量与能力，给网络暴力、人肉搜索、深度伪造、流量造假、操纵账号等非法行为带来了一定的可乘之机。其中突出个人数据侵权的主要形式有四类。第一，程序员、人工智能所有者使用算法歧视、数据滥用、信息不对称等技术手段进行侵权，例如，数据杀熟等。第二，黑客入侵窃取数据或置入侵害数据。第三，数据管理不善，人工智能捕获数据形成侵权，如接触与非接触式的违规采集或合规采集而违规使用。第四，深度伪装、难以识别，形成对个体侵权。

二、人工智能赋能与企业安全

人工智能对私人构成数据安全隐患的手段同样会对企业形成安全隐患。数字经济以互联网平台为核心，将数字化知识和信息作为关键生产要素，数据联接企业的产业创新生态系统，是实现效率提升和产业优化的一种新型经济范式。人工智能赋能数字化将使商业模式以供应为中心全面转向以需求为重心，确切地说，价值创造围绕客户需求和问题展开。人工智能赋能在转型和连接中起到核心角色，它的一举一动都会对企业生态系统产生直接影响。

一方面，掌控强大人工智能的企业更易对用户侵权。例如，关于人工智能大数据平台，人工智能赋能使得用户与平台之间形成信息壁垒和数字鸿沟，导致用户难以了解个人信息的处理情况，信息完全由平台按照平台意愿供给。而平台会拥有大量数据，并通过清洗、加工和分析数据，更新算法，获得重要的商业资源和竞争优势。另一方面，企业数据一旦被外部掌控，出现数据泄露、数据滥用、数据操纵等情况会对企业造成致命损害，且很难得到救济。在大数据时代，人工智能使企业的安全维护成本增加。

三、人工智能赋能与国际贸易安全

人工智能的机器理性、文化属性、外部依赖性使得其开发者与训练者的主观歧视意图与文化习惯极易遗传给人工智能实体。当人工智能实体贸易输入国缺乏符合自己价值观的规范、伦理、法律规则审查时，人工智能实体贸易中的数据歧视可能引发新殖民侵略，这是人工智能国际贸易可能存在的最大问题。

主观歧视包括数据歧视与算法歧视，是指研发人员在研发人工智能时植入带有倾向、偏见或歧视的价值观。数据歧视是指训练人工智能采集的数据本身或提供给人工智能机器学习的数据包含偏见与歧视。其结果是人工智能的机器理性完全依赖于供应方的价值观，而对需求方形成文化侵略。在人工智能实体贸易中，算法偏见或歧视是以程序员或所有者价值观强行赋予需求者，同样会从实际社会层面形成殖民文化。

四、人工智能赋能与国家安全

在大安全观视野下，国家安全是指国家政权、主权统一和领土完整，经济、文化、环境、社会、生态五位一体的自主、可控、规范可持续发展和国家其他重大利益不受到损害，处于没有危险和不受内外威胁的状态。我国提出的国家安全观包括 16 个方面的基本内容：政治安全、国土安全、军事安全、经济安全、文化安全、社会安全、科技安全、网络安全、生态安全、资源安全、核安全、海外利益安全、生物安全、太空安全、极地安全、深海安全。

在数字时代，人工智能赋能分析改变了企业和消费者之间的关系，现在也改变了政府和个人之间的关系。国家整体安全的各个方面无不与人工智能赋能发生关联。世界各国政府广泛采用人工智能，不仅影响了国际秩序，也影响了国家内部的政治秩序。

第一，人工智能赋能使数据安全成为国家安全的重要组成。个人、企业、政府对大数据管理尽管采取了硬措施和软措施，但是依然面临着多重数据风险。个人数据的广泛流通改变了人的思维方式和生活模式，对人际关系维护、健康与情感变化产生重大影响，但也存在巨大泄露风险和加大信息不对称，引发群体权利受损，进而引起社会秩序动荡，例如，违法违规使用个人信息的数据滥用、数据污染和数据泄露问题。一旦发生数据污染，产生信用危机进而引发安全问题。数据泄露的风险就更大，个人、企业、政府均有数据泄露的风险。数据一旦泄露，极有可能会超越技术范畴和组织边界，严重危害个人、企业甚至国家的信息安全，侵害商业安全和国家安全，甚至改变政治进程。

第二，人工智能赋能成为国家竞争与对抗的工具。首先，国家之间竞争与对抗利用数据的无处不在及数据安全防范的脆弱性，将人工智能赋能与网络、数据作为结合工具，可以通过识别、瞄准、扰乱，或操纵个人、社会、国家数据秩序，形成对国家安全的风险。其次，人工智能赋能直接对科技、教育、经济、金融、国防进行数据攻防。再次，人工智能赋能武器可以被直接用于国防活动，例如军事冲突或非军事冲突。最后，国家安全维护不唯技术论的前提是拥有制胜技术，没有威慑能力就会被对手威慑。未来国家安全威慑能力很大程度上在于人工智能对先进武器的赋能。

人工智能赋能的能力与潜力使得人工智能为人造福的潜能和期望与日同增，构成世界各国竞合的最有力战略手段，与国家安全息息相关。不遗余力发展人工智能确保国家整体安全意识是主要发达国家的不二选择。

第二节　人工智能赋能治理方向

具有机器理性的人工智能在科技前沿、教育领域、经济主战场、国家重大需求、人民生命健康、国防等人类社会生态中表现出了强劲的威力。机器理性的出现使人类对“理性 - 非理性”的世界万物分类感到了困惑和一丝恐慌，机器理性在理性 - 非理性主宰的“主体 - 客体”二元法律坐标中的位置直接关系到人工智能能否真正最终做到来源于人民、服务于人民、造福于人民。在人工智能制造技术与人工智能应用的双螺旋驱动时代，人工智能的赋能治理原则与归责原则显得紧迫。正如国务院在 2017 年发布的《新一代人工智能发展规划》中谈到的，“在大力发展人工智能的同时，必须高度重视可能带来的安全风险挑战，加强前瞻预防与约束引导，最大限度降低风险，确保人工智能安全、可靠、可控发展”，人工智能赋能治理涉及人工智能领域的立法、执法、司法、守法等多方面。推进人工智能法治研究是人工智能发展的内在要求和时代使命。

人工智能赋能治理包含在人工智能与社会生态联结的整个循环过程之中（见图 8.2）。首先，人类通过采用人类凝练的算法、开发的数据、计算力硬件开发了人工智能。人工智能要有强大的赋能能力才能谈到治理问题。现如今，世界各主要经济发达国家已把促进人工智能发展作为国家战略，这需要在人才、算法、数据、计算力四个方面同时发力，需要在政策、法律、人才培养与招揽、产业规划与投资、知识产权保护、营商环境、国家战略决心等方面共同努力才能实现。其中，只有对人工智能进行赋能，才能发挥人工智能的赋能能力；人工智能只有具有了赋能能力，才能赋能于人、造福于人，这也是赋能治理的根本所在。其次，人工智能通过赋能参与社会生态生活，在赋能的过程中不断进行数据交换，产生人工智能赋能行为结果。最后，开发人员提炼与升华对行为结果的认识，形成进化的算法和进阶数据再赋予已开发或待开发的人工智能，这样才算完成一个人工智能赋能发展的循环过程。算法、数据、计算力形成了人工智能的三大支撑，开发与交互人员是人工智能文化性的传承者。

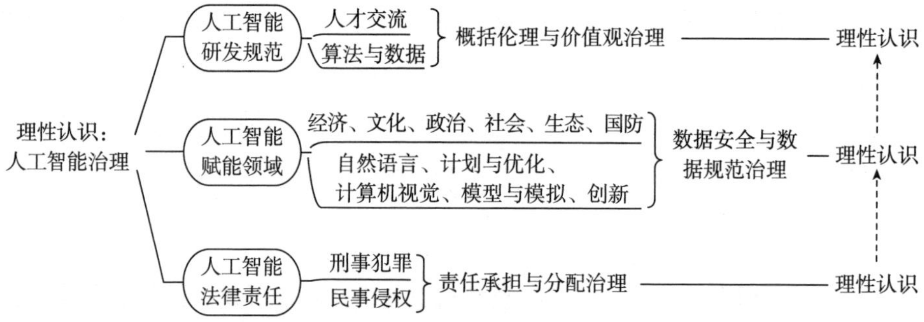

图 8.2 人工智能赋能联结社会循环图

人工智能具有机器理性，不具有价值判断能力。人工智能与社会生态联结循环过程就是人工智能赋能治理的核心与重点。人工智能从哪里来，到哪里去，人工智能本体及本体中的伦理问题是人工智能赋能治理的首要原则问题。赋能治理的第一个问题在人工智能开发阶段，人工智能赋能治理的重点是人工智能价值观规范治理。第二个问题是如何确定人工智能的法律属性定位，这也是法律治理的核心问题。第三个问题是交互数据规范使用与权力的数字表达安全，数据治理也是人工智能赋能治理的基础。第四个问题是人工智能与社会联结行为后果的责任归属与救济。

一、人工智能赋能伦理规范要求

2021 年国家新一代人工智能治理专业委员会发布了《新一代人工智能伦理规范》，从管理、研发、供应、使用四个方面对自然人、法人和其他相关机构提出了规范要求，强调了人工智能各类活动应遵循的基本伦理规范。具体包括六个方面的规范：①增进人类福祉；②促进公平公正；③保护隐私安全；④确保可控可信；⑤强化责任担当；⑥提升伦理素养。

人工智能赋能伦理规范要求要落到实处，首项重要的是找到规范责任的责任承担者。这里，机器理性的法律本质属性决定了责任承担者不是人工智能自身，而是与人工智能发生交互关系的保证人。

二、人工智能法律关系定位

人工智能法律关系定位治理的本质就是要确定人工智能是否具有法律人格。机器理性决定了人工智能的法律哲学属性，将人工智能与先进技术进行分离，同时也将人工智能的理性与人的自由意志理性相分离。虽然技术视角上有弱人工智能、强人工智能、超级人工智能概念之分，技术开发人员也在不懈努力开发强人工智能和超级人工智能，但后两者还处于概念性阶段。

强人工智能或超级人工智能具有价值判断能力，其技能已达到顶级人才水准。这样的人工智能已冲破了地球世界人的神圣性和人的唯一性。以本书现有的观点，强人工智能和超级人工智能都是不会出现的。值得注意的是，一些学者在研究人工智能法律人格属性问题时，把弱人工智能所表现出的所谓“智能”视为强人工智能的“智能”，并视这样的人工智能具有价值判断的能力。这是因为学者们赋予了人工智能意识能力，而不是人工智能本身具有意识能力。这样的研究就出现了逻辑悖论，把虚幻中的臆想反射到现实世界的法律治理规范，但怎样的逻辑努力都无法打破法律在实践中的滞后性，从而逻辑不能自洽。机器理性没有冲破自然人的神圣性和唯一性的天花板，也同样决定了人工智能的法律哲学属性，即人工智能不具有法律人格资格，不能成为法律主体。《新一代人工智能伦理规范》坚持人类是最终责任主体也从根本上回答了相关问题。

三、价值规范治理是人工智能赋能治理之本

在人工智能价值规范治理中，开发人员是第一顺位的。人工智能的三大支撑之算法和数据使得人工智能具有文化性。高技能人工智能人才队伍建设是人工智能价值规范的核心。算法与数据是开发人员将价值观传承给人工智能的载体。开发人员要有开发人工智能服务于人民、造福于人民的价值理念。

人工智能价值规范治理应使《新一代人工智能伦理规范》，特别是研发规范在制度和法规上得到落实。首先，开发人工智能要恪守人的神圣性、唯一性准则，遵循人工智能不伤害人类、不奴役人类的原则。其次，人工智能的基本原则应是服务于人民、造福于人民的，不能成为剥削人、殖民人的工具。最后，开发人工智能要进行承诺与伦理审查，确保前项原则不被破坏。依靠具有机器理性的人工智能自律和现有法律与道德的他律是不能解决问题的。价值规范是对人的价值规范，最重要的是落在具体的责任人身上，与人工智能能产生交互关系的人工智能保证人就是责任承担者。

四、数据治理是人工智能赋能治理的重点

数据是人工智能的支撑。数据连接着人与万物。人的认识延伸到哪里，数据就产生在哪里。人工智能赋能使得数据对人的行为的影响更加凸显。人工智能赋能数据不仅使得人获利、收益，而且会使人受到伤害。人工智能赋能的水平与作用和数据的使用、国家安全水平的联系愈加紧密，数据使用与人工智能赋能不当甚至会引起社会动荡，影响国家政治进程。例如，数据的“信息毡房”“过滤气泡”“数据制假”等数据选择性推送，产生的结果就不仅仅是谣言泛滥，虚假新闻、低俗色情内容大规模传播，标题党、广告泛滥，虚假广告，大数据杀熟等，还会干预行政政策制定和实施的有效方向，对人的基本权利造成根本性损害。因此，数据的收集、获取与推送、投放要遵守数据规范、安全原则。

因此，人工智能数据治理既要管好数据的产生、收集，涉及如个体、企业、政府等组织与部门，也要管好数据传输与使用的网络，还要管好关键数据的技术设施，更要管好国际贸易中人工智能实体所依赖的数据文化性，使得数

据质量提升、数据安全透明度增强并消除数据偏见，让数据歧视、数据滥用得到实质治理。

五、人工智能赋能行为治理

人工智能不能等同于自然人；同时，由于机器理性的属性与特征，人工智能也不能拟制成为法律上的人。人工智能具有替代性和创造性，渗透能力强。当人工智能参与人类生活和社会活动的各个方面、与自然人共享社会资源时，法律很难对它们的行为后果视而不见。在刑法罪刑法定、民商法侵权救济的法律原则之下，具有机器理性的人工智能需要明确法律责任归属。人工智能行为治理集中于人工智能犯罪、民事侵权的责任认定与救济。在刑法、民法、商法中明确人工智能法律责任归属和救济方式方法。人工智能赋能行为治理既不适用法律主体责任归责规则，又不完全适用产品责任归责规则。由于机器理性，人工智能法律治理应有属于自己的治理规范，仅有人工智能伦理规范是远远不够的。

参考文献

中文文献

[1] 拉古兰德，休斯，2018. 未来的就业：技术性失业与解决之道［M］. 艾辉，冯丽丽，译. 北京：人民邮电出版社.

[2] 博登，2001. 人工智能哲学［C］. 刘西瑞，译. 上海：上海译文出版社.

[3] 陈吉栋，2018. 论机器人的法律人格：基于法释义学的讨论［J］. 上海大学学报（社会科学版），35（3）：78－89.

[4] 德沃金，1986. 法律帝国［M］. 李常青，译. 北京：中国大百科全书出版社：362，43.

[5] 邓晓芒，2005. 康德哲学讲演录［M］. 桂林：广西师范大学出版社.

[6] 多明戈斯，黄芳萍，2018. 终极算法：机器学习和人工智能如何重塑世界［J］. 金融纵横（2）：102.

[7] 冯洁，2019. 人工智能体法律主体地位的法理反思［J］. 东方法学（4）：43－54.

[8] 冯珏，2021. 自然人与法人的权利能力对于法人本质特征的追问［J］. 中外法学，33（2）：346－368.

[9] 顾险峰，2016. 人工智能中的联结主义和符号主义［J］. 科技导报，34（7）：20－25.

[10] 郭剑平，2020. 制度变迁史视域下人工智能法律主体地位的法理诠释［J］. 北方法学，14（6）：123－133.

[11] 郭锐，2019. 人工智能的伦理与治理［J］. 人工智能（4）：11－19.

[12] 郭少飞，2018. “电子人”法律主体论［J］. 东方法学（3）：38－49.

[13] 郭小安，甘馨月，2018. “戳掉你的泡泡”：算法推荐时代“过滤气泡”的形成及消解［J］. 全球传媒学刊，5（2）：76－90.

[14] 国务院，新一代人工智能发展规划［Z］. 国发（2017）35号.

[15] 韩旭至，2019. 人工智能法律主体批判［J］. 安徽大学学报（哲学社会科学版），43（4）：75－85.

[16] 郝铁川. 不可幻想和高估人工智能对法治的影响［N］. 法制日报，2018－01－03.

[17] 黑格尔，2007. 法哲学原理［M］. 杨东柱，等，译. 北京：北京出版社.

[18] 洪伟，郑祥福，2007. 关于神经网络模拟的哲学思考［J］. 自然辩证法研究（4）：22－25.

[19] 胡敏中，王满林，2019. 人工智能与人的智能［J］. 北京师范大学学报（社会科学版）（5）：128－134.
[20] 胡玉鸿，2008. 法律主体概念及其特性［J］. 法学研究（3）：3－18.
[21] 胡长兵，2015. 法律主体考略：以近代以来法律人像为中心［J］. 东方法学（5）：46－54.
[22] 黄伟，聂东，陈英俊，2001. 人工智能研究的主要学派及特点［J］. 赣南师范学院学报（3）：73－75.
[23] 黄炎孙，2014. 人工智能的符号主义立场研究［D］. 北京：北京化工大学.
[24] 霍布斯，1985. 利维坦［M］. 黎思复，等，译. 北京：商务印书馆.
[25] 姬翔，杜文静，2006. 人工智能论析［J］. 中山大学学报论丛（8）：22－24.
[26] 江平，1994. 法人制度论［M］. 北京：中国政法大学出版社.
[27] 江溯，2018. 自动驾驶汽车对法律的挑战［J］. 中国法律评论（2）：180－189.
[28] 康德，1991. 法的形而上学原理［M］. 沈叔平，译. 北京：商务印书馆.
[29] 康德，2007. 三批判书：第1版［M］. 武雨南川，李光荣，译. 北京：人民日报出版社.
[30] 康茜，2011. 罗马法人格小减等制度：依然争议的学说［J］. 黑龙江省政法管理干部学院学报（1）：144－147.
[31] 考夫曼，哈斯默尔，2013. 当代法哲学和法律理论导论［M］. 郑永流，译. 北京：法律出版社.
[32] 库特，谢弗，张巍，等，2014. 所罗门之结：法律能为战胜贫困做什么？［J］. 工商行政管理（21）：80.
[33] 库兹韦尔，2011. 奇点临近［M］. 李庆诚，董振华，田源，译. 北京：机械工业出版社：15.
[34] 拉古兰德，休斯. 2018. 未来的就业：技术性失业与解决之道［M］. 艾辉，冯丽丽，译. 北京：人民邮电出版社.
[35] 拉伦茨，2003. 德国民法通论（上册）［M］. 王晓晔，等，译. 北京：法律出版社.
[36] 李炳臻，刘克，顾佼佼，等，2021. 卷积神经网络研究综述［J］. 计算机时代（4）：8－12，17.
[37] 李婕，2019. 智能风险与人工智能刑事责任之构建［J］. 当代法学，33（3）：27－36.
[38] 李萱，2008. 法律主体资格的开放性［J］. 政法论坛（5）：50－58.
[39] 李彦东，郝宋波，雷航，2016. 卷积神经网络研究综述［J］. 计算机应用，26（9）：2508－2515.
[40] 梁慧星，2017. 民法总论［M］. 北京：法律出版社.
[41] 刘娟，2020. 法与人工智能的交叉理论探索［J］. 北京政法职业学院学报（1）：37－42.
[42] 刘宪权，2018. 人工智能时代刑事责任与刑罚体系的重构［J］. 政治与法律（3）：

89－99.
［43］龙卫球，2000．法律主体概念的基础性分析（上）：兼论法律的主体预定理论［J］．学术界（3）：50－66.
［44］龙卫球，2000．法律主体概念的基础性分析（下）：兼论法律的主体预定理论［J］．学术界（4）：76－97.
［45］洛克，2007．政府论［M］．刘晓根译．北京：北京出版社.
［46］骆正言，2020．从自由意志谈人工智能的法律主体资格［J］．湖南社会科学（2）：43－50.
［47］马俊驹，2006．人与人格分离技术的形成、发展与变迁：兼论德国民法中的权利能力［J］．现代法学（4）：44－53.
［48］马克思，恩格斯，2009．马克思恩格斯文集：第1卷［M］．中共中央马克思恩格斯列宁斯大林著作编译局，译．北京：人民出版社.
［49］马克思，恩格斯，2009．马克思恩格斯文集：第8卷［M］．中共中央马克思恩格斯列宁斯大林著作编译局，译．北京：人民出版社.
［50］马克思，恩格斯，2009．马克思恩格斯文集：第9卷［M］．中共中央马克思恩格斯列宁斯大林著作编译局，译．北京：人民出版社.
［51］马克思，恩格斯，2016．马克思恩格斯全集：第47卷［M］．中共中央编译局，译．北京：人民出版社.
［52］麦克纳利，邵水浩，1989．机器人的权利：二十一世纪的技术、文化和法律（上）［J］．世界科学（6）：47－50.
［53］梅特兰，2008．国家、信托与法人［M］．樊安，译．北京：北京大学出版社.
［54］诺依曼，2011．计算机与人脑［M］．南京：江苏人民出版社：4.
［55］彭诚信，2005．主体性与私权制度研究［M］．北京：中国人民大学出版社.
［56］桑斯坦，2008．信息乌托邦：众人如何生产知识［M］．毕竞悦，译．北京：法律出版社.
［57］沈建峰，2011．权利能力概念的形成和变迁［J］．北方法学，5（3）：59－66.
［58］孙聪聪，2015．人格作为法律主体的伦理与技术：基于历史进路的考察［J］．广西大学学报（哲学社会科学版），37（3）：80－85.
［59］孙占利，2018．智能机器人法律人格问题论析［J］．东方法学（3）：10－17.
［60］唐庆鹏，2021．在工程与人文之间：人工智能技术的融合本质及发展原则［J］．人文杂志（2）：11－19.
［61］王利明，2006．人格权法研究［M］．北京：中国人民大学出版社.
［62］王艳慧，2020．人工智能民事主体地位的论证进路及其批判［J］．华东政法大学学报，23（4）：83－92.
［63］吴汉东，2017．人工智能时代的制度安排与法律规制［J］．法律科学（西北政法大学学报），35（5）：128－136.

[64] 星野英一，2004. 私法中的人：以民法财产法为中心［M］. 王闯，译. 北京：中国法制出版社.
[65] 徐心和，么健石，2004. 有关行为主义人工智能研究综述［J］. 控制与决策（3）：241-246.
[66] 许中缘，2018. 论智能机器人的工具性人格［J］. 法学评论（36）：153-164.
[67] 雪莱，2016. 弗兰肯斯坦［M］. 沈阳：辽宁人民出版社.
[68] 杨俊龙，柳作栋，2018. 人工智能技术发展及应用综述［J］. 计算机产品与流通（3）：132-133.
[69] 杨立新，2018. 侵权责任法［M］. 3版. 北京：法律出版社.
[70] 杨立新，2008. 民法物格制度研究［M］. 北京：法律出版社.
[71] 杨清望，张磊，2018. 论人工智能的拟制法律人格［J］. 湖南科技大学学报（社会科学版），21（6）：91-97.
[72] 袁曾，2017. 人工智能有限法律人格审视［J］. 东方法学（5）：50-57.
[73] 张保红，2014. 权利能力的双重角色困境与主体资格制度重构［J］. 法学家（2）：12-29，176.
[74] 张铉. AI开发者大会：人工智能的发展现状与人才培养［C/OL］.（2020-07-03）［2022-06-29］. https://blog.51cto.com/u_14217737/2912303#09%3A10--09%3A30%.
[75] 张弛，2020. 论人工智能的法律地位［J］. 上海法学研究，4（2）：65-89.
[76] 张劲松，2017. 人是机器的尺度：论人工智能与人类主体性［J］. 自然辩证法研究，33（1）：49-54.
[77] 张绍欣，2019. 法律位格、法律主体与人工智能的法律地位［J］. 现代法学，41（4）：53-64.
[78] 张玉洁，2017. 论人工智能时代的机器人权利及其风险规制［J］. 东方法学（6）：56-66.
[79] 赵万一，2018. 机器人的法律主体地位辨析：兼谈对机器人进行法律规制的基本要求［J］. 贵州民族大学学报（哲学社会科学版）（3）：147-167.
[80] 中共中央马克思恩格斯列宁斯大林著作编译局，2016. 马克思恩格斯全集：第47卷（上）［M］. 北京：人民出版社：532.
[81] 仲崇玉，2013. 论基尔克法人有机体说的法理内涵和政治旨趣［J］. 现代法学，35（2）：56-65.
[82] 周飞燕，金林鹏，董军，2017. 卷积神经网络研究综述［J］. 计算机学报，40（6）：1229-1251.
[83] 周相，1994. 罗马法原论（上）［M］. 北京：商务印书馆.
[84] 周详，2019. 智能机器人“权利主体论”之提倡［J］. 法学（10）：3-17.
[85] 朱程斌，李龙，2018. 人工智能作为法律拟制物无法拥有生物人的专属性［J］. 上

海交通大学学报（哲学社会科学版），26（6）：56－64.

英文文献

[1] ABBOTT R，2019. Artificial intelligence，big data and intellectual property：Protecting computer－generated works in theUnited Kingdom [M]. London：Edward Elgar Publishing.

[2] ABBOTT R，2016. I think，therefore I invent：creative computers and thefuture of patent law [J]. Boston college law review，57（4）：1079－1126.

[3] ACOSTA R. Artificial intelligence and authorship rightsjoltdigest [EB/OL].（2012－02－17）[2022－05－06]. http：//jolt. law. harvard. edu/digest/artificial－intelligence－and－authorship－rights.

[4] ADRIANO E A Q，2015. The natural person，legal entity or juridical person and juridical personality [J]. Penn state journal of law & international affairs，4：363－389.

[5] ALBUS J S，1991. Outline for a theory of intelligence [J]. IEEE transactions on systems man & cybernetics，21（3）：473－509.

[6] ALLAIN J，2012. The legal understanding of slavery：From the historical to the contemporary [M]. Oxford：Oxford University Press.

[7] ANDREA P，2007. A treatise of legal philosophy and general jurisprudence，volume 7：The jurists' philosophy of law from Rome to the seventeenth century [M]. Berlin：Springer Science & Business Media.

[8] ANNAS G J，2000. The man on the moon，immortality，and other millennial myths：The prospects and perils of human genetic engineering [J]. Emory law journal，49：753－782.

[9] AI is always just a tool－interview with Philipp Hartmann，director of AI strategy at applied AI [EB/OL].（2020－10－05）[2022－05－06]. https：//www. unternehmertum. de/en/topics/ai/ai－is－always－just－a－tool－interview－with－philipp－hartmann－director－of－ai－strategy－at－appliedai.

[10] ASAY C D，2020. Artificial stupidity [J]. William & Mary law review，61：1187－1256.

[11] BANTEKA N，2021. Artificially intelligent persons [J]. Houston law review，58：537－591.

[12] BANTERLE F. Ownership of inventions created by artificial intelligence [EB/OL].（2018－11－27）[2022－05－06]. https：//papers. ssrn. com/sol3/papers. cfm? abstract_id = 3276702.

[13] BAYERN S，2014. Ofbitcoins，independently wealthy software，and the zero－member LLC [J]. Northwestern university law review，108：257－270.

[14] BECK S，2016. The problem of ascribing legal responsibility inthe case of robotics [J]. AI & society，31（4）：473－481.

[15] BECKER L, 1980. The moral basis of property rights [M]. New York: New York University Press.

[16] BENTHAM J, OGDEN C K, 2000. Bentham's theory of fictions [M]. New York: Psychology Press.

[17] BERDIKC. Should chimpanzees have legal rights [EB/OL]. (2013-07-14) [2022-05-06]. https://www.bostonglobe.com/ideas/2013/07/13/should-chimpanzees-have-legal-rights/Mv8iDDGYUFGNmWNLOWPRFM/story.html? p1 = BGSearch_Overlay_Results.

[18] BINDER G, 2004. The origins of American felony murder rules [J]. Stanford law review, 57: 59-208.

[19] BLACKSTONE W, 1765. Commentaries on the laws of England [M]. New York: Collins & Hannay.

[20] BOSTROM N, 2016. The control problem. Excerpts fromsuperintelligence: paths, dangers, strategies [M]. Hoboken: John Wiley & Sons.

[21] BOTHA M. Artificial intelligence is just a tool [EB/OL]. (2019-01-22) [2022-05-06]. https://towardsdatascience.com/artificial-intelligence-is-just-a-tool-aab880f1bbdd.

[22] BRACHA O, 2010. The adventures of the statute of Anne in the land of unlimited possibilities: The life of a legal transplant [J]. Berkeley technology law journal, 25: 1427-1474.

[23] BREWER S, 1996. Exemplary reasoning: Semantics, pragmatics, and the rational force of legal argument by analogy [J]. Harvard law review: 923-1028.

[24] BROWN L M L, 2005. Feminst theory and the erosion of women's reproductive rights: The implications of fetal personhood laws and in vitro fertilization [J]. American university journal of gender, social policy & the law, 13: 87-108.

[25] BROWN R D, 2021. Property ownership and the legal personalhood of artficial intelligence [J]. Information & communications technology law, 30 (2): 208-234.

[26] BRYANT W S, Sae levels of driving automation, center for internet and society [EB/OL]. (2013-12-18) [2022-05-06]. http://cyberlaw.stanford.edu/blog/2013/12/sae-levels-driving-automation.

[27] BURDICK W L, 2004. The principles of roman law and their relation to modern law [M]. Boston: The Lawbook Exchange Ltd.

[28] CALABRESI G, MELAMED A D, 1972. Property rules, liability rules, and inalienability: One view of the cathedral [J]. Harvard law review, 85: 1089-1128.

[29] CALO R, 2015. Robotics and the lessons ofcyberlaw [J]. California law review, 103: 513-564.

[30] CAMPBELL K, 1983. Fuller on legal fictions [J]. Law and philosophy, 2 (3): 339 - 370.

[31] CANELLAS M, MILLER M, MINOTRA D, 2017. Framing human - automation regulation: a new modus operandi from cognitive engineering [J]. We robot, 4: 3 - 38.

[32] CARDI W J, 2005. Reconstructingforeseeability [J]. Boston college law review, 46: 921 - 988.

[33] CARROLL K, 2021. Smart cars are getting smarter: Legal personhood for self - driving vehicles [J]. Student works, 1: 1 - 41.

[34] CERKA P, GRIGIENE J, SIRBIKYTE G, 2015. Liability for damages caused by artificial intelligence [J]. Computer law & security review, 31 (3): 376 - 389.

[35] CHISUM D S, NARD C A, SCHWARTZ H F, 2004. Principles of patent law: Cases and materials [M]. Oxford: Biotechnology Advances.

[36] CHOPRA S, WHITE L F, 2004. Artificial intelligence - personhood in law and philosophy [J]. Proceedings of the 16th European Conference on artificial intelligence: 635 - 639.

[37] CHOPRA S, WHITE L F, 2011. A legal theory for autonomous artificial agents [M]. Ann Arbor: University of Michigan Press.

[38] COFFEE J C, 1981. "No soul to damn: No body to kick": an unscandalized inquiry into the problem of corporate punishment [J]. Michigan law review, 79 (3): 386 - 459.

[39] COHEN G. Should we grant AI moral and legal personhood [EB/OL]. (2016 - 09 - 24) [2022 - 05 - 06]. https://perma.cc/ELL3 - CQRK.

[40] COMMONWEALTH V. TURNER. 59 Mass. App. Ct. 825, 798 N. E. 2d 315. [EB/OL]. (2003 - 11 - 05) [2022 - 05 - 06]. https://casetext.com/case/commonwealth - v - turner - 1.

[41] CRAIG C, KERR I, 2021. The death of the AI author [J]. Ottawa law review, 52: 31 - 86.

[42] DAGAN H, Heller M A, 2001. The liberal commons [J]. Yale law journal, 110 (4): 549 - 623.

[43] DAGAN H, 2012. Pluralism and perfectionism in private law [J]. Columbia law review, 112: 1409 - 1448.

[44] DATAFORTH. Closed loop vs open loop control [EB/OL]. (2014 - 04 - 02) [2022 - 05 - 24]. https://www.dataforth.com/closed - loop - vs - open - loop - control.aspx.

[45] DAVIES C R, 2011. An evolutionary step in intellectual property rights - artificial intelligence and intellectual property [J]. Computer law & security review, 27 (6): 601 - 619.

[46] DEAN B R, 2021. Property ownership and the legal personhood of artificial intelligence [J]. Information & communications technology law, 30 (2): 208 - 234.

[47] DEISER G F, 1908. The juristic person [J]. University of Pennsylvania law review & American law register, 57 (3): 131 - 142.

[48] DELCKER J. Europe divided over robot personhood [EB/OL]. (2018 -04 -14) [2022 - 10 -21]. https: //politico. eu/article/europen - divided - over - robot - ai - artificial - intelligence - personhood/.

[49] DEL_ MARM, 2013. Recovering legal fictions: an introduction [J]. International journal of law in context, 9 (4): 437 -441.

[50] DENICOLA R C, 2016. Ex machina: Copyright protection for computer generated works [J]. Rutgers university law review, 69: 251 -288.

[51] DEWEY J, 1926. The historic background of corporate legalpersonality [J]. Yale law journal, 35: 655 -673.

[52] DINE J, GOBERT J, WILSON W, 2007. Cases and materials on criminal law [M]. Oxford: Oxford University Press.

[53] DRESSLER J, 2007. Cases and materials on criminal law [M]. Minnesota: West Academic Publishing.

[54] DUFF P W, 1971. Personality in roman private law [M]. New York: Williams Hein.

[55] DWORKIN R, 1997. In praise of theory [J]. Arizona state law journal, 29: 353 -376.

[56] DYSCHKANT A, 2015. Legal personhood: How we are getting it wrong [J]. University of Illinois law review: 2075 -2110.

[57] ENGSTROM D F. Government by algorithm: Artificial intelligence in federal administrative agencies, the administrative conference of the united states [EB/OL]. (2020 -02 -19) [2022 -05 -24]. https: //www. acus. gov/report/government - algorithm - artificial - intelligence - federal - administrative - agencies.

[58] ERICKSON K, 2016. Defining the public domain in economic terms - approaches and consequences for policy [J]. Nordic journal of applied ethics: 61 -74.

[59] EUROPEAN PARLIAMENT. Report with recommendations to the commission on civil rules on robotics [EB/OL]. (2016 -05 -31) [2022 -05 -24]. https: //www. europarl. europa. eu/doceo/document/JURI - PR -582443_EN. pdf.

[60] EVANS M. Artificial intelligence is expected to be the most impactful technology on commerce [EB/OL]. (2019 -01 -16) [2022 -05 -06]. https: //perma. cc/J4KK - DGGT.

[61] FAGUNDES D, 2001. Note, what we talk about when we talk about persons: The language of a legal fiction [J]. Harvard Law Review, 114 (6): 1745 -1768.

[62] FEIGENBAUM E A, BUCHANAN B G, 1993. Dendral and meta - dendral: Roots of knowledge systems and expert system applications [J]. Artificial intelligence, 59 (1 -2): 233 -240.

[63] FELDMAN Y, 2018. The law of good people: Challenging states' ability to regulate human behavior [M]. Cambridge: Cambridge University Press.

[64] FERRARA F, 1929. Theory of legal persons [M]. Madrid: Reus Publisher.

[65] FISSE B, BRAITHWAITE J, 1988. The allocation of responsibility for corporate crime: Individualism, collectivism and accountability [J]. Sydney law review, 11: 468 -513.

[66] FLORIDI L, COWLS J, BELTRAMETTI M, 2018. Ai4people—an ethical framework for a good AI society: Opportunities, risks, principles, and recommendations [J]. Minds and machines, 28 (4): 689 -707.

[67] FRANCIONE G L, 1995. Animals, property, and the law [M]. Philadelphia: Temple University Press.

[68] FRASER E, 2016. Computers as inventors - legal and policy implications of artificial intelligence on patent law [J]. SCRIPTed: a journal of law, technology and society, 13: 305 - 333.

[69] FREITAS R A, 1985. The legal rights of robots [J]. Student lawyer, 13 (1): 54 -56.

[70] FROMM E, 2001. The sane society [J]. Journal of political economy, 26 (6): 26 -30.

[71] FROOMKIN A M, COLANGELO P Z, 2015. Self - defense against robots and drones [J]. Connecticut law review, 48: 1 -70.

[72] FROOMKIN A M, 1995. The metaphor is key: Cryptography, the clipper chip and the constitution [J]. University of Pennsylvania law review, 3: 709 -898.

[73] FRÜEH A. Transparencyin the patent system - artificial intelligence and the disclosure requirement [EB/OL]. (2019 -03 -22) [2022 -05 -24]. https://papers.ssrn.com/sol3/papers.cfm?abstract_id=3309749.

[74] FUEGI J, FRANCIS J, 2003. Lovelace & babbage and the creation of the 1843 'notes' [J]. IEEE annals of the history of computing, 25 (4): 16 -26.

[75] FULLER L L, 1930. Legal fictions [J]. Illinois law review, 25: 363 -399.

[76] GAIUS, 1904. Gai Institutiones or Institutes of Roman Law by Gaius [M]. Oxford: Clarendon Press.

[77] GENTNER D. The structure of analogical models in science [R/OL]. (1980 -07 -11) [2022 -05 -24]. https://apps.dtic.mil/sti/citations/ADA087625.

[78] GIERKE O F, 1958. Political theories of the middle age [M]. Boston: Beacon Press.

[79] GILL C, 1988. Personhood and personality: The four - personae theory in cicero, deofficiis i, oxford studies in ancient philosophy: Volume vi [M]. Oxford: Oxford University Press.

[80] GINSBERG M L, 1988. Multivalued logics: A uniform approach to reasoning in artificial intelligence [J]. Computational intelligence, 4 (3): 265 -316.

[81] GIRON H, ANTONIO F. Introducción a la lógica jurídica [EB/OL]. [2022 -05 -06]. https://repositorio.unicartagena.edu.co/handle/11227/10494.

[82] GRAHAM K, 2012. Of frightened horses and autonomous vehicles: Tort law and its assimilation of innovations [J]. Santa Clara law review, 52: 1241 -1270.

[83] GRAY J C, 2012. The nature and sources of the law [M]. New Orleans: Quid Pro LLC.

[84] GUADAMUZ A, 2017. Do androids dream of electric copyright? Comparative analysis of originality in artificial intelligence generated works [J]. Intellectual property quarterly, 2017 (2): 169 - 186.

[85] GUIHOT M, MATTHEW A F, SUZOR N P, 2017. Nudging robots: Innovative solutions to regulate artificial intelligence [J]. Vanderbilt journal of entertainment & technology law, 20: 385 - 456.

[86] GUILLEN B. The true father of artificial intelligence [EB/OL]. (2016 - 09 - 04) [2022 - 05 - 24]. https: //www. bbvaopenmind. com/en/the - true - father - of - artificial - intelligence.

[87] GURGULA L. AI - assisted inventions in the field of drug discovery: Readjusting the obviousness analysis [EB/OL]. (2020 - 09 - 23) [2022 - 05 - 24]. https: //papers. ssrn. com/sol3/papers. cfm? abstract_id = 3683127.

[88] HALLEVY G, 2010. The criminal liability of artificial intelligence entities - from science fiction to legal social control [J]. Akron intellectual property journal, 4: 171 - 202.

[89] HALLEVY G, 2013. When robots kill: Artificial intelligence under criminal law [M]. Boston: Northeastern University Press.

[90] HARDESTY L. Artificial - intelligence system surfs web to improve its performance [EB/OL]. (2016 - 11 - 10) [2021 - 10 - 29]. https: //news. mit. edu/2016/artificial - intelligence - system - surfs - web - improve - performance - 1110.

[91] HARMON L, 1990. Falling off the vine: Legal fictions and the doctrine of substituted judgment [J]. Yale law journal, 100: 1 - 72.

[92] HARRIS J, 2001. Human beings, persons and conjoined twins: An ethical analysis of the judgement in re a. [J]. Medical law review, 9 (3): 221 - 236.

[93] HATTENHAUERC, 2011. '"der mensch als solcher rechtsfähig": Von der person zur rechtsperson' in eckart klein and christoph menke (eds) [M]. Berlin: Berliner Wissenschafts - Verlag.

[94] HEGEL G W F, 1996. Hegel: Elements of the philosophy of right [M]. New York: Prometheus Books.

[95] HILTY R, LEE J A, LIU K C, 2021. Artificial intelligence and intellectual property [M]. Oxford: Oxford University Press.

[96] HOBBES T, 1996. Leviathan [M]. Cambridge: Cambridge University Press.

[97] HOLDSWORTH W S, 1926. A history of English law [M]. North Yorkshire: Methuen Publishing.

[98] HOLDSWORTH W S, 1922. English corporation law in the 16th and 17th centuries [J]. Yale law journal, 31 (4): 382 - 407.

[99] HOLTHÖFER E, BABOUKIS J M, 2009. The oxford international encyclopedia of legal his-

tory [M]. Oxford: Oxford University Press.

[100] HORNBY A S, 2010. Oxford advanced learner's dictionary of current English [M]. Oxford: Oxford University Press.

[101] HSIAO E, 2012. Whanganui river agreement - indigenous rights and rights of nature [J]. Environmental policy and law, 42 (6): 371 - 375.

[102] HUBBARD F P, 2014. Sophisticated robots: Balancing liability, regulation, and innovation [J]. Florida law review, 66: 1803 - 1872.

[103] HUBEL D H, WIESEL T N, 1968. Receptive fields and functional architecture of monkey striate cortex [J]. The journal of physiology, 195 (1): 215 - 243.

[104] HUGHES J P, REES S, KALINDJIAN S B, 2011. Principles of early drug discovery [J]. British journal of pharmacology, 162 (6): 1239 - 1249.

[105] HUNT B C, 1936. The development ofthe business corporation in England, 1800 - 1867 [M]. Cambridge: Harvard University Press.

[106] IHERING R, 1998. The spirit of roman law [M]. Athens: University of Georgia press.

[107] IOZZIO C. Who's responsible when a self - driving car crashes [EB/OL]. (2016 - 05 - 01) [2022 - 05 - 06]. https://www.scientificamerican.com/article/who - s - responsible - when - a - self - driving - car - crashes/.

[108] JAMES M, 1899. Historical introduction to the private law of Rome [M]. London: A & C Black.

[109] JHERING R, 1875. The spirit of Roman law at the various stages of its development [M]. Saint Petersburg: Bezobrazov's & co.

[110] JORDAN M I, Mitchell T M, 2015. Machine learning: Trends, perspectives, and prospects [J]. Science, 349 (6245): 255 - 260.

[111] KAELBLING L P, LITTMAN M L, MOORE A W, 1996. Reinforcement learning: a survey [J]. Journal of artificial intelligence research, 4: 237 - 285.

[112] KARKHANIS A R, PARENTI J L, 2015. Toward an automated first impression on patent claim validity: Algorithmically associating claim language with specific rules of law [J]. Stanford technology law review, 19: 196 - 220.

[113] KELSEN H, 1999. Pure theory of law [M]. Beijing: China Social Science Publishing.

[114] KENNEDY J P, WATKINS W H, 2012. How to invent and protect your invention: A guide to patents for scientists and engineers [M]. Hoboken: John Wiley & Sons.

[115] KESAN J P, WANG R, 2020. Eligible subject matter at the patent office: An empirical study of the influence of alice on patent examiners and patent applicants [J]. Minnesota law review, 105: 527 - 618.

[116] KHOURY A H, 2017. Intellectual property rights for hubots: On the legal implications of human - like robots as innovators and creators [J]. Cardozo arts & entertainment law jour-

nal, (35): 635 - 668.

[117] KLERMAN D. Legal fictions as strategic instruments [EB/OL]. (2009 - 08 - 14) [2022 - 05 - 06]. https://escholarship.org/uc/item/8zv9k24m.

[118] KNAUER N J, 2010. Legal fictions and juristic truth [J]. *St.* Thomas law review, 23: 1 - 49.

[119] KOHLHEPP P M, 2008. When the invention is an inventor: Revitalizing patentable subject matter to exclude unpredictable processes [J]. Minnesota law review, 93 (2): 779 - 814.

[120] KOZA J R, 2010. Human - competitive results produced by genetic programming [J]. Genetic programming & evolvable machines, 11: 251 - 284.

[121] KROGH A, 2008. What are artificial neural networks [J]. Nature biotechnology, 26 (2): 195 - 197.

[122] KURKI V A J, 2019. A theory of legal personhood [M]. Oxford: Oxford University Press.

[123] KURKI V, 2017. Animals, slaves, and corporations: Analyzing legalthinghood [J]. German law journal, 18 (5): 1069 - 1090.

[124] LANDES W M, POSNER R A, 2003. The economic structure of intellectual property law [M]. Cambridge: Harvard University Press.

[125] LARSSON S, HEINTZ F, 2020. Transparency in artificial intelligence [J]. Internet policy review, 9 (2): 1 - 16.

[126] LASKI H J, 1916. The personality of associations [J]. Harvard law review, 29 (4): 404 - 426.

[127] LAYCOCK D, HASEN R L, 2010. Modern American remedies: Cases and materials [M]. Alphenaan den Rijn, Netherlands: Wolters Kluwer.

[128] LEE J A. Computer - generated works under the CDPA 1988 [M] //LEE J A, HILTY R, LIU K C. Artificial intelligence & intellectual property, Oxford: Oxford University Press, 2011: 177 - 195.

[129] LEGG S, HUTTER M, 2007. Universal intelligence: a definition of machine intelligence [J]. Minds and machines, 17 (4): 391 - 444.

[130] LEHMAN - WILZIG S N, 1981. Frankenstein unbound: Towards a legal definition of artificial intelligence [J]. Futures, 13 (6): 442 - 457.

[131] LEMLEY M A, CASEY B, 2021. Fair learning [J]. Texas law review, 99: 743 - 786.

[132] LEMLEY M A, CASEY B, 2019. Remedies for robots [J]. University of Chicago law review, 86 (5): 1311 - 1396.

[133] LIM D, 2018. AI & IP: innovation & creativity in an age of accelerated change [J]. Akron law review, 52: 813 - 876.

[134] LIN P, ABNEYK, JENKINS R, 2017. Robot ethics 2.0: From autonomous cars to artifi-

cial intelligence [M]. Oxford: Oxford University Press.
[135] LINDROOS - HOVINHEIMO S, 2015. Excavating foundations of legal personhood: Fichte on autonomy and self - consciousness [J]. Internationaljournal for the semiotics of law - revue internationale de sémiotique juridique, 28 (3): 687 - 702.
[136] LIOR A, 2020. AI entities as AI agents: Artificial intelligence liability and the AIresponde-at superior analogy [J]. Mitchell Hamline law review, 46: 1043 - 1102.
[137] LOBBAN M, 2007. A treaties of legal philosophy and gernal jurisprudence, Vol 7 [M]. New York: Springer.
[138] LOCKE J, 2015. The second treatise of civil government [M]. New York: Prometheus Books.
[139] LOVELACE A. Ada Lovelacebiography [EB/OL]. (2014 - 04 - 02) [2022 - 05 - 06]. https: //www. biography. com/scholar/ada - lovelace.
[140] MAINE H, MAINE H S, 2005. Ancient law [M]. New York: Cosimo.
[141] MAKSYMILIAN D M, 2013. Recovering legal fictions: An introduction [J]. International journal of law in context, 9 (4): 437 - 441.
[142] MARNEFFE P D, 1997. But does theory lead to better legal decisions: Response to Ronald Dworkin's in praise of theory [J]. Arizona state law journal, 29: 427 - 430.
[143] MATAMBANADZO S M, 2013. The body, incorporated [J]. Tulane law review, 87: 457 - 510.
[144] MCAFEE A, BRYNJOLFSSON E. Where computers defeat humans, and where they can't [EB/OL]. (2016 - 03 - 16) [2022 - 05 - 06]. https: //www. nytimes. com/2016/03/16/opinion/where - computers - defeat - humans - and - where - they - cant. html? searchResultPosition = 1.
[145] MCCARTHY J. A proposal for the dartmouth summer research project on artificial intelligence [EB/OL]. (1996 - 04 - 03) [2022 - 05 - 06]. http: //www - formal. stanford. edu/jmc/history/dartmouth/dartmouth. html.
[146] MCNALLY P, INAYATULLAH S, 1988. The rights of robots [J]. Futures, 20 (2): 119 - 136.
[147] MEYSTEL A, 1991. Autonomous mobile robots: Vehicles with cognitive control [M]. Singapore: World Scientific.
[148] MICHOUD L, 1906. La théorie de la personnalité morale et son application au droit français [M]. Paris: Pichon et Durand - Auzias.
[149] MILLER A R, 1993. Copyright protection for computer programs, databases, and computer - generated works: Is anything new since CONTU [J]. Harvard law review, 106 (5): 977 - 1073.
[150] MIN H, 2010. Artificial intelligence in supply chain management: Theory and applications

[J]. International journal of logistics: Research and Applications, 13 (1): 13 -39.

[151] MINSKY M, 1961. Steps toward artificial intelligence [J]. Proceedings of the IRE, 49 (1): 8 -30.

[152] MOORE M S, 1993. Act and crime: The philosophy of action and its implications for criminal law [M]. Oxford: Oxford University Press.

[153] NAFFINE N, 2009. Law's meaning of life: Philosophy, religion, Darwin and the legal person [M]. London: Bloomsbury Publishing.

[154] NILSSON N J, 2009. The quest for artificial intelligence: A history of ideas and achievements [M]. Cambridge: Cambridge University Press.

[155] NILSSON N J, 1998. Artificial intelligence: a new synthesis [M]. Burlington: Morgan KaufmannPublishers.

[156] O'DONNELL E L, TALBOT - JONES J, 2018. Creating legal rights for rivers [J]. Ecology and society, 23 (1): 7 -17.

[157] OGDEN C K, 1932. Bentham's theory of fictions [M]. New York: Harcourt, Brace and company.

[158] OLIVIER P J J, 1975. Legal fictions in practice and legal science [M]. Rotterdam: Rotterdam University Press.

[159] O'NEIL C, 2016. Weapons of math destruction: How big data increases inequality and threatens democracy [M]. Oregon: Broadway Books.

[160] OROZCO - ALZATE M, CASTELLANOS - DOMINGUEZ, 2006. Comparison of the nearest feature classifiers for face recognition [J]. Machine vision and applications, 17 (5): 279 -285.

[161] PAGALLOU. Apples, oranges, robots: Four misunderstandings in today's debate on the legal status of AI systems [EB/OL]. (2018 -10 -15) [2022 -05 -06]. https://royalsocietypublishing. org/doi/10. 1098/rsta. 2018. 0168? url_ver = Z39. 88 - 2003&rfr_id = ori: rid: crossref. org&rfr_dat = cr_pub%20%200pubmed.

[162] PAGALLO U, 2015. The laws of robots: Crimes, contracts, and torts [M]. Berlin: Springer Science & Business Media.

[163] PAGALLO U, 2013. The laws of robots: Law, governance and technology series [M]. Berlin: Springer Science & Business Media.

[164] PALMER B W, 1952. Legal fictions and red room wine: An excursion into history [J]. American bar association journal, 38: 23 -25.

[165] POLLOCK F, 1898. Continuity of the common law [J]. Harvard law review, 11: 423 -433.

[166] POLLOCK F, 1911. Has the common law received the fiction theory of corporations [J]. Law quarterly review, 27: 219 -235.

[167] POSNER R A, 1990. The problems of jurisprudence [M]. Cambridge: Harvard University Press.

[168] RAI A K, 2018. Machine learning at the patent office: Lessons for patents and administrativelaw [J]. Iowa law review, 104: 2617 -2642.

[169] RAO D S, 1997. Neural networks: Here, there, and everywhere—an examination of available intellectual property protection for neural networks in Europe and the United States [J]. George Washington international law review, 30: 509 -540.

[170] REGALADO A. What it will take for computers to be conscious [EB/OL]. (2014 -10 -02) [2022 -05 -06]. https://www.technologyreview.com/2014/10/02/171077/what-it-will-take-for-computers-to-be-conscious/.

[171] RICH M L, 2016. Machine learning, automated suspicion algorithms, and the fourth amendment [J]. University of Pennsylvania law review: 871 -929.

[172] RICKETSON S, 1992. The 1992 Horace S. Manges lecture - people or machines: The Bern convention and the changing concept of authorship (1991) [J]. Columbia - VLA journal of law & the arts, 16: 1, 1 -38.

[173] RICKSON K, 2016. Defining the public domain in economic terms - approaches and consequences for policy [J]. Etikk i praksis. Nordic journal of applied ethics: 61 -74.

[174] RIESTER D, WIRSCHING F, SALINAS G, 2005. Thrombin inhibitors identified by computer - assisted multiparameter design [J]. Proceedings of the national academy of sciences, 102 (24): 8597 -8602.

[175] ROBERTS L G, 1965. Machine perception of three - dimensional solids [D]. Cambridge: Massachusetts Institute of Technology.

[176] ROMERO M A, 2001. Corporations treaty with emphasis on the corporation [M]. Mexico City: Porrúa.

[177] ROSENBLATT F, 1958. The perceptron: A probabilistic model for information storage and organization in the brain [J]. Psychological review, 65 (6): 386 -408.

[178] RUSSELL S J, NORVIG P, 2020. Artificial intelligence: A modern approach [M]. Hoboken: Prentice Hall.

[179] SAMPLE I. Google's deep mind makes AI program that can learn like a human, guardian [EB/OL]. (2017 -03 -14) [2022 -05 -24]. https://www.theguardian.com/global/2017/mar/14/googles-deepmind-makes-ai-program-that-can-learn-like-a-human.

[180] SAMUELSON P, 1986. Allocating ownership rights in computer - generated works [J]. University of Pittsburgh law review, 47 (4): 1185 -1228.

[181] SAVAGE - RUMBAUGH S, RUMBAUGH D, FIELDS W M, 2009. Empirical Kanzi: The ape language controversy revisited [J]. Skeptic, 15 (1): 25 -34.

[182] SCHANE S A, 1986. Corporation is a person: The language of a legal fiction [J]. Tulane law review, 61 (3): 563 -610.

[183] SCHANK R C, 1987. What is AI, anyway? [J]. AI magazine, 8 (4): 59 -59.

[184] SCHAUER F, 1991. Playing by the rules: A philosophical examination of rule - based decision - making in law and in life [M]. Oxford: Clarendon Press.

[185] SCHLACKMAN S. Who holds the copyright in ai created art [EB/OL]. (2020 -09 -29) [2022 -05 -24]. https: //artrepreneur. com/journal/artbusiness/the - next - rembrandt - who - holds - the - copyright - in - computer - generated - art/.

[186] SCHUSTER W M, 2018. Artificial intelligence and patent ownership [J]. Washington and Lee law review, 75: 1945 -2004.

[187] SEARLE J R, 1980. Minds, brains, andprograms [J]. Readings in cognitive science, 3 (3): 417 -424.

[188] SELBST A D, 2020. Negligence and AI's human users [J]. Boston university law review, 100 (4): 1315 -1376.

[189] SELFRIDGE O G, 1959. Pandemonium: a paradigm for learning [J]. The mechanisation of thought processes, 3: 511 -531.

[190] SOLUM L B, 1992. Legal personhood for artificial intelligences [J]. North Carolina law review, 70 (4): 1231 -1287.

[191] NEGRIS M C A, 2021. Robot as legal person: Electronic personhood in robotics and artificial intelligence [J], Frontiers in robotics and AI, 8: 1 -10.

[192] SIMONITE T. Computing software dreams up new molecules in quest for wonder drug [EB/OL]. (2016 - 11 - 03) [2022 - 05 - 24]. https: //www. technologyreview. com/s/602756/software - dreams - up - new - molecules - in - quest - for - wonder - drugs.

[193] SINGH S, 2017. Attribution of legal personhood to artificially intelligent beings [J]. Bharati law review, 2017 (07 -09): 194 -201.

[194] SMITH B, 1928. Legal personality [J]. Yale law journal, 37 (3): 283 -299.

[195] SMITH B W. SAE levels of driving automation [EB/OL]. [2022 -01 -03]. https: //cyberlaw. standord. edu/blog/2013/12/sea - levels - driving - automation.

[196] SMITH P J, 2006. New legal fictions [J]. Georgetown law journal, 95: 1435 -1496.

[197] SOIFER A, 1986. Reviewing legal fictions [J]. Georgia law review, 20 (4): 871 -916.

[198] SOLAIMAN S M, 2016. Corporate manslaughter by industrial robots at work: Who should go on trial under the principles of common lawAustralia [J]. Journal of law and commerce, 35 (1): 21 -54.

[199] SOLUM L B, 1992. Legal personhood for artificial intelligences [J]. North Carolina law review, 70: 1231 -1288.

[200] ST PIERRE D W, 1998. The transition from property to people: The road to the recognition of rights for non – human animals [J]. Hastings journal on gender and the law, 9 (2): 255 – 272.

[201] STOLZENBERG N M, 1999. Bentham's theory of fictions: a "curious double language" [J]. Law & literature, 11 (2): 223 – 261.

[202] SUNSTEIN C R, 2001. Artificial intelligence and legal reasoning [J]. University of Chicago law school roundtable, 8 (1): 29 – 36.

[203] THALER S, 2013. The creativity machine paradigm [M]. Berlin: Springer Science & Business Media.

[204] THIBAUT A, 1982. System desPandekten – Rechts [M]. Goldbach: Keip Verlag.

[205] THIEL U, 2011. The early modern subject: Self – consciousness and personal identity from Descartes to Hume [M]. Oxford: Oxford University Press.

[206] TIFFANY Y. Driving cars will likely increase product liability litigation. [EB/OL]. (2019 – 01 – 22) [2022 – 05 – 06]. https://www.natlawreview.com/article/self – driving – cars – will – likely – increase – product – liability – litigation.

[207] TURING A M, 1950. Computing machinery and intelligence [J]. Mind, 59 (236): 433 – 460.

[208] TURING A, 1936. On computable numbers, with an application to the entscheidungsproblem [J]. Journal of mathematics, 58: 345 – 363.

[209] TUSHNET R, 2009. Economies of desire: Fair use and marketplace assumption [J]. William and Mary law review, 51: 513 – 546.

[210] U. S. COPYRIGHT OFFICE. Compendium of U. S. copyright office practices § 101 (3d ed. 2017). [EB/OL]. (2017 – 09 – 29) [2022 – 05 – 06]. https://www.copyright.gov/comp3/2017version/docs/compendium.pdf.

[211] VALLOR S, BEKEY G, 2017. Artificial intelligence and the ethics of self – learning robots [C] //LIN P, ABNEY K, JENKINS R. Robert ethics 2.0. from autonomous cars to artificial intelligence. New York: Oxford University Press.

[212] VLADECK D C, 2014. Machines without principals: liability rules and artificial intelligence [J]. Washington law review, 89: 117 – 150.

[213] VON SAVIGNY F K, RATTIGAN W H, 1884. Jural relations: Or, the roman law of persons as subjects of jural relations: Being a translation of the second book of Savigny's system of modern Roman law [M]. London: Wildy & sons.

[214] WANG R, 2021. Modify state "Piracy" after allen: Introducing apology to the US copyright regime [J]. Buffalo law review, 69 (2): 485 – 552.

[215] WEISSMAN A, NEWMAN D, 2007. Rethinking criminal corporate liability [J]. Indiana law journal, 82: 411 – 452.

[216] WELLER C. Bill Gates says robots that take your job should pay taxes [EB/OL]. (2017 - 02 - 17) [2022 - 05 - 06]. https://perma.cc/J3DJ - PKKN.

[217] WERBOS P J, 1974. Beyond regression: New tools for prediction and analysis in the behavioral science [D]. Cambridge: Harvard University.

[218] WISE S M, 2010. Legal personhood and the nonhumanrights project [J]. Animal law, 17: 1 - 12.

[219] YANISKY - RAVID S, LIU X J, 2018. When artificial intelligence systems produce inventions: the 3A era and an alternative model for patent law [J]. Cardozo law review, 39 (6): 2215 - 2264.

[220] YANISKY - RAVID S, 2017. Generating rembrandt: Artificial intelligence, copyright, and accountability in the 3a era: The human - like authors are already here: a new model [J]. Michigan state law review, 4: 659 - 726.

[221] YANISKY - RAVID S, 2017. The hidden though flourishing justification of intellectual property laws: distributive justice, national versus international approaches [J]. Lewis & Clark law review, 21: 1 - 44.

[222] ZELDS N. Alan Turing: The father of artificial intelligence and much more [EB/OL]. (2018 - 07 - 07) [2022 - 10 - 20]. https://www.hnowmail.me/blog/alan - turing - father - artificial - intelligence/.

[223] ZENG X, ZHU S, LU W, 2020. Target identification among known drugs by deep learning from heterogeneous networks [J]. Chemical science, 11 (7): 1775 - 1797.